통일신라 건축유적의 치석과 결구

통일신라
건축유적의 치석과 결구

조원창 지음

서경문화사

서 문

경주는 참으로 매력적인 문화의 고도이다. 필자의 고향이 공주이기에 어릴 적부터 백제의 고도라는 소리를 많이 듣고 자랐지만 경주만큼 문화재가 지천에 산재해 있진 않다. 특히 통일신라시대의 석조문화는 전국에서도 으뜸이라는 생각이 든다.

경주 불국사와 석굴암은 고등학교 수학여행 때부터 여러 번 방문하였다. 그때마다 주마간산 격으로 둘러보는 것이 다반사였다. 그러니 극락전 편액 뒤의 멧돼지나 연화교의 연꽃무늬, 다보탑의 법수 등이 눈에 들어올 리 없었다. 그래도 지나간 시간의 아쉬움보다 이제라도 조금이나마 이해할 수 있다는 것이 얼마나 다행인지 모른다.

필자는 그 동안 백제시대 절터와 이의 출토 유물인 수막새에 대해 논고를 진행한 바 있다. 그러던 중 백제 건축물의 치석과 결구라는 글을 작성하게 되면서 백제의 건축기술이 통일신라시대에 적지 않게 전파되었음을 확인할 수 있었다. 특히, 은장이나 법수, 연화교와 같은 문화적 계통이 궁금증을 일으켰다.

신라의 건축유적은 사찰(지)을 비롯해 능묘, 교량, 인조 석굴 등 다양하다. 특히 사지에서 보이는 가구식기단의 몰딩이 능묘에 그대로 재현된 것을 보면 사지의 기단인지, 능묘의 기단(호석)인지 간혹 혼동될 때도 있다. 그리고 축대에서 보이는 첨차형 당김석은 통일신라시대만의 특징을 담고 있는 것으로 불국사 가구식축대의 위대함을 느끼게 한다.

이 책을 쓰면서 늦었지만 새로운 것을 보았다는 기쁨과 한편으로는 용어에 대한 두려움도 생겼다. 기존 능묘 외곽의 호석을 기단석으로 본 점, 심석(深石)이나 주먹돌 등을 당김석으로 본 것 등은 유구의 기능성 측면에 중점을 둔 것이지만 기존 선학들에게는 쓸모없는 짓으로 생각될 수도 있다. 그렇지만 이번 기회에 새로운 발전적 기틀이 될 수 있다면 이 또한 필자가 짊어지고 가야할 일이라 생각된다.

이 책을 집필하기 위해 경주 곳곳을 답사하였다. 그 때마다 바쁜 시간을 쪼개어 흔쾌히 동행해 준 '마부' 조성윤 선생님께 깊은 감사의 말씀을 드린다. 그리고 새로운 자료가 나타날 때마다 필자에게 현답을 안겨주신 박홍국 교수님께도 고마운 마음을 간직하고 있다. 아울러 생소한 분야지만 즐거운 마음으로 답사를 동행해준 류창선, 이상복, 이창호, 최병화, 현대환 선생님께도 고맙다는 말씀을 드리고 싶다. 특히 상업성이 없음에도 불구하고 아담하게 책을 출간해 준 서경문화사 김선경 사장님과 김소라 편집자님께도 감사한 마음을 드린다.

　천안에서 경주까지 고속도로로 달리지만 그 거리가 만만치 않다. 한 번 출발하게 되면 많은 유적을 보고자 하는 욕심 때문에 경주에서 1박 2일, 혹은 2박 3일 정도 머물곤 한다. 항시 안전운전과 함께 훌륭한 조수 역할을 해준 부인 이은희와 아들 나한에게도 지면으로나마 고마운 마음을 전한다. 끝으로 여든이 넘으신 부모님께 이 책을 받치고자 한다.

2022년 9월

조 원 창

차 례

Ⅰ. 머리말

건축유적은 돌이나 나무, 벽돌, 쇠 등을 이용하여 축조한 구조물로 수혈주거뿐만 아니라 지상건축물까지를 포함한다. 여기에는 목조건축물을 비롯한 성곽, 교량, 탑파, 인조석굴, 지당, 무덤 등이 모두 해당된다. 우리나라의 건축유적은 신석기시기부터 확인되나 기와를 이용한 목조건축물은 삼국시기부터 본격적으로 축조되었다.

통일신라시기 건축유적의 유형은 삼국시기와 비교해 큰 차이가 없다. 그러나 유적 수나 축조기법의 다양성 측면에서는 확연한 차이를 보여주고 있다. 그리고 석재를 쌓아올리기 위해 공반되는 당김석(돌못형, 장대석형 등)이나 도투마리은장, (역)꺾쇠 등의 결구장치 또한 급격하게 증가함을 볼 수 있다.

건축유적은 좁은 의미에서는 왕궁이나 사찰, 관아, 민가 등의 목조건축물을 가리킨다. 이들 유적은 기둥이나 지붕을 조성하기 앞서 먼저 기단석을 축조한다. 기단석은 기본적으로 석재를 이용하나 건물의 격에 따라 할석이나 치석(장대석)을 사용하고, 축조 형식에 있어서도 평적식, 수직횡렬식, 결구식, 가구식 등 다양한 방식을 채용하고 있다.[01]

목조건축물 이외에 통일신라시기의 다양한 기단 축조 공법을 보이는 건축유적으로는 바로 무덤을 들 수 있다. 신라의 무덤은 재료와 축조 공법에 따라 적석목곽분, 석실분, 화장묘, 옹관묘 등으로 세분된다. 이중 적석목곽분과 석실분의 경우는 봉토를 조성하고 이의 붕괴를 막기 위해 외곽에 돌아가며 기단석(일명 호석)을 축조하고 있다. 고신라기의 기단석은 주로 할

---

01) 조원창, 2018, 『건축유적의 발굴과 해석』, 서경문화사.

현재 통일신라시기 목조건축물이 본래의 모습으로 남아 있는 것은 없다. 기둥을 비롯한 지붕 등의 상부 구조물은 모두 멸실되어 살필 수가 없다. 따라서 통일신라시기의 건물은 그 터인 건물지만을 확인할 수 있다.

건물지는 기단토가 붕괴되는 것을 막기 위해 기단석이 사방에 돌려져 있고, 기단토 내부에는 적심시설과 초석이 조성된다. 본고에서는 석축 행위와 관련하여 적심시설과 초석은 제외하고 기단석에 대해서만 살펴보고자 한다.

석을 이용하고 있으나 통일신라시기로 접어들면서 점차 치석(治石)[02]을 사용하고 있다. 그리고 단순한 평적식에서 탈피하여 결구식과 가구식 등으로 발전하였다. 또한 가구식기단의 탱주에 있어서도 건축물과 달리 12지신상을 조각하여 무덤을 보호하는 신앙적 측면까지 갖추게 되었다.

교량의 경우도 물의 흐름을 유지하면서 수압을 이겨내기 위한 최적의 석축공법이 동원되었고, 석재와 석재간의 이격을 방지하기 위한 다양한 은장이 사용되었다. 은장은 일찍이 이집트에서 발생되어 그리스 및 로마를 거쳐, 페르시아, 인도, 중국 등을 거쳐 우리나라에 유입된 것으로 알려져 있다.[03] 익산 미륵사지 동탑에서 도투마리은장홈이 발견되는 것으로 보아 우리나라의 경우 이미 삼국시대부터 은장이 사용되었음을 알 수 있다. 하지만 고구려의 은장 사례가 아직까지 보고된 바 없어 삼국시기의 은장 사용이 언제부터 시작되었는지는 구체적으로 알기 어렵다. 이는 백제 한성기 및 웅진기의 상황도 마찬가지라 생각된다.

통일신라시기의 은장은 석굴암을 비롯한 교량, 석탑, 건물지, 무덤, 당간, 호안석축 등에서 살필 수 있다. 그리고 석탑이나 목탑에서는 도투마리은장과 별도로 꺾쇠가 일부 발견되는데 이는 접촉 면적이 상대적으로 넓다는 점에서 도투마리은장보다는 발전된 결구기법으로 이해할 수 있다.

---

02) 정과 망치를 이용하여 거친다듬이나 잔다듬, 혹은 물가리(水磨)한 것을 말한다.

03) 김홍남, 2019, 「統一新羅 前期 石造建築의 隱藏 研究 II -국제적 맥락에서 본 한반도 출현 은장의 의미-」 『美術史學研究』 제304호.

Ⅱ. 통일신라시기 건축유적의 사례 검토

1. 건물(지)

여기에서는 통일신라시기의 경주 및 지방에 조성된 건물지에 대해 살펴보고자 한다. 이 시기는 삼국시기와 마찬가지로 기단이 시설된 건물지와 기단이 없는 석벽건물지로 크게 구분되고, 지금까지 삼국시기에서 확인되지 않은 기단이 시설된 석벽건물지가 새롭게 등장하고 있다. 이 경우 석벽 외부에 퇴칸을 위한 기둥이 별도 배치되어 기단이 시설된 토벽 건물과의 유사성도 나타내고 있다.

기단이 시설된 건물지는 거의 대부분 벽체가 토벽(土壁)이고, 벽체에 외진주가 설치되어 있다. 그리고 건물의 규모가 큰 경우 외진주 내부에 내진주가 배치되기도 한다. 기단은 할석과 치석된 장대석 및 판석 등을 이용하여 조성하는데 축조 방식에 따라 평적식(平積式),[04] 수직횡렬식(垂直橫列式), 결구식(結構式), 가구식(架構式) 등으로 구분할 수 있다.[05] 그리고 기단의 층수에 따라 단층기단, 이중기단 등으로 다시 세분할 수 있다. 여기에서는 대표적인 유적 사례를 통해 개략적인 축조기법을 살펴보고자 한다.

1) 기단 건물지

(1) 평적식기단

갑석이 사용되지 않고, 지대석이나 면석으로만 조성된 기단 형식을 말한다. 대부분 할석 허튼층쌓기식이나 치석(治石) 바른층쌓기식으로 조성된 것이 다수를 차지하고 있다.

---

04) 기단석을 평평하게 쌓아올리는 것으로 할석과 치석(治石, 장대석) 등의 사용 석재에 따라 다양한 형식으로 세분된다. 즉 할석 허튼층쌓기식기단, 할석 바른층쌓기식기단, 치석 허튼층쌓기식기단, 치석 바른층쌓기식기단 등으로 나눌 수 있다.

05) 이 외에 경주 전 인용사지 등에서 사적식(斜積式) 와적기단도 볼 수 있다.

가. 할석 허튼층쌓기식기단

할석을 이용하여 일정한 층을 고려하지 않고 쌓은 기단 형식을 말한다. 통일신라시기 대부분의 기단석이 이 형식에 속한다. 할석 허튼층쌓기식기단은 건물의 벽체가 토벽(土壁)인 것과 석벽(石壁)인 것으로 크게 구분할 수 있으나 전자가 거의 대부분을 차지하고 있다. 후자는 홍성 석성산성 내 대형 석벽건물지와 광주 남한산성 내 대형 석벽건물지 등을 들 수 있다.

① 토벽건물의 할석 허튼층쌓기식기단
ⅰ) 울산 영축사지 회랑지 및 강당지, 강당 서편 건물지(도 1)
◆ 울산 영축사지 강당 서편 건물지

도 1. 울산 영축사지 강당 서편 건물지의 할석 허튼층쌓기식기단

ⅱ) 아산 기산동 산성 내부 건물지(도 2)

◆ 아산 기산동 산성 내부 건물지

도 2. 아산 기산동 산성 내부 건물지의 할석 허튼층쌓기식기단

ⅲ) 경주 사천왕사지 동귀부 북편 건물지[06]

ⅳ) 강릉 굴산사지 건물지18[07]

ⅴ) 경주 천관사지 E구역 1호 건물지[08] 등

② 석벽건물의 할석 허튼층쌓기식기단

ⅰ) 홍성 석성산성 내 석벽건물지

건물지(도 3)[09]는 서문지로부터 남서쪽으로 약 100m 정도 떨어진 곳에 위치하고 있다. 기

06) 국립경주문화재연구소, 2014,『四天王寺 回廊外廓 발굴조사보고서』Ⅲ, 118~120쪽.

07) 국립중원문화재연구소, 2015,『강릉 굴산사지(사적 제448호) 발굴조사 보고서』Ⅰ, 72~73쪽.

08) 경주시·신라문화유산연구원, 2015,『경주 천관사지(3차) -유적정비를 위한 학술발굴조사 보고서-』, 134~136쪽.

09) 祥明大學校博物館·洪城郡, 1998,『洪城 石城山城 建物址發掘調査報告書』, 65쪽 도면 8.

와 지붕으로 정면 9칸(30.16m) 측면 7칸(13.1m)이며 벽체 외부에 외진주 초석이 놓여 있다. 벽체는 협축기법으로 조성되었으며 너비는 160cm 정도이다. 석벽에 사용된 석재는 20~30cm 정도의 소형으로 그 사이는 작은 할석과 흙이 혼축되어 있다. 석벽 내측에는 내진주 초[10]가 대형 할석으로 조성되어 있다. 바닥에서 부석이나 온돌시설 등은 확인되지 않았다. 건물지는 창고로 추정되었으며 축조 시기는 9세기대로 편년되었다.[11]

◆ 홍성 석성산성 내 석벽건물지의 할석 허튼층쌓기식기단

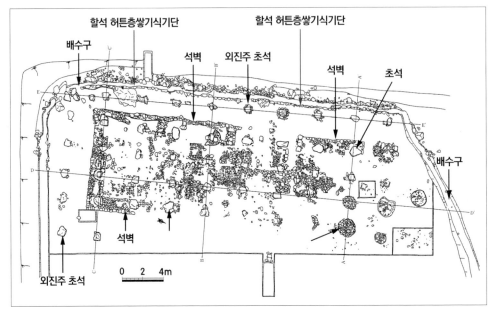

도 3. 할석 허튼층쌓기식기단으로 조성된 홍성 석성산성 내 석벽건물지

  ii) 광주 남한산성 내 석벽건물지

  정면 16칸(53.5m), 측면 6칸(17.5m)의 대형 건물지이다(도 4).[12] 석벽은 건물의 후면에서 남북 방향으로 약 50여 m 확인되었다. 석벽은 협축식으로 전체 너비가 2m이고, 석벽 사이의

---

10) 정면은 341cm, 측면은 242cm의 간격을 보이고 있다.
11) 祥明大學校博物館·洪城郡, 1998, 『洪城 石城山城 建物址發掘調查報告書』, 190쪽 및 199쪽.
12) 한국토지주택공사 토지주택박물관·경기문화재단, 2010, 『南漢行宮址 第7·8次調查報告書』, 도면 8.

판축토는 약 1.8m의 두께를 보이고 있다. 판축토 아래인 기단토 윗면으로는 5~10cm 정도 되는 할석을 1~2벌 정도 부석하고 그 위에 5cm 정도의 목탄을 깔아놓았다. 목탄층 위로는 5~10cm 정도의 적갈색 점토를 깔고 그 위로 명갈색 사질점토, 갈색·황갈색 점토 등을 차례로 판축하였다. 그러나 남아 있는 벽체 상부에서 30~40cm 내외의 할석들이 섞여 있는 것으로 보아 판축토 이외의 할석도 부분적으로 혼축되었음을 살필 수 있다.[13]

토벽이 완성된 후 양 측단은 'ㄴ'자 모양으로 절토된 후 할석, 기와 등을 사용하여 바른층쌓기식으로 석벽을 조성하였다. 석벽의 외측 최하단에는 350cm 간격으로 내진주 초석 및 외진주 초석이 조성되어 있고 외곽으로는 할석기단(도 5)이 허튼층쌓기식으로 축조되어 있다. 건물의 축조 시기는 통일신라 초기[14]로 추정되었다.

◆ 광주 남한산성 내 석벽건물지의 할석 허튼층쌓기식기단

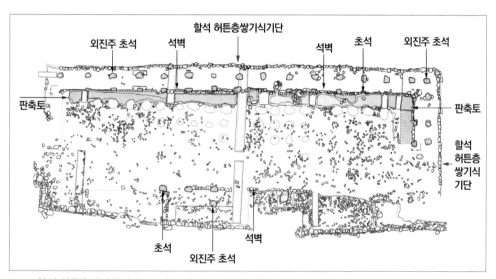

도 4. 할석 허튼층쌓기식기단으로 축조된 광주 남한산성 내 대형 석벽건물지

---

13) 이는 판축토가 일차적으로 축토되고 난 후 할석이 보수과정에서 혼축되었을 가능성도 유추할 수 있다.

14) 한국토지주택공사 토지주택박물관·경기문화재단, 2010, 『南漢行宮址 第7·8次調査報告書』, 382쪽. 대형 건물지 벽체 하부에 깔린 목탄층의 연대 측정 결과 660~810년 및 670~880년 등의 자료가 얻어졌다. 이로 보아 석벽건물은 적어도 8세기 경에는 축조되었음을 추정해 볼 수 있다.

할석 허튼층쌓기식기단

외진주 초석

판축토

도 5. 할석 허튼층쌓기식기단으로 축조된 광주 남한산성 내 대형 석벽건물지

나. 할석 바른층쌓기식기단

할석을 이용하여 층을 맞춰 쌓은 기단 형식이다. 경주 나정유적(도 6)[15]이 대표적이다. 평면 팔각형의 이중기단으로 상층이 할석 바른층쌓기식기단(도 7)[16]으로 조성되었다. 조사 당시 2~3단 정도 남아있었으나 기단 내부의 적심석 상태로 보아 최소 3단 이상이었을 것으로 판단된다.

15) 中央文化財研究院 · 慶州市, 2008, 『慶州 蘿井 -寫眞-』, 6쪽 사진 6 중.
16) 中央文化財研究院 · 慶州市, 2008, 『慶州 蘿井 -寫眞-』, 46쪽 사진 46-①.

◆ 경주 나정유적의 할석 바른층쌓기식기단

도 6. 경주 나정유적의 할석 바른층쌓기식기단

도 7. 할석 바른층쌓기식기단으로 조성된 경주 나정유적

다. 치석 바른층쌓기식기단

치석된 장대석이나 판석 등을 이용하여 층에 맞게 쌓은 기단 형식을 말한다. 경주 창림사
지 남회랑지(도 8) 및 합천 영암사지 비각지(도 9), 경주 사천왕사지 서귀부 북편 건물지,[17] 전
인용사지 건물지1[18] 등에서 살필 수 있다. 전술한 할석기단에 비해 노동력과 경제력이 많이
소용되는 중급(中級)의 기단 형식이다.

◆ 경주 창림사지 중문 동쪽 남회랑지의 치석 바른층쌓기식기단

도 8. 경주 창림사지 중문 동쪽 남회랑지의 치석 바른층쌓기식기단. 장대석을 사용하였다.

---

17) 국립경주문화재연구소, 2014, 『四天王寺 回廊外廓 발굴조사보고서』 Ⅲ, 113~117쪽.
18) 국립경주문화재연구소 · 경주시, 2013, 『傳 仁容寺址 발굴조사 보고서』 Ⅰ, 71~73쪽.

◆ 합천 영암사지 비각지의 치석 바른층쌓기식기단

도 9. 합천 영암사지 비각지의 치석 바른층쌓기식기단. 장대석을 사용하였다.

 (2) 수직횡렬식기단

   합천 영암사지 2차 금당지(도 10)[19] 등에서 확인되며 할석이나 판석 등의 기단석을 상하로
축석(築石)하지 않고 1단으로 세워 조성하였다. 수직횡렬식기단은 석재 이외에 경주 인왕동유
적에서와 같이 기와를 이용한 와적기단에서도 볼 수 있다. 할석이나 치석된 판석 등을 주로
사용하고 있다.

19) 경상문화재연구원, 2013, 『陜川 靈巖寺址』II, 30쪽 도면 16.

◆ 합천 영암사지 2차 금당지의 수직횡렬식기단

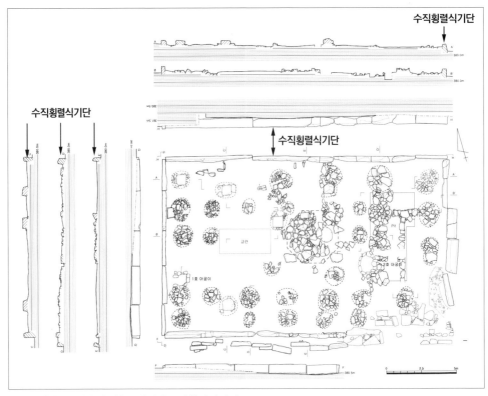

도 10. 합천 영암사지 2차 금당지의 수직횡렬식기단

　(3) 결구식기단

　지대석과 갑석으로 조합된 기단 형식을 말한다. 경주 사천왕사지 동·서비각지[20] 및 감은
사지 강당지 서편 건물지(도 11),[21] 전 성덕왕릉 비각지(도 12·12-1), 보령 성주사지 강당지(도
13) 등에서 볼 수 있다. 가구식기단에 비해 그 수가 많지 않으며, 고려시기에 이르러 유행한
기단 형식이다.

20) 국립경주문화재연구소, 2014, 『四天王寺 回廊外廓 발굴조사보고서』 Ⅲ, 66~90쪽.
21) 國立慶州文化財研究所·慶州市, 1997, 『感恩寺 發掘調査報告書』, 104쪽 삽도 35.

◆ 경주 감은사지 강당지 서편 건물지의 결구식기단

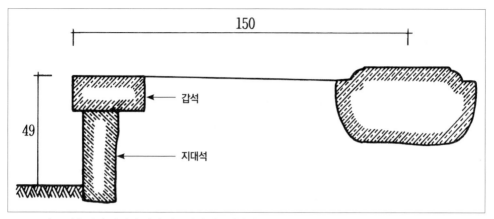

도 11. 경주 감은사지 강당지 서편 건물지의 결구식기단

◆ 경주 전 성덕왕릉 비각지의 결구식기단

도 12. 경주 전 성덕왕릉 비각지의 결구식기단

도 12-1. 경주 전 성덕왕릉 비각지의 결구식기단. 지대석과 갑석으로 이루어져 있다.

◆ 보령 성주사지 강당지의 결구식기단

도 13. 보령 성주사지 강당지의 결구식기단

결구식기단은 백제 사비기 유적인 익산 미륵사지 당탑지 하층기단(도 14)과 전 승방지(도 15),[22] 그리고 제석사지 목탑지 하층기단에서도 확인되는 것으로 보아 통일신라시기 결구식 기단의 계통은 백제 사비기 유적에 있었음을 알 수 있다.

◆ 백제 사비기 익산 미륵사지석탑 하층 결구식기단

도 14. 익산 미륵사지석탑(639년 무렵) 하층의 결구식기단

◆ 백제 사비기 익산 미륵사지 전 승방지의 결구식기단

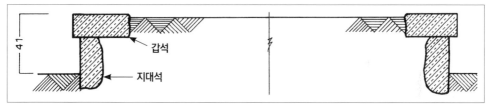

도 15. 익산 미륵사지 전 승방지의 결구식기단

(4) 가구식기단

다듬어진 지대석과 면석, 갑석 등을 조합하여 축조한 기단 형식을 가구식기단(도 16·17)이라 한다. 지대석은 지표면에 놓이는 장대석으로 이 위에는 면석과 우주, 탱주 등이 설치된다.

---

22) 文化財管理局 文化財研究所, 1989, 『彌勒寺』 I, 122쪽 삽도 2.

면석은 거의 대부분 가로 길이가 세로 길이보다 긴 직사각형의 판석(혹은 장대석)[23]으로 만들어
졌다. 면석과 면석 사이에는 석탑의 기단부와 같이 탱주가 놓이고, 건물의 모서리에는 우주가
설치된다. 우주와 탱주는 경주 사천왕사지 당탑지와 같이 별석으로 조성되는 것이 있는 반면,
경주 불국사 관음전이나 구례 화엄사 각황전의 가구식기단과 같이 통돌의 면석에 양각되는 경
우도 볼 수 있다. 갑석은 면석 위에 놓이는 장대석으로 지대석과 비슷한 형태를 갖추고 있다.

지대석과 갑석에는 호형이나 각형의 턱이 있거나, 우주와 탱주에는 벽선(壁楦, 도 18·19)[24]
이 그어지기도 한다. 그리고 합천 영암사지 금당지 및 양산 통도사 대웅전과 같이 면석에 안
상이나 사자, 꽃 등이 장식된 사례도 살필 수 있다.

■ 통일신라시기 가구식기단
 ◆ 세부 명칭

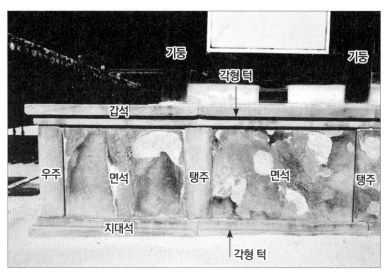

도 16. 단층 가구식기단의 세부 명칭(경주 불국사 대웅전)

---

23) 본고에서는 이를 횡판석(橫板石)이라 부르고자 한다. 그리고 세로 길이가 가로 길이보다 긴 것은
 종판석(縱板石)으로 한다.
 가구식기단의 면석 중 판석이 아닌 2~3매의 장대석으로 축조된 사례는 통일신라시기 무덤(경주
 구정동방형분, 능지탑 등)에서 주로 볼 수 있다.
24) 벽선이란 기둥과 벽체 사이에 완충을 위해 세워 둔 부재를 말한다.
 김왕직, 2012, 『알기쉬운 한국건축 용어사전』, 동녘, 208쪽.

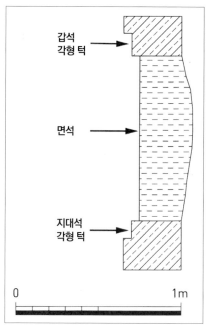

도 17. 단층 가구식기단의 세부 명칭

◆ 목조건축에서의 벽선

도 18. 양산 통도사 응진전. 벽선은 기둥과 벽체(회벽) 사이에 설치한 나무 부재를 말한다.

◆ 가구식기단에서의 벽선

도 19. 양산 통도사 극락보전 가구식기단의 탱주와 벽선

  가구식기단은 사찰의 금당이나 목탑, 일부 종·경루나 회랑, 강당, 왕궁 등에만 사용된 최
고의 기단 형식이다. 대부분 불국사 대웅전이나 극락전, 무설전, 관음전 등과 같이 단층으로
조성되나 간혹 이중기단의 상층에 축조되기도 한다. 후자의 사례는 신라 유적의 경우 황룡사
중금당(도 20)[25]이 최초였으며,[26] 이후 사천왕사의 금당과 목탑, 감은사의 금당, 보문동사원
의 금당 등에도 영향을 미쳤다.

  이중기단은 사찰에서의 경우 금당과 목탑에만 조성되었다는 점에서 단층기단에 비해 좀
더 권위적이고 장엄적인 기단임을 알 수 있다. 그리고 기능적으로 사천왕사와 보문동사원의
경우는 하층기단 위에 차양칸 초석[27]이 설치되어 그렇지 않은 감은사 금당[28]의 이중기단과

25) 文化財管理局 文化財研究所, 1984, 『皇龍寺』 I, 54쪽 삽도 6.
26) 이는 백제의 건축기술로 조성되었음이 밝혀진 바 있다.
    조원창, 2009, 「皇龍寺 重建伽藍 金堂址 基壇築造術의 系統」 『文化史學』 32호.
    조원창, 2020, 『皇龍寺 터 잡고 꽃을 피우다』, 서경문화사.
27) 이러한 이중기단의 구조는 일찍이 백제 사비기 부여 능산리사지 금당지, 군수리사지 금당지, 금성
    산 와적기단 건물지, 그리고 신라시기의 경우 황룡사지 중금당지 등에서 볼 수 있다.
    조원창, 2009, 「皇龍寺 重建伽藍 金堂址 基壇築造術의 系統」 『文化史學』 32호.
28) 백제 사비기의 부여 능산리사지 금당지, 익산 미륵사지 금당지 등은 하층기단 윗면에 차양칸 초석
    이 시설되지 않았다. 그러나 차양이 건물의 격과 장엄성을 대변한다는 측면에서 기둥이 없는 별도

구조적 차이를 보여주기도 한다.

■ 경주 황룡사지 중금당지의 이중기단

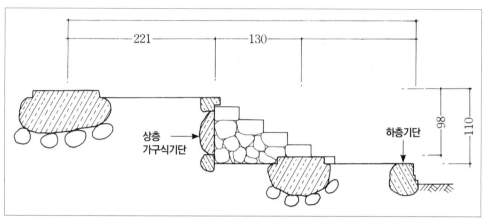

도 20. **경주 황룡사지 중금당지의 이중기단 추정도.** 상층이 가구식기단이다. 하층기단 지대석과 상층기단 갑석 등은 추정된 것이다.

한편, 가구식기단은 무덤에서도 볼 수 있는데 탱주나 지지석, 몰딩, 턱, 12지신상 등의 유무 및 면석의 세부 기법에 따라 다양하게 구분되고 있다.

가. 단층기단

다듬어진 지대석과 면석, 갑석으로만 이루어진 단층의 기단 형식을 말한다. 그 동안의 발굴조사 사례를 검토해 볼 때 통일신라시기의 단층 가구식기단은 사찰 및 왕궁 등에서만 확인되어 지배계층의 권위적 산물이었음을 알 수 있다. 감은사지 및 불국사, 화엄사 등의 사례로 보아 단층의 가구식기단은 불전과 목탑, 강당, 회랑, 종·경루 등 다양한 성격의 유구에 사용되었다. 그러나 기단의 장식과 규모 등에서 불전과 여타 유구의 가구식기단은 외형상 차이를 보이고 있다.

여기에서는 통일신라시기의 가구식기단 중 각형의 턱이나 벽선, 꽃이나 안상, 사자 등의 문양이 있는 것을 중심으로 대표적인 사례만을 살펴보고자 한다.

....

의 차양칸을 마련하였을 가능성도 배제할 수 없다.

① 지대석이나 갑석에 1단의 각형 턱이 있는 단층의 가구식기단

ⅰ) 경주 동궁 가지구 1호·16호[29] 및 26호 건물지[30]

1호 건물지(도 21·22)[31]는 철길로 인해 일부만 조사되었다. 가구식기단은 동면과 북면에서 지대석만 확인되었다. 지대석 윗면에는 우주와 탱주, 면석과 관련된 홈이나 턱 등이 없다. 지대석의 하단 외연에는 1단의 각형 턱(5×5cm)이 있다. 동면에서 확인된 가구식계단은 별석으로 지대석과 답석만 조사되었을 뿐, 면석과 갑석은 유실되어 살필 수 없다. 사천왕사지나 감은사지, 고선사지, 망덕사지 등에서 보이는 법수 구멍은 설치되지 않았다. 1호 건물지는 7세기 후반에 조성된 전각으로 추정되었다.

■ 지대석이나 갑석에 1단의 각형 턱이 있는 단층의 가구식기단

◆ 경주 동궁 가지구 1호 건물지의 가구식기단 지대석

도 21. 경주 동궁 가지구 1호 건물지의 가구식기단 지대석. 상단 외연에 각형의 턱이 있다.

29) 국립경주문화재연구소, 2014,『慶州 東宮과 月池 발굴조사보고서』Ⅱ, 54~61쪽 및 80~83쪽.
30) 국립경주문화재연구소, 2019,『慶州 東宮과 月池 발굴조사보고서』Ⅲ, 93~110쪽.
31) 국립경주문화재연구소, 2014,『慶州 東宮과 月池 발굴조사보고서』Ⅱ, 58쪽 사진 22 상.
　　국립경주문화재연구소, 2012,『慶州 東宮과 月池 발굴조사보고서』Ⅰ, 51쪽 도면 7.

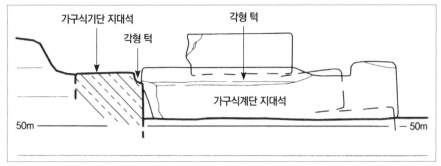

도 22. 경주 동궁 가지구 1호 건물지의 가구식기단 지대석. 기단과 계단의 지대석에 각형의 턱이 있다.

16호 건물지는 1호 담장의 출입시설로 가구식기단의 지대석이 확인되었다. 1호 건물지와 마찬가지로 1단의 각형 턱(5×8cm)이 있으나 크기가 달라 1호 건물지의 석공과는 달랐을 것으로 생각된다. 조성 시기는 1호 담장과의 비교를 통해 7세기 후반으로 추정되었다.

26호 건물지(도 23)[32]는 면석과 갑석이 유실된 채 지대석 일부만 남아 있다. 지대석 하단에는 1단의 각형 턱이 있다. 기단석 외곽에서 엎어진 채 발견된 면석에는 탱주가 없다. 지대석과 접한 가구식계단은 별석으로 만들어졌으며, 면석과 갑석이 유실되어 정확한 형태는 살필 수 없다.

◆ 경주 동궁 26호 건물지의 가구식기단 지대석

도 23. 경주 동궁 26호 건물지의 가구식기단 지대석. 상단 외연에 각형의 턱이 있다.

32) 국립경주문화재연구소, 2019,『慶州 東宮과 月池 발굴조사보고서』III, 97쪽 사진 62.

ii) 경주 사천왕사지 금당지 및 목탑지

금당지는 이중기단으로 하층이 장대석의 치석기단, 상층이 가구식기단(도 24)[33]이다. 가구식기단의 경우 대부분 지대석만 남아 있고, 면석과 갑석은 유실되었다. 지대석의 상단 외연에는 1단의 각형 턱이 있다. 지대석의 윗면에는 별석의 우주와 탱주를 결구할 수 있는 홈이 조출되어 있다. 목탑지(도 25)[34]도 금당지와 같은 기단 구조 및 형식을 취하고 있다.

경주 사천왕사 금당과 목탑은 679년 무렵에 축조되었을 것으로 판단된다.

◆ 경주 사천왕사지
　◈ 경주 사천왕사지 금당지 가구식기단의 지대석

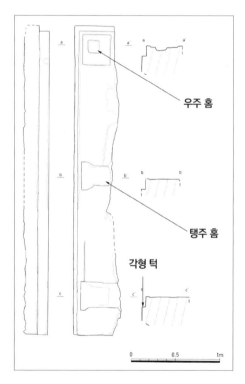

우주 홈

탱주 홈

각형 턱

0　　0.5　　1m

도 24.　경주 사천왕사지
　　　　금당지 가구식기
　　　　단의 지대석. 각형
　　　　의 턱이 있다.

33) 국립경주문화재연구소, 2012, 『四天王寺 金堂址 발굴조사보고서』 I, 166쪽 도면 42.
34) 국립문화재연구소, 2012, 『한국 고대건축의 기단 경북·경남·대구·울산 편』, 98쪽.

◆ 경주 사천왕사지 동탑지 가구식기단의 지대석

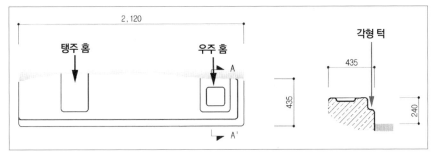

도 25. 경주 사천왕사지 동탑지 가구식기단의 지대석. 각형의 턱이 있다.

iii) 경주 감은사지 강당지, 회랑지[35]

강당지(도 26 · 27)[36]의 기단은 높이 59cm로 각형의 턱이 있는 지대석과 갑석을 사용하였다. 지대석 윗면에는 기단토 토압으로 인해 면석이 밀리는 것을 방지하기 위한 단이나 홈이 없다. 면석은 장대석이고 높이는 25cm이다. 면석에서 우주나 탱주는 살필 수 없다. 서회랑지(도 28 · 29)[37]는 높이 50cm로 전체적인 기단 모습이 강당지와 유사하다.

감은사지 강당지와 회랑지의 가구식기단은 682년(신문왕 2) 무렵에 조성되었다.

◆ 경주 감은사지

 ◆ 경주 감은사지 강당지 가구식기단

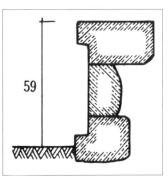

도 26. 경주 감은사지 강당지 가구식기단. 지대석과 갑석에 각형의 턱이 있다.

도 27. 경주 감은사지 강당지 가구식기단 단면도

35) 國立慶州文化財硏究所 · 慶州市, 1997, 『感恩寺 發掘調查報告書』.
36) 國立慶州文化財硏究所 · 慶州市, 1997, 『感恩寺 發掘調查報告書』, 99쪽 삽도 31.
37) 國立慶州文化財硏究所 · 慶州市, 1997, 『感恩寺 發掘調查報告書』, 114쪽 삽도 43.

◈ 경주 감은사지 서회랑지 가구식기단

도 28. 경주 감은사지 서회랑지 가구식기단. 지대석과 갑석에 각형의 턱이 있다.

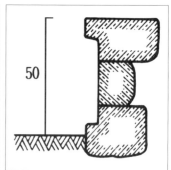

도 29. 경주 감은사지 서회랑지 가구식기단 단면도

iv) 경주 망덕사지 금당지 및 동탑지[38]

금당지는 내부에 초석만 남아 있을 뿐 기단석은 유실된 채 조사되었다. 가구식기단과 관련해서는 지대석 및 전돌로 조성한 동면기단과 남면의 기단 적심석이 있다. 지대석의 경우 하단 외연에 1단의 각형 턱이 있다.

동탑지(도 30)[39]는 목탑지로 북면에서 가구식기단의 지대석과 면석이 확인되었다. 지대석(도 31·32) 윗면에 보이는 홈을 통해 폭 22cm의 탱주와 28×28cm 정도의 우주가 설치되었음을 추정할 수 있다. 지대석 하단 외연에는 1단의 각형 턱이 있고, 면석(128×71cm)은 횡판석으로 이루어졌다. 지대석 윗면에는 면석의 밀림 방지를 위한 단이나 홈이 없다.

38) 국립경주문화재연구소, 2015, 『경주 망덕사지 발굴조사보고서(69·70년 발굴조사)』, 37~43쪽.
39) 국립경주문화재연구소, 2015, 『경주 망덕사지 발굴조사보고서(69·70년 발굴조사)』, 42쪽 도면 3.

◆ 경주 망덕사지 동탑지의 가구식기단

　◈ 경주 망덕사지 동탑지의 평면도

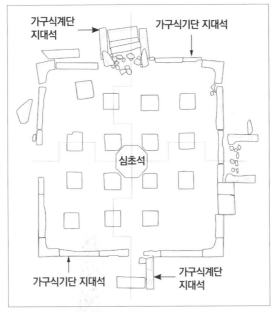

도 30. 경주 망덕사지 동탑지의 가구식기단

　◈ 경주 망덕사지 동탑지의 가구식기단 지대석

도 31. 경주 망덕사지 동탑지 가구식기단의 지대석. 각형의 턱이 있다.

◆ 경주 망덕사지 동탑지의 가구식기단 지대석 중 우석(隅石)

도 32. 경주 망덕사지 동탑지 가구식기단의 지대석 중 우석(隅石). 상단 외연에 각형의 턱이 있다.

동면과 남면, 북면에서 확인된 가구식계단(도 33)은 별석으로 만들어졌으며 지대석과 답석 일부만 검출되었다. 가구식기단의 지대석과 마찬가지로 하단 외연에 1단의 각형 턱이 있다. 지대석의 바깥쪽으로 원형의 법수 구멍이 있다. 기단과 계단이 접하는 모서리에는 우주와 같은 동자주가 하나 세워져 있다. 동자주의 측면에는 1단의 턱이 있어 면석과 결구되도록 하였다. 망덕사지의 금당지와 목탑지에서 보이는 가구식기단과 계단은 684년(신문왕 4) 무렵에 조성되었다.

◆ 경주 망덕사지 동탑지의 가구식계단

도 33. 경주 망덕사지 동탑지의 가구식계단. 지대석의 상단 외연에 각형의 턱이 있다.

v) 경주 고선사지 금당지[40]

가구식기단 중 지대석만 남아 있으며, 하단 외연에 1단의 각형 턱이 있다. 지대석 외곽으로 2~3열의 전이 약 40cm 너비로 깔려있고, 전이 밀려나는 것을 방지하기 위해 1매의 장대석을 사방으로 돌려놓았다(이상 도 34).[41] 기단과 접해 조성된 별석의 가구식계단은 지대석만 남아 있으나 전체적인 형태에서 감은사지 금당지의 것과 유사함을 살필 수 있다. 금당은 원효와의 관련성을 통해 686년(신문왕 6) 이전인 7세기 후반으로 추정되고 있다.

40) 文化財管理局 慶州史蹟管理事務所, 1977, 『高仙寺址發掘調査報告書』, 21~25쪽.
41) 文化財管理局 慶州史蹟管理事務所, 1977, 『高仙寺址發掘調査報告書』, 22쪽 Fig.2.

◆ 경주 고선사지 금당지

　◈ 경주 고선사지 금당지의 가구식기단 지대석

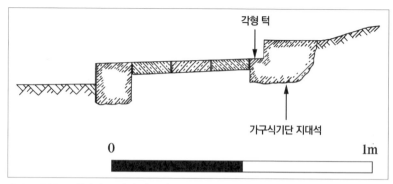

도 34. 경주 고선사지 금당지 가구식기단의 지대석. 상단 외연에 각형의 턱이 있다.

vi) 경주 황룡사지 목탑지 및 종·경루지[42]

　목탑지의 기단(도 35)[43]은 상·하단의 대지기단(일명 탑구) 위에 단층의 가구식으로 조성되었다. 지대석만 남아 있을 뿐, 면석과 갑석은 유실되어 살필 수 없다. 지대석은 발굴조사 과정에서 세 종류가 확인되었다. 첫 번째는 각형의 턱이나 윗면에 홈이 없는 장대석의 지대석이고, 두 번째는 사천왕사지 당탑지의 지대석과 같이 윗면에 홈이 굴착된 것이다. 마지막으로 세 번째는 하단 외연에 1단의 각형 턱이 있는 것이다.[44] 이처럼 구층목탑에 다양한 지대석이 사용되었다는 것은 가구식기단의 보수작업이 이루어졌음을 의미한다. 한편, 목탑지의 가구식계단은 남면에서 두 기가 조사되었다. 그러나 법수 구멍이 있는 지대석만 확인되었을 뿐, 면석이나 갑석 등은 유실되어 살필 수 없다. 계단 지대석의 바깥 면에는 1단의 각형 턱이 있어 기단 지대석의 세 번째 형식과 동일 형태임을 파악할 수 있다. 구층목탑의 기단은 백제 조탑공인 아비지에 의해 645년 무렵에 처음으로 조성되었으나 법수 구멍이 있는 가구식계단은 그 이후에 새로이 축조되었음을 판단할 수 있다.

42) 文化財管理局 文化財研究所, 1984,『皇龍寺 遺蹟發掘調査報告書』I, 82~83쪽 및 87~88쪽.
43) 文化財管理局 文化財研究所, 1984,『皇龍寺 遺蹟發掘調査報告書』I, 62쪽 삽도 15.
44) 조원창, 2018,「百濟 泗沘期 木塔 築造技術의 對外傳播」『先史와 古代』55호.

◆ 경주 황룡사지

◈ 경주 황룡사지 목탑지의 가구식기단

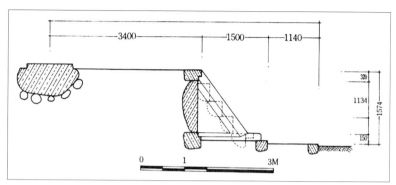

도 35. 경주 황룡사지 목탑지 가구식기단 복원도. 지대석과 갑석에 각형의 턱이 있다.

추정 종루지에서는 제1차 및 2차의 기단 유구가 확인되었다. 1차 기단 유구로는 지대석의 적심석만 조사되었을 뿐 가구식기단과 관련 있는 지대석과 면석, 갑석 등은 검출되지 않았다. 제2차 기단석(도 36)[45]으로는 모서리에서 지대석(隅石)이 확인되었다. 하단 외연에 1단의 각형 턱이 있어 사천왕사지 및 감은사지 등의 치석기법과 유사성을 보여주고 있다. 다만, 1차 기단 유구와 마찬가지로 면석이나 갑석 등이 조사되지 않아 정확한 가구식기단의 형태는 살필 수 없다. 지대석 윗면에는 면석이 밀려나는 것을 막아주기 위한 단이나 긴 홈이 없다.

◈ 경주 황룡사지 추정 종루지의 가구식기단

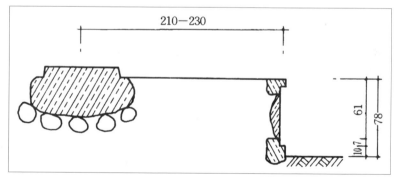

도 36. 경주 황룡사지 추정 종루지 제2차 가구식기단 복원도. 지대석과 갑석에 각형의 턱이 있다.

45) 文化財管理局 文化財研究所, 1984, 『皇龍寺 遺蹟發掘調査報告書』 I , 83쪽 삽도 33.

추정 경루지(도 37)[46]는 제1차 기단석의 경우 유구가 전혀 조사되지 않았다. 2차 유구는 지대석(우석 포함)만 확인되었을 뿐 면석과 갑석은 유실되어 살필 수 없다. 지대석의 하단 외연에는 1단의 각형 턱이 있다. 북면기단에 접해 별석의 가구식계단(도 38)이 조사되었으나 기단석과 마찬가지로 지대석만 남아 있을 뿐 면석과 갑석은 멸실되었다. 지대석 윗면에는 면석의 밀림 방지를 위한 단이나 긴 홈이 없다. 계단 지대석의 끝단은 사선 방향으로 몰딩이 이루어졌고, 이의 안쪽으로 원형의 법수 구멍이 뚫려 있다. 목탑지의 가구식계단 지대석과 비교해 법수 구멍의 위치 등에서 차이를 보여 후대에 조성되었음을 알 수 있다.

◈ 경주 황룡사지 추정 경루지의 가구식기단

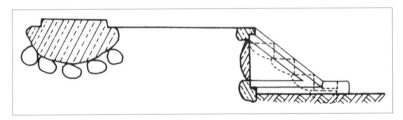

도 37. 경주 황룡사지 추정 경루지 가구식기단 복원도. 지대석과 갑석에 각형의 턱이 있다.

◈ 경주 황룡사지 추정 경루지의 가구식계단

도 38. 경주 황룡사지 추정 경루지 북면의 가구식계단

46) 文化財管理局 文化財硏究所, 1984, 『皇龍寺 遺蹟發掘調査報告書』Ⅰ.

종루지와 경루지의 2차 기단은 경루지의 가구식계단과 불국사 다보탑 계단과의 비교를 통해 8세기 후반 무렵에 축조되었음을 추정할 수 있다.

vii) 경주 불국사 대웅전, 극락전, 무설전, 비로전, 관음전[47]

대웅전(도 39~41)[48]과 극락전(도 42~44),[49] 무설전(도 45~47),[50] 비로전(도 48~50),[51] 관음전(도 51~54)[52] 등의 발굴조사에서는 지대석과 면석, 갑석 등을 갖춘 가구식기단과 가구식계단이 조사되었다. 가구식기단의 지대석과 갑석에는 1단의 각형 턱이 있고, 면석은 횡판석을 사용하였다. 지대석 윗면의 안쪽에는 면석이 토압에 의해 밀려나지 않도록 약한 단이 마련되어 있다. 우주와 탱주는 대부분 면석에 양각되었으나 대웅전 북면의 기단 일부에서는 별석의 탱주도 살필 수 있다. 이로 보아 창건기에는 사천왕사지 및 감은사지와 같이 별석의 우주와 탱주를 사용하였음을 알 수 있다. 우주와 탱주에 벽선은 없고, 면석에도 문양이 없다. 관음전의 가구식기단 모서리 갑석(귀틀석) 윗면에서는 감은사지 금당지의 하층기단 모서리돌(隅石) 및 서회랑지 갑석, 동서 삼층석탑 탑구 모서리돌(우석) 등에서 볼 수 있는 우동이 조각되어 있다.[53]

47) 文化公報部 文化財管理局, 1976, 『佛國寺 復元工事報告書』, 53~60쪽.
48) 文化公報部 文化財管理局, 1976, 『佛國寺 復元工事報告書』, 도판 171. 필자 작도.
49) 文化公報部 文化財管理局, 1976, 『佛國寺 復元工事報告書』, 도판 174. 필자 작도.
50) 文化公報部 文化財管理局, 1976, 『佛國寺 復元工事報告書』, 도판 189. 필자 작도.
51) 文化公報部 文化財管理局, 1976, 『佛國寺 復元工事報告書』, 도판 203. 필자 작도.
52) 文化公報部 文化財管理局, 1976, 『佛國寺 復元工事報告書』, 도판 215. 필자 작도.
53) 이러한 치석기법은 백제 사비기의 익산 미륵사지 강당지 갑석에서도 볼 수 있어 그 계통이 백제의 치석기술에 있었음을 알 수 있다.
조원창, 2019, 「統一新羅期 石造物에 보이는 百濟 石塔의 治石과 結構技術」 『백제건축 치석과 결구를 보다』, 서경문화사, 249~252쪽.

◆ 경주 불국사의 가구식기단

　◈ 경주 불국사 대웅전의 가구식기단

도 39. 경주 불국사 대웅전

도 40. 경주 불국사 대웅전의 가구식기단. 지대석과 갑석에 각형의 턱이 있다.

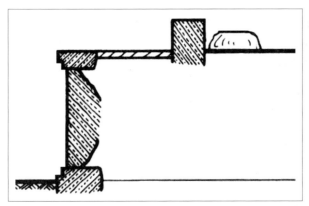

도 41. 경주 불국사 대웅전의 가구식기단 단면도

◆ 경주 불국사 극락전의 가구식기단

도 42. 경주 불국사 극락전

도 43. 경주 불국사 극락전의 가구식기단. 지대석과 갑석에 각형의 턱이 있다.

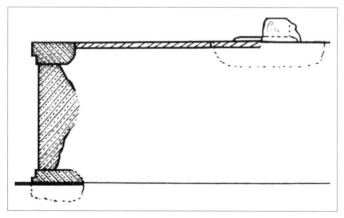

도 44. 경주 불국사 극락전의 가구식기단 단면도

◈ 경주 불국사 무설전의 가구식기단

도 45. **경주 불국사 무설전.** 대웅전 뒤에 위치하고 있다.

도 46. **경주 불국사 무설전의 가구식기단.** 지대석과 갑석에 각형의 턱이 있다.

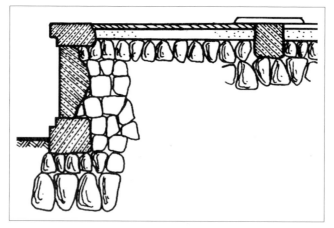
도 47. 경주 불국사 무설전의 가구식기단 단면도

◈ 경주 불국사 비로전의 가구식기단

도 48. 경주 불국사 비로전

도 49. 경주 불국사 비로전의 가구식기단. 지대석과 갑석에 각형의 턱이 있다.

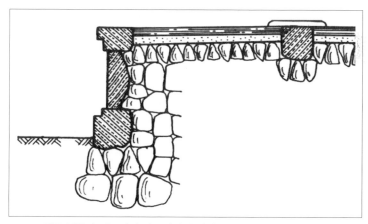

도 50. 경주 불국사 비로전의 가구식기단 단면도

◆ 경주 불국사 관음전의 가구식기단

도 51. 경주 불국사 관음전

도 52. 경주 불국사 관음전의 가구식기단. 지대석과 갑석에 각형의 턱이 있다.

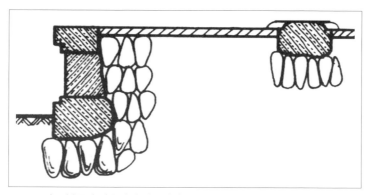

도 53. 경주 불국사 관음전의 가구식기단 단면도

도 54. 경주 불국사 관음전 가구식기단의 갑석(귀틀석). 갑석(귀틀석)의 중앙부에 우동이 조각되어 있다.

불국사의 가구식계단(도 55~62)은 비로전지를 비롯한 대웅전, 극락전, 무설전, 관음전 등에서 볼 수 있다. 계단은 절충형[54]과 통돌형[55] 등 두 가지 형식이 보이고 있으나 창건기에는 비로전지와 같은 절충식의 가구식계단이었을 것으로 추정된다. 가구식계단의 갑석을 기단에 결구시키기 위해 가구식기단의 갑석을 'ㄇ'형태로 절석(折石)하였음을 볼 수 있는데 이러한 결구기법은 9세기 후반 이후로 추정되는 합천 영암사지 금당지의 가구식기단 갑석에서도 볼 수 있다. 그리고 지대석과 갑석이 만나는 앞부분에서는 지대석의 턱을 곡선 형태로 처리하여 버선코처럼 보이도록 하였다. 불국사 대웅전 및 극락전, 무설전, 비로전, 관음전 등에서 보이는 가구식기단은 8세기 중반 및 9세기경에 조성되었다.

■ 경주 불국사의 가구식계단
◆ 경주 불국사 대웅전의 가구식계단

도 55. 경주 불국사 대웅전 서면의 가구식계단 정면

54) 계단을 구성하는 지대석과 면석, 갑석 중 어느 부재는 별석으로 만들고, 나머지 부재는 통돌로 제작하는 경우이다. 예컨대 불국사 비로전의 경우 지대석은 별석이고, 면석과 갑석은 통돌로 제작되어 있다.
55) 계단 부재인 지대석, 면석, 갑석을 한 매의 돌로 조성한 것을 말한다.

도 56. 경주 불국사 대웅전 서면 가구식계단 측면. 통돌로 만들어졌다.

도 57. 경주 불국사 대웅전 서면의 가구식계단. 지대
석과 갑석이 만나는 부분을 곡선처리 하였다.

도 58. 경주 불국사 대웅전. 가구식계단의 갑석을 결구
하기 위해 기단의 갑석을 'ㄴ'형태로 절석하였다.

◆ 경주 불국사 비로전의 가구식계단

도 59. 경주 불국사 비로전의 가구식계단 정면

도 60. 경주 불국사 비로전의 가구식계단 측면. 지대석은 별석으로 만들어졌다.

도 61. 경주 불국사 비로전 가구식계단의 세부. 갑석과 만나는 지대석의 끝부분을 곡선 형태로 치석하였다.

도 62. 경주 불국사 비로전. 가구식계단의 갑석을 결구하기 위해 기단의 갑석을 'ㄴ'형태로 절석하였다.

viii) 김천 수도암 대적광전

우주와 탱주가 있는 단층의 가구식기단(도 63~65)이다. 갑석이 별석인 반면, 지대석과 면석은 통돌로 만들어졌다. 지대석의 외연에는 호형, 각형의 몰딩이 장식되어 있고, 갑석에도 1단의 각형 턱이 있다. 갑석의 턱은 불국사 대웅전이나 극락전의 각형 턱과 비교해 크기가 작고 형식화되었음을 볼 수 있다. 이러한 형식화 혹은 비정형성은 정면 우측의 우주가 면석의 끝단(모서리)이 아닌 주변에 양각된 것으로도 볼 수 있다. 갑석의 윗면은 경주 감은사지 서회랑지 서남 모서리의 갑석과 같이 약하게 솟아 있다.

가구식계단(도 66)은 대적광전 남면에서 1기만 확인되며, 통돌의 가구식으로 조성되어 있다. 지복석은 확인되지 않고, 갑석과 지대석에서 1단의 각형 턱을 살필 수 있다. 기단의 조성 시기는 지대석과 면석의 형식화와 계단의 축조기법으로 보아 9세기 후반으로 추정된다.

◆ 김천 수도암 대적광전

　◇ 김천 수도암 대적광전의 가구식기단

도 63. 김천 수도암 대적광전

도 64. 김천 수도암 대적광전의 가구식기단. 지대석에 호형, 각형의 몰딩, 갑석에 각형의 턱이 있다.

◈ 김천 수도암 대적광전 가구식기단 지대석의 몰딩

도 65. 김천 수도암 대적광전 가구식기단 지대석의 호형, 각형 몰딩

◈ 김천 수도암 대적광전의 가구식계단

도 66. 김천 수도암 대적광전의 가구식계단. 계단 형식은 통돌형이다.

ix) 양산 통도사 대웅전

지대석, 면석, 갑석을 갖춘 가구식기단(도 67~69)이다. 갑석에 1단의 각형 턱이 있는 반면, 지대석에서는 이를 살필 수 없다. 지대석 윗면에는 면석이 밀려나지 않도록 낮은 단이 있다. 횡판석의 면석에는 우주와 탱주가 양각되어 있고, 탱주에서는 1조의 벽선이 살펴진다. 면석에는 다양한 꽃들이 양각되어 있다. 이처럼 꽃이 장식된 가구식기단은 일찍이 중국 돈황 막고굴(도 70·71)[56]에서도 확인된 바 있어 9세기 무렵 당에서 신라로 그 문화가 전파되었음을 판단케 한다.[57] 가구식기단 외곽에서 확인되는 1단의 할석렬은 기단을 좀 더 높게 보이도록 하는 대지기단[58]으로 추정되고, 이러한 유구는 645년 무렵에 건립된 황룡사지 목탑지 가구식기단 외곽에서도 살필 수 있다.[59] 대웅전의 기단은 탱주의 벽선과 갑석만의 몰딩 등 이질성으로 보아 9세기 후반으로 추정해 볼 수 있다.

◆ 양산 통도사 대웅전
  ◈ 양산 통도사 대웅전의 가구식기단

도 67. 양산 통도사 대웅전

56) 蕭黙, 1989, 『敦煌建築研究』, 文物出版社, 209쪽 圖 144.
57) 조원창, 2014, 「寺刹建築으로 본 架構基壇의 變遷 研究」, 『백제 사원유적 탐색』, 344~345쪽.
58) 이에 대해선 아래의 자료를 참조.
    조원창, 2018, 『건축유적의 발굴과 해석』, 서경문화사, 313~316쪽.
59) 보고서에는 탑구(塔區)로 기술되어 있다.

◆ 양산 통도사 대웅전 가구식기단의 세부

도 68. **양산 통도사 대웅전의 가구식기단.** 갑석 하단 외연에만 각형의 턱이 있다. 지대석에 각형의 턱이 없는 이형적인 가구식기단이다.

◆ 양산 통도사 대웅전 가구식기단 면석의 꽃 장식

도 69. **양산 통도사 대웅전의 가구식기단.** 면석에 활짝 핀 꽃이 조각되어 있다. 통일신라시기 유일한 꽃 장식 가구식기단이다.

■ 중국 돈황석굴의 가구식기단

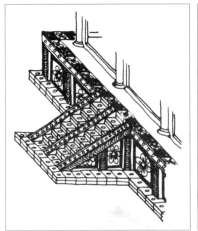

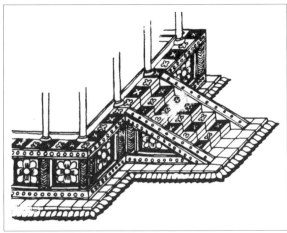

도 70. 돈황 막고굴 내 유림굴 중당 제25   도 71. 돈황 막고굴 내 중당 제158굴의 가구식기단
　　　 굴의 가구식기단

x) 합천 영암사지 금당지 및 영당지(일명 서금당지)

　금당지 기단은 지대석과 갑석에 1단의 각형 턱이 있는 단층의 가구식기단(도 72~73)이다. 지대석 윗면에는 면석이 밖으로 밀려나는 것을 방지하기 위한 단이나 홈이 없다. 면석에는 단독의 안상과 안상 속에 조각된 사자 등이 장식되어 있다.

　통일신라시기의 사자 조각은 불국사 다보탑이나 월정교의 석주, 신라 왕릉의 호석 주변에서 주로 확인되는 것으로 건축물의 가구식기단에서는 거의 볼 수 없다. 면석에 우주나 탱주는 없다. 기단과 접한 네 면 중앙부에는 가구식계단(도 74)이 설치되어 있다. 동쪽 계단에는 별석의 지대석과 면석 및 갑석의 역할을 하는 통돌의 가릉빈가상(도 75)이 양호하게 남아 있다. 기단의 조성 시기는 면석의 문양과 계단의 조각상 등을 통해 9세기 후반 이후로 추정된다.

◆ 합천 영암사지 금당지

　◇ 합천 영암사지 금당지의 가구식기단

도 72. 합천 영암사지 금당지

도 73. 합천 영암사지 금당지의 가구식기단. 지대석과 갑석에 각형의 턱이 있다.

◆ 합천 영암사지 금당지의 가구식계단

도 74. 합천 영암사지 금당지 남면 가구식계단. 가운데에 분리석이 있다.

도 75. 합천 영암사지 금당지 동면 가구식계단. '가릉빈가'가 조각되어 있다.

영당지는 금당지의 북서쪽으로 약 100m 정도 떨어져 있고, 주건물지와 좌우의 탑비전지로 이루어져 있다. 주건물지는 단층의 가구식기단(도 76~78)으로 지대석과 갑석에 1단의 각형 턱이 있다. 금당지와 달리 면석에 문양이 없는 대신 우주와 탱주가 조각되어 있다. 계단(도 79~80)은 통돌의 가구식으로 지대석과 갑석에 각형의 턱이 있다. 주건물지의 좌우로는 스님의 행적을 적어 놓는 탑비 중 비신과 이수가 유실된 채 귀부만이 남아 있다.

◆ 합천 영암사지 영당지
　◈ 합천 영암사지 영당지 주건물지의 가구식기단

도 76. 합천 영암사지 영당지 주건물지의 가구식기단

◈ 합천 영암사지 영당지 주건물지의 가구식기단 세부

도 77. 합천 영암사지 영당지 주건물지의 가구식기단 세부. 지대석과 갑석에 각형의 턱이 있다.

◈ 합천 영암사지 영당지 주건물지 가구식기단의 측면

도 78. 합천 영암사지 영당지 주건물지의 가구식기단 측면

◆ 합천 영암사지 영당지 주건물지의 가구식계단

도 79. 합천 영암사지 영당지 주건물지의 가구식계단 정면

도 80. 합천 영암사지 영당지 주건물지의 가구식계단 측면. 통돌로 제작되었으며, 지대석
과 갑석에 각형의 턱이 있다.

xi) 구례 화엄사 각황전, 대웅전, 원통전

각황전(도 81~83)과 대웅전(도 84~86)은 별석의 가구식기단으로 지대석과 갑석에 1단의 각형 턱이 있다. 횡판석의 면석에는 우주와 탱주가 양각되어 있으나 벽선이나 문양은 없다. 각황전과 대웅전(도 87)의 가구식계단[60]은 별석의 지대석 위에 면석과 갑석이 통돌로 조성되어 불국사 비로전과 같은 축조기법을 보여주고 있다. 다만, 지대석 앞부분의 각형 턱과 기단 및 계단의 결구기법에서는 차이를 보이고 있다. 즉 불국사 비로전은 기단 갑석을 계단 갑석 너비만큼 절석한 반면 화엄사 각황전과 대웅전의 경우는 계단 갑석을 기단 갑석에 맞추어 절석한 후 결구하였다. 따라서 각황전과 대웅전의 가구식기단 조성 시기는 불국사 비로전에 후행하는 8세기 후반으로 추정된다.

■ 구례 화엄사
　◆ 구례 화엄사 각황전

도 81. 구례 화엄사 각황전

---

60) 국립문화재연구소, 2013, 『한국고대건축의 기단 경기·강원·충북·충남·전남편』 II, 206쪽 및 212쪽 사진과 207쪽 및 213쪽 도면 참조.

◆ 구례 화엄사 각황전의 가구식기단 1

도 82. 구례 화엄사 각황전 가구식기단. 지대석과 갑석에 각형의 턱이 있다.

◆ 구례 화엄사 각황전의 가구식기단 2

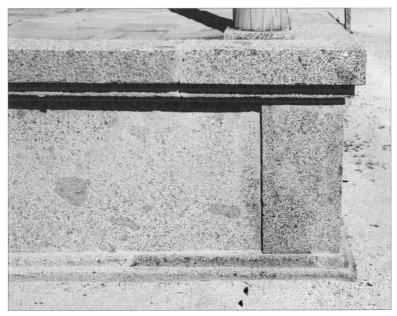

도 83. 구례 화엄사 각황전 가구식기단의 우주. 지대석과 갑석은 별석으로 만들어졌다.

◆ 구례 화엄사 대웅전

도 84. 구례 화엄사 대웅전

◆ 구례 화엄사 대웅전의 가구식기단 1

도 85. 구례 화엄사 대웅전의 가구식기단. 지대석과 갑석에 각형의 턱이 있다.

◆ 구례 화엄사 대웅전의 가구식기단 2

도 86. 구례 화엄사 대웅전의 가구식기단. 지대석과 갑석, 우주, 면석은 별석으로 만들어졌다.

◆ 구례 화엄사 대웅전의 가구식계단

도 87. 구례 화엄사 대웅전의 가구식계단

　　한편, 화엄사 원통전의 가구식기단(도 88~91)은 앞의 사례들과 달리 지대석 아래에 별도의 지복석 1매가 놓여 있다. 지대석에는 각형의 턱 대신 각형-호형-각형의 3단 몰딩이 있다. 이러한 장식은 십이지신상이 조각된 신라 왕릉의 지대석에서 주로 볼 수 있는 치석기법이다. 지대석 윗면에는 기단토의 토압으로 인해 면석이 밖으로 밀리지 않도록 약하게 단이 져 있다. 면석은 횡판석을 사용하였으며, 우주나 탱주는 없다. 갑석은 유실되어 살필 수 없다.

◆ 구례 화엄사 원통전

도 88. 구례 화엄사 원통전

◈ 구례 화엄사 원통전의 가구식기단 1

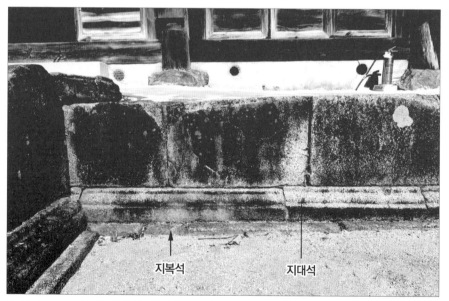

지복석　　　　　　지대석

도 89. 구례 화엄사 원통전의 가구식기단. 지대석 아래에 지복석이 놓여 있다. 지대석에는 각형의 턱이 없다.

◆ 구례 화엄사 원통전의 가구식기단 2

도 90. 구례 화엄사 원통전의 가구식기단. 각황전 및 대웅전과 달리 우주와 탱주가 없다.

◆ 구례 화엄사 원통전 가구식기단의 지대석 몰딩

도 91. 구례 화엄사 원통전
가구식기단 지대석
에 각형-호형-각형
의 몰딩이 있다.

가구식계단(도 92~93)도 기단과 마찬가지로 지복석이 한 매 놓여 있고, 그 위로 별석의 지대석과 면석이 조성되어 있다. 지대석 외면에는 각형-호형-각형의 몰딩이 있다. 계단 면석은 기단 면석의 높이와 비교해 볼 때 갑석의 역할도 겸하였을 것으로 생각된다. 이렇게 볼 때 갑석은 직선형이 아닌 곡선형으로 치석되었음을 알 수 있다. 이러한 곡선형의 갑석은 보령 성주사지 금당지 남면 및 강당지 가구식계단에서도 볼 수 있다. 원통전은 지복석의 존재와 통돌로 만들어진 가구식계단의 면석과 갑석, 그리고 갑석의 곡선형 등을 통해 9세기 후반 이후에 조성되었을 것으로 추정된다.

◆ 구례 화엄사 원통전의 가구식계단

도 92. 구례 화엄사 원통전 가구식계단의 정면

도 93. 구례 화엄사 원통전 가구식계단의 측면

xii) 여주 고달사지 나-1건물지(불전지)

유구의 서면과 남면, 북면에서 가구식기단(도 94~95)이 확인되고 있다.[61] 지대석 윗면에는 면석을 걸치기 위한 단이나 홈이 없다. 면석은 횡판석으로 우주와 탱주가 양각되어 있고, 일부 우주는 직각으로 만나는 다른 면석의 끝단을 치석하여 조성해 놓았다. 지대석과 갑석에는 1단의 각형 턱이 있다. 가구식계단은 북면에서 확인되며 지대석, 면석, 갑석 모두 통돌로 조성되어 있다. 나-1건물지는 가람변천 과정에서 2기 가람으로 분류되었으며, 그 시기는 8~10세기 중엽으로 추정된 바 있다.[62] 그러나 통돌의 가구식계단과 우주의 형식화 등으로 보아 기단의 조성 시기는 9세기 후반으로 판단해 볼 수 있다.

61) 京畿道博物館 외, 2002, 『高達寺址』I, 26~29쪽.
  畿甸文化財研究院·驪州郡, 2007, 『高達寺址』II, 819쪽 삽도 5 상.
62) 畿甸文化財研究院·驪州郡, 2007, 『高達寺址』II, 835~839쪽.

◆ 여주 고달사지 나-1건물지(불전지)의 가구식기단

도 94. 여주 고달사지 나-1건물지(불전지)의 가구식기단. 내부에 연화문이 장식된 불대좌가 조성되어 있다.

도 95. 여주 고달사지 나-1건물지(불전지)의 가구식기단. 지대석은 흙에 묻혀 있다.

② 우주, 탱주가 있는 단층의 가구식기단

ⅰ) 경주 망덕사지 목탑지[63](도 96)

단층의 가구식기단으로 지대석과 면석(128×71cm), 탱주(22×71cm) 등이 남아 있다. 탱주는 별석으로 세워져 있다. 기단의 네 모서리에는 28×28cm의 우주 흔적이 남아 있다. 이로 보아 우주도 탱주와 마찬가지로 별석으로 제작되었음을 알 수 있다.

◆ 경주 망덕사지 동탑지의 가구식기단

도 96. 경주 망덕사지 동탑지 가구식기단의 지대석

ⅱ) 경주 불국사 대웅전(도 97~98), 극락전(도 99~100), 무설전(도 101~102), 비로전(도 103~104), 관음전(도 105~106)

지대석과 면석, 갑석 등으로 이루어진 단층의 가구식기단이다. 지대석과 갑석에는 1단의 각형 턱이 있다. 면석에는 별석 및 통돌로 제작된 탱주가 있고, 네 모서리에도 별석 혹은 통돌로 만들어진 우주가 세워 있다. 이로 보아 창건기에는 경주 사천왕사 및 망덕사의 당탑과 같은 별석으로 조성되다가 9세기 이후 통돌로 변화하였음을 알 수 있다.

---

63) 국립경주문화재연구소, 2015, 『경주 망덕사지 발굴조사보고서(69 · 70년 발굴조사)』, 41~43쪽.

◆ 경주 불국사 가구식기단의 우주와 탱주

◈ 경주 불국사 대웅전 가구식기단의 우주와 탱주

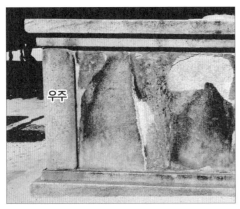

도 97. 경주 불국사 대웅전 가구식기단의 우주

도 98. 경주 불국사 대웅전 가구식기단. 탱주가 별석
으로 만들어졌다.

◈ 경주 불국사 극락전 가구식기단의 우주와 탱주

도 99. 경주 불국사 극락전 가구식기단의 우주

도 100. 경주 불국사 극락전 가구식기단의 탱주.
탱주와 면석이 통돌로 만들어졌다.

◆ 경주 불국사 무설전 가구식기단의 우주와 탱주

도 101. 경주 불국사 무설전의 가구식기단 우주　　도 102. 경주 불국사 무설전의 가구식기단 탱주

◆ 경주 불국사 비로전 가구식기단의 우주와 탱주

도 103. 경주 불국사 비로전의 가구식기단 우주　　도 104. 경주 불국사 비로전의 가구식기단 탱주

◆ 경주 불국사 관음전 가구식기단의 우주와 탱주

도 105. 경주 불국사 관음전의 가구식기단 우주

도 106. 경주 불국사 관음전의 가구식기단 탱주

iii) 경주 장항리사지 금당지

갑석은 유실된 채 지대석과 면석만 남아 있는 단층의 가구식기단이다(도 107). 지대석과 면석은 별석이고, 우주(도 108)와 탱주(도 109)는 면석에 모각되어 있다. 면석은 탱주에 결구되어 있고, 우주는 모서리에 겹우주 형태로 조각되어 양산 통도사 대웅전과 친연성을 보이고 있다. 이러한 치석기법은 경주 감은사지 및 불국사의 가구식기단과 차이를 보이는 한편 시기적인 후축 양상을 의미하기도 한다. 전체적으로 기단의 높이가 현격히 낮아 9세기 이후의 기단 형식으로 추정된다.

금당지 내부에는 초석을 비롯한 장대석 고맥이, 신방석 등이 조성되어 있다.

◆ 경주 장항리사지 금당지의 가구식기단

도 107. 경주 장항리사지 금당지 가구식기단 전경

◈ 경주 장항리사지 금당지의 우주와 탱주

도 108. 경주 장항리사지 금당지 가구식기단의 우주

도 109. 경주 장항리사지 금당지 가구식기단의 탱주

iv) 김천 수도암 대적광전

지대석과 면석은 통돌이고, 갑석은 별석으로 조성되어 있다. 우주(도 110)와 탱주(도 111)는
면석에 통돌로 제작되어 있다. 우주는 면석의 끝단에 조각되지 않고 약간 여백을 두고 양각
되어 있다.

◆ 김천 수도암 대적광전의 가구식기단 우주와 탱주

도 110. 김천 수도암 대적광전 가구식기단의 우주　　도 111. 김천 수도암 대적광전 가구식기단의 탱주

v) 양산 통도사 대웅전, 극락보전

대웅전의 가구식기단은 면석에 채색이 남아 있다. 지대석의 우석이 필요 이상으로 길게 제
작되어 퇴화된 느낌을 준다. 우주(도 112)는 장항리사지 금당지의 기단과 같이 겹우주의 형태
를 하고 있고, 탱주는 면석에 모각되어 있다. 탱주의 좌우에는 1조의 벽선(도 113)이 조각되어
있다. 기단의 조성 시기는 지대석 및 우주 등의 특징으로 보아 9세기 후반으로 추정된다.

◆ 양산 통도사 대웅전 가구식기단의 우주와 탱주

도 112. 양산 통도사 대웅전 가구식기단의 우주

도 113. 양산 통도사 대웅전 가구식기단의 우주와 탱주

극락보전의 가구식기단은 대웅전과 달리 면석에 꽃문양이 없다. 아울러 갑석에도 각형의 턱이 없다. 지대석 윗면에는 면석이 밖으로 밀려나지 않도록 단이 마련되어 있다. 탱주(도 114)에 1조의 벽선이 있고, 우주(도 115)에도 여러 조의 종선문이 장식되어 있다. 이러한 종선문은 고려시기의 안동 봉정사 극락전(도 116)과 양주 회암사지 보광전지(도 117)의 우주에서도 볼 수 있다. 기단의 조성 시기는 면석의 장식화와 탱주의 벽선 등을 통해 9세기 후반으로 추정해 볼 수 있다.

◆ 양산 통도사 극락보전 가구식기단의 우주와 탱주

도 114. 양산 통도사 극락보전의 탱주. 좌우에 벽선이 있다.

도 115. 양산 통도사 극락보전의 우주. 종선문이 장식되어 있다.

◆ 안동 봉정사 극락전 가구식기단의 우주

도 116. 안동 봉정사 극락전의 우주

◆ 양주 회암사지 보광전지 월대 가구식기단의 우주

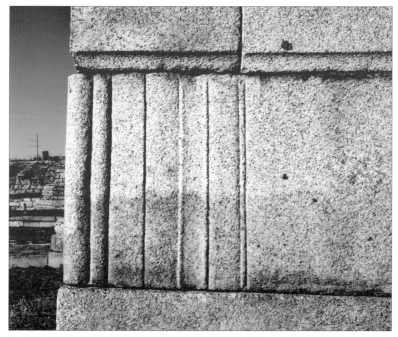

도 117. 양주 회암사지 보광전지 월대 가구식기단의 우주

vi) 구례 화엄사 각황전

각황전(도 118)은 별석의 우주와 탱주를 사용하였다. 우주와 탱주에서 벽선은 확인되지 않는다.

◆ 구례 화엄사 각황전 가구식기단의 우주와 탱주

도 118. 구례 화엄사 각황전 가구식기단의 우주와 탱주

vii) 보령 성주사지 금당지[64]

단층의 가구식기단(도 119)으로 지대석 위에 95cm 정도 높이의 면석(횡판석, 종판석)과 13cm 정도 높이의 갑석을 올려놓았다. 지대석 윗면에는 면석을 걸치기 위한 단이 마련되어

---

64) 保寧市・忠南大學校博物館, 1998,『聖住寺』, 53~54쪽.

있다. 지대석과 갑석에는 각형의 턱이 없다. 우주(도 120)는 별석으로 만들어졌고, 탱주는 설치되지 않았다.

금당지의 가구식계단은 네 면 중앙에 설치되어 있는데, 남면 계단에만 사자상의 법수석(도 121)이 조각되어 있다. 남면 가구식계단을 중심으로 축조기법을 살피면 지복석은 상하 2단의 별석으로 이루어졌고, 지대석, 면석, 갑석은 통돌로 만들어졌다. 갑석은 곡선형으로 서면의 사선형(도 122)과 차이를 보이고 있다. 별석의 우주와 면석, 그리고 지대석 윗면의 턱을 활용한 면석의 결구는 백제 사비기 익산 미륵사지 강당지 및 통일신라시기 경주 불국사 비로전등의 계보를 잇는 것으로 파악된다. 기단의 조성 시기는 9세기 중반 무렵으로 추정된다.

◆ 보령 성주사지 금당지의 가구식기단

도 119. 보령 성주사지 금당지의 가구식기단. 면석은 길이보다 높이가 높은 종판석을 사용하였다.

◈ 보령 성주사지 금당지 가구식기단의 우주

갑석

우주   면석

지대석

도 120. 보령 성주사지 금당지 가구식기단의 지대석과 우주, 면석, 갑석

◆ 보령 성주사지 금당지의 가구식계단

◈ 보령 성주사지 금당지 남면의 가구식계단

도 121. 보령 성주사지 금당지 남면의 가구식계단(복원)

◆ 보령 성주사지 금당지 서면의 가구식계단

도 122. 보령 성주사지 금당지 서면의 가구식계단(복원)

ⅷ) 공주 서혈사지 금당지

금당지의 남면과 서면, 북면 일부에서 가구식기단(도 123)[65]이 확인되고 있다. 지대석과 갑석에는 각형의 턱이 없다. 면석에는 우주와 탱주가 양각되어 있으나 벽선과 문양은 없다. 계단은 유실되어 확인할 수 없다. 사지에서 수습된 석조여래입상을 통해 기단의 조성 시기는 9세기대로 추정할 수 있다.

현재 가구식기단은 복원 과정에서 흙에 묻혀 지대석을 볼 수 없다. 아울러 갑석의 경우도 뒤집혀져 있어 원래의 모습을 확인할 수 없다(이상 도 124~125).

65) 安承周, 1970.3, 「公州 西穴寺址에 關한 調査研究(Ⅰ)-西穴寺址 第 一次 發掘調査報告」 『百濟文化』 第四輯, 公州師範大學 附設 百濟文化研究所, 18쪽 도 5.

◆ 공주 서혈사지 금당지의 가구식기단과 우주, 탱주

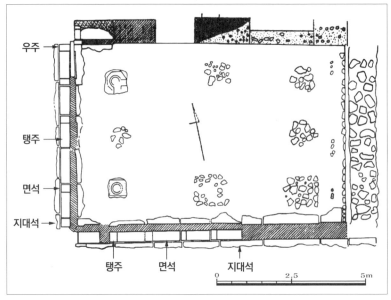

도 123. 공주 서혈사지 금당지의 가구식기단. 우주와 탱주가 면석에 모각되어 있다.

◆ 공주 서혈사지 금당지 가구식기단의 탱주

도 124. 공주 서혈사지 금당지 가구식기단의 탱주. 탱주는 면석에 모각되어 있다.

◆ 공주 서혈사지 금당지 가구식기단의 추정 갑석

도 125. 공주 서혈사지 금당지 가구식기단의 추정 갑석

ix) 여주 고달사지 나-1건물지(불전지)

통돌의 면석에 우주와 탱주를 조각해 놓았고, 벽선은 없다. 탱주의 측면 안쪽에 단을 두어 면석이 결구되도록 하였다(이상 도 126~128).[66]

◆ 여주 고달사지 나-1건물지(불전지)의 가구식기단

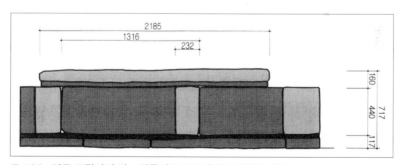

도 126. 여주 고달사지 나-1건물지(불전지)의 가구식기단 세부

---

66) 기전문화재연구원 · 여주군, 2007, 『고달사지』II, 819쪽 삽도 5 중.

◈ 여주 고달사지 나-1건물지(불전지) 가구식기단의 우주

도 127. 여주 고달사지 나-1건물지(불전지) 가구식기단의 우주. 면석과 통돌이다.

◈ 여주 고달사지 나-1건물지(불전지) 가구식기단의 탱주

도 128. 여주 고달사지 나-1건물지(불전지) 가구식기단의 탱주. 탱주는 면석에 모각되어 있다.

x) 삼척 흥전리사지 서원가람 주불전지와 동·서익사지[67]

중앙의 주불전지와 동·서익사지의 평면 형태는 아(亞)자형을 이루고 있다(도 129). 가구식 기단을 구성하는 지대석은 길이 1.2~2m 정도의 화강암제 장대석을 사용하였다. 별석의 면석과 탱주(높이 20~25cm), 우주 등은 사지 주변에서 생산되는 역암을 이용하였다(도 130). 갑석은 유실되어 살필 수 없다. 기단의 잔존 높이는 주불전지가 55cm, 동·서익사가 30cm로 전자가 후자보다 월등히 높게 조성되었다. 계단은 유실되어 살필 수 없다. 기단의 조성 시기는 9세기 후반으로 추정된다.

◆ 삼척 흥전리사지 서원가람 주불전지와 동·서익사지의 가구식기단

도 129. 삼척 흥전리사지 서원가람 주건물지와 동·서익사지

67) 문화재청·佛教文化財研究所, 2019, 『韓國의 寺址 시·발굴조사보고서 삼척 흥전리사지』 I, 134~142쪽.

◈ 삼척 흥전리사지 서원가람 주불전지 가구식기단의 우주와 탱주

도 130. 삼척 흥전리사지 주불전지의 가구식기단. 우주와 탱주는 별석으로 세워져 있다.

xi) 칠곡 송림사 오층전탑

전탑(도 131)은 무설전과 대웅전 사이에 위치하고 있다. 1959년 해체·수리되는 과정에서 거북형 석함과 금제 전각형 사리장치, 은제도금 영락수지형장식, 상감청자 합 및 금동제 원륜, 옥류 등이 수습된 바 있다.

대지기단[68]은 단층으로 지대석과 면석, 갑석 등으로 이루어져 있으나 복원 과정에서 기단석 일부가 교란되어 있다(도 132).[69] 지대석과 면석이 별석이 아닌 통돌로 제작되어 앞서 살핀 김천 수도암 대적광전과 같은 기법으로 제작되었음을 알 수 있다.[70] 지대석과 갑석에는 각형의 턱이 없고, 면석에서도 문양을 살필 수 없다. 우주와 탱주(도 133)는 통돌의 면석에 양각되어 있다. 전탑은 9세기에 조성된 것으로 알려져 있으나[71] 세부적으로는 9세기 후반으로 추정된다.

---

68) 여기에서의 가구식기단은 전탑을 한층 더 크고 웅장하게 보일 목적으로 조성되었으며, 구조적 측면에서 원주 거돈사지 삼층석탑과 유사함을 볼 수 있다. 층위상 전탑 축조와 관련된 대지 조성에 사용되었기 때문에 대지기단으로 부르고자 한다.

69) 이는 기단 모서리에서 볼 수 있다.

70) 이러한 치석기법은 동일한 석공, 혹은 동일 계통의 석공에 의해 제작되었음을 알게 한다.

71) 孫信榮, 2006, 「松林寺 5층전탑에 대한 고찰」『강좌미술사』 27호, 124쪽.

◆ 칠곡 송림사 오층전탑의 대지기단(가구식기단)

도 131. 칠곡 송림사 오층전탑과 대지기단(가구식기단)

◆ 칠곡 송림사 오층전탑 대지기단(가구식기단)의 우주

도 132. 칠곡 송림사 오층전탑 대지기단(가구식기단)의 우주. 면석과 통돌이다.

◈ 칠곡 송림사 오층전탑 대지기단(가구식기단)의 탱주

도 133. 칠곡 송림사 오층전탑 가구식기단의 탱주. 면석과 통돌로 이루어졌다.

③ 면석에 채색이나 문양이 있는 단층의 가구식기단

ⅰ) 양산 통도사 대웅전

탱주와 꽃이 조각되어 있는 면석에 붉은 색의 채색(도 134)이 이루어졌다. 지금은 부분적으로 표면이 박리되어 본래의 돌 색깔을 보여주고 있다.

■ 채색이 이루어진 양산 통도사 대웅전의 가구식기단

도 134. 면석에 붉은 칠이 남아 있는 양산 통도사 대웅전의 가구식기단

ii) 합천 영암사지 금당지

합천 영암사지 금당지 가구식기단의 면석에는 안상(도 135)과 사자(도 136)가 조각되어 있다. 특히 웅크리고 앉아 있는 사자의 모습은 갈기가 바람에 휘날리듯 생동감 있게 표현되었다.

◆ 합천 영암사지 금당지 가구식기단의 면석에 조각된 안상

도 135. 합천 영암사지 금당지 가구식기단. 면석에 안상이 조각되어 있다.

◆ 합천 영암사지 금당지 가구식기단의 면석에 조각된 안상과 사자

도 136. 합천 영암사지 금당지 가구식기단. 면석에 안상과 사자가 조각되어 있다.

④ 탱주에 벽선이 있는 단층의 가구식기단

ⅰ) 양산 통도사 극락보전(도 137)과 대웅전(도 138)

벽선(도 139)은 기둥과 벽 사이에 설치된 나무 부재이다. 벽선에는 산자가 설치되고, 흙이 발려지게 된다(도 140). 따라서 통도사 극락보전 및 대웅전에 표현된 탱주는 목조건축의 기둥을 의미한다. 그리고 벽선은 목조건축의 그것과 동일하다. 이러한 벽선은 고려시기의 예산 향천사 구층석탑 등 여러 탑파에서 살필 수 있다.

◆ 양산 통도사 극락보전 가구식기단의 탱주와 벽선

도 137. 양산 통도사 극락보전의 가구식기단. 탱주 좌우로 벽선이 조각되어 있다.

◆ 양산 통도사 대웅전 가구식기단의 탱주와 벽선

도 138. 양산 통도사 대웅전 가구식기단의 탱주와 좌우 벽선

◆ 목조건축물의 기둥과 벽선

도 139. 목조건축물에서의 기둥과 벽선

◆ 목조건축물 벽체의 산자

도 140. 산자에 바른 점토

나. 이중기단

① 경주 사천왕사지 금당지와 목탑지[72]

금당지(도 141~143)[73]와 목탑지는 모두 이중기단으로 조성되었다. 하층기단은 장대석을 사용한 치석기단으로 윗면에 차양칸 초석[74]이 위치하고 있다. 상층기단은 지대석과 면석, 갑석을 갖춘 가구식기단으로 축조되어 있다.

---

72) 국립경주문화재연구소, 2012, 『四天王寺 金堂址 발굴조사보고서』I.
73) 국립경주문화재연구소, 2012, 『四天王寺 金堂址 발굴조사보고서』I, 93쪽 도면 9, 74쪽 도면 8, 107쪽 사진 139.
74) 이는 수평차가 있는 초석렬 중 기단 외곽의 초석을 차양칸과 관련시켜 본 김동현의 설을 따른 것이다. 아울러 그는 차양칸의 기능을 구조적인 면보다 의장적, 의식적인 것으로 이해하였다.
金東賢, 1987, 「木造塔婆考」 『韓國佛教美術史論』, 民族史, 166쪽.

지대석과 갑석의 상·하단 외연에는 각형의 턱이 있다. 금당지 면석의 경우 가로 길이가 세로 높이보다 긴 횡판석(橫板石)을 사용하였고, 우주와 탱주는 별석으로 축조되어 있다. 면석은 지대석과 갑석이 접하는 곳을 얇게 하고, 대신 가운데 부분은 두껍게 만들어 기단토의 토압을 골고루 분산토록 하였다. 지대석의 윗면에는 우주와 탱주를 결구할 수 있게 홈이 파여 있다. 특히 우주가 놓이는 지대석 윗면에는 평면 방형 및 원형으로 굴착되어 있어 우주의 아랫부분에 짧은 장부(촉)가 달려 있음을 알 수 있다. 그리고 탱주 홈은 평면상 말굽 형태로 측면에 턱이 있는데 이 부분에 면석이 결구하게 된다. 우주와 탱주, 면석을 별석으로 조합한 최초의 목조건축물로서 그 기술적 계통은 익산 미륵사지석탑 및 부여 정림사지오층석탑에서 찾아볼 수 있다.

■ 통일신라시기의 이중기단
　◆ 경주 사천왕사지 금당지의 이중기단
　　◇ 경주 사천왕사지 금당지 평면도

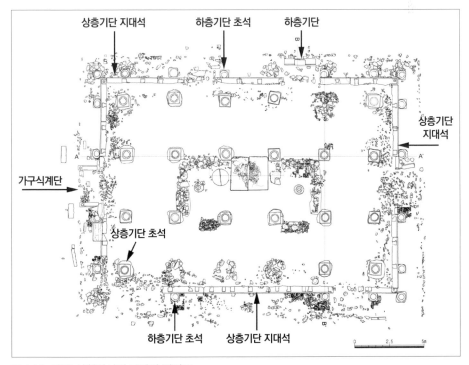

도 141. 경주 사천왕사지 금당지 평면도

◈ 경주 사천왕사지 금당지 상층 가구식기단의 복원안과 잔존 지대석 및 면석

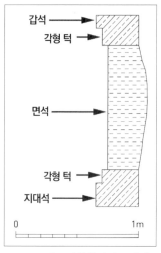

갑석

각형 턱

면석

각형 턱

지대석

0　　　　　1m

도 142. 경주 사천왕사지 금당지
상층 가구기단 복원도

도 143. 경주 사천왕사지 금당지 상층기단의 지대석과 면석(횡판석)

　목탑지(도 144~146)[75]는 금당지와 마찬가지로 이중기단이나 하층기단에 차양칸을 위한 초석이 없다. 이로보아 금당의 격이 목탑에 비해 상대적으로 높았음을 판단할 수 있다. 면석이 놓이는 부분 또한 횡판석 대신 사천왕을 조각한 녹유전(도 147)과 당초문이 장식된 벽돌(도 148)이 조성되어 있다. 우주와 탱주는 금당지와 마찬가지로 별석으로 세워져 있다. 지대석 윗면에는 전돌의 밀림 방지를 위한 단이나 홈이 없다.

....

75) 국립경주문화재연구소, 2013, 『四天王寺 Ⅱ 回廊內廓 발굴조사보고서』, 73쪽 도면 4 및 94쪽 도면 11 · 12.

◆ 경주 사천왕사지 목탑지의 이중기단

◈ 경주 사천왕사지 서탑지 평면도

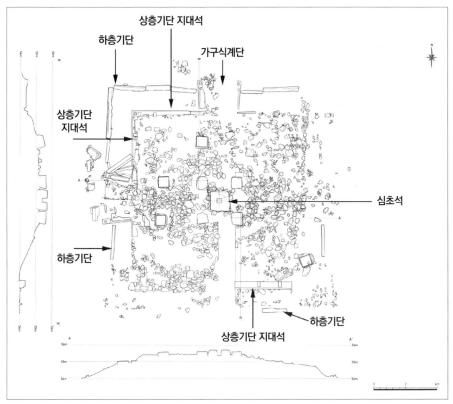

도 144. 경주 사천왕사지 서탑지 평면도

◈ 경주 사천왕사지 서탑지의 이중기단 모식도

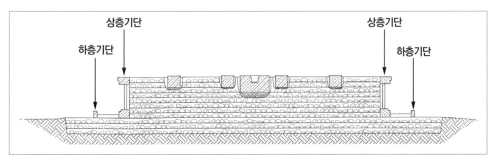

도 145. 경주 사천왕사지 서탑지 이중기단 단면 모식도

◆ 경주 사천왕사지 탑지 기단 복원안

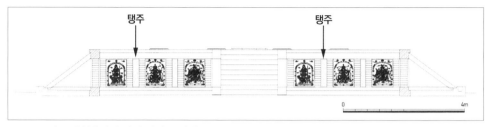

도 146. 경주 사천왕사지 탑지 기단 복원안

◆ 경주 사천왕사지 탑지 면석 부분에 조성된 녹유 사천왕상과 당초문전

도 147. 경주 사천왕사지 서탑지 이중기단 중 상층기　도 148. 경주 사천왕사지 서탑지 이중기단 중 상층
　단 면석부의 녹유 사천왕상(복원품)　　　　　　　기단 면석부의 당초문전

　금당과 목탑은 사천왕사의 창건 기사로 볼 때 679년(문무왕 19) 무렵에 조성되었을 것으로
판단된다.

　② 경주 감은사지 금당지
　금당지(도 149~150)[76]는 이중기단으로 조성되었으며, 상층에서 가구식기단을 볼 수 있다

---

76) 國立慶州文化財研究所·慶州市, 1997, 『感恩寺 發掘調査報告書』, 85쪽 삽도 18.

(도 151~153).[77] 금당지 기단의 높이는 118.5cm로 주변의 강당지나 회랑지에 비해 높게 조성되었다. 하층기단은 외벌대의 장대석으로 조성되었고, 모서리에는 귀틀석이 사용되었다. 상층과 하층기단 사이에는 1매의 석재가 길이 방향으로 놓여 있다. 상층기단은 다른 건물지의 기단과 비교해 가장 화려한 치석기법을 보여주고 있다. 즉 갑석 윗면은 각형-호형-각형(도 154)의 몰딩으로, 아랫면은 각형의 턱으로 치석되었다. 윗면의 몰딩 같은 경우 통일신라시기의 전 경덕왕릉이나 전 원성왕릉(괘릉) 등과 같이 십이지신상 호석을 갖춘 왕릉의 지대석에서 주로 볼 수 있다. 지대석 하면에도 갑석과 마찬가지로 1단의 각형 턱이 있다. 면석은 판석을 사용하였고, 우주나 탱주는 살필 수 없다. 지대석 윗면에는 면석의 밀림 방지를 위한 단이나 홈이 없다.

가구식기단과 접해 별석의 가구식계단(도 155)을 살필 수 있다. 지대석의 끝부분에는 지름 17cm의 원형 법수 구멍이 있다. 감은사는 창건 기사로 보아 682년(신문왕 2) 무렵에 조성되었음을 알 수 있다.

◆ 경주 감은사지 금당지의 이중기단
　◆ 경주 감은사지 금당지 전경

도 149. 경주 감은사지 금당지(북에서)

---

77) 國立慶州文化財硏究所·慶州市, 1997, 『感恩寺 發掘調査報告書』, 92쪽 삽도 24 및 91쪽 삽도 23 (금당지 이중기단 세부 부재 실측도). 일부 필자 작도.

◆ 경주 감은사지 금당지의 평면도

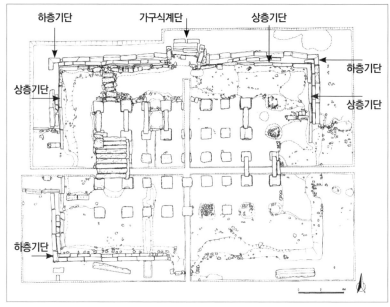

도 150. 경주 감은사지 금당지 평면도

◆ 경주 감은사지 금당지의 이중기단(상층 가구식기단)

도 151. 경주 감은사지 금당지 북면기단. 이중기단으로 상층이 가구식기단이다.

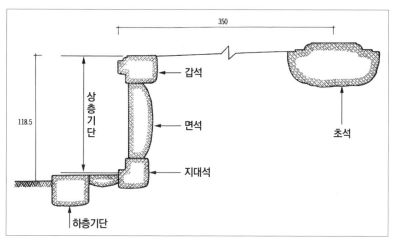

도 152. 경주 감은사지 금당지의 이중기단

◆ 경주 감은사지 금당지 가구식기단에 사용된 각종 부재(표면이 정교하게 다듬어져 있음)

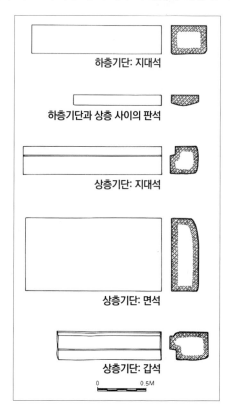

하층기단: 지대석

하층기단과 상층 사이의 판석

상층기단: 지대석

상층기단: 면석

상층기단: 갑석

도 153. 경주 감은사지 금당지 이중기단 세부 부재 실측도

◆ 경주 감은사지 금당지 가구식기단 갑석 윗면의 몰딩

도 154. 경주 감은사지 금당지 가구식기단 갑석 윗면의 몰딩(각형-호형-각형)

◆ 경주 감은사지 금당지의 가구식계단

도 155. 경주 감은사지 금당지 북면 가구식계단. 법수는 유실되었다.

③ 경주 보문동사지 금당지

　전면적인 발굴조사가 이루어지지 않아 정확한 가람배치는 알 수 없다. 금당지(도 156~157)[78]를 비롯한 동서 목탑지, 강당지, 당간지주, 초석 등이 사역 내에 흩어져 있다. 금당지는 기단석을 중심으로 한 내외의 초석을 통해 이중기단임을 알 수 있다. 금당지의 규모는 동서 길이 약 22m, 남북 잔존 길이 약 21cm이다.[79]

　이중기단 중 상층기단은 가구식기단으로 판단된다. 왜냐하면 현재 남아 있는 기단석과 이의 내부에 조성되어 있는 초석 높이를 고려해 볼 때 기단석 위로 별도의 석재가 놓이지 않는다면 기단 내부의 기단토가 밖으로 유실될 수밖에 없는 구조이기 때문이다. 이렇게 볼 때 현재의 기단석은 지대석으로 판단되고, 면석과 갑석은 유실된 것으로 파악해 볼 수 있다.

◆ 경주 보문동사지 금당지의 이중기단
　◇ 경주 보문동사지 금당지의 평면도

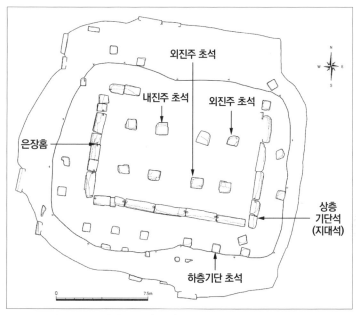

도 156. 경주 보문동사지 금당지 평면도

---

78) 국립경주문화재연구소, 2012, 『경주지역 폐사지 기초조사 · 연구』, 180쪽 도면 15.
79) 보문동사지에 관한 유구 내용은 국립경주문화재연구소, 2012, 『경주지역 폐사지 기초조사 · 연구』, 172~175쪽 참조.

◆ 경주 보문동사지 금당지 상층 가구식기단의 지대석

도 157. 경주 보문동사지 금당지 상층 가구식기단의 지대석과 내부 초석. 면석과 갑석은 유실되었다.

　　지대석 외연에는 위로부터 호형, 각형의 몰딩(도 158)이 이루어졌다. 이러한 몰딩은 감은사
지 금당지 북면기단의 갑석과 친연성을 보이나 삼국시기 이후 건물지 지대석에서는 처음으
로 확인된 사례이다. 한편 지대석 윗면에는 경덕왕대에 조영된 불국사 석가탑과 석굴암, 춘
양교 등지에서 확인된 반원형의 도투마리은장홈(도 159)이 파여 있다.

◈ 경주 보문동사지 금당지 상층 가구식기단 지대석의 몰딩

도 158. 경주 보문동사지 금당지 상층 가구식기단 지대석 외연의 호형-각형 몰딩

◈ 경주 보문동사지 금당지 상층 가구식기단 지대석의 도투마리은장홈

도 159. 경주 보문동사지 금당지 상층 가구식기단 지대석의 도투마리은장홈. 머리 형태
가 반원형이다.

하층기단은 거의 대부분 유실되어 지표면에서 확인할 수 없다. 하층기단의 초석은 황룡사지 중금당지 및 사천왕사지 금당지의 사례로 보아 차양칸을 위한 것으로 이해할 수 있다. 초석은 상층기단석으로부터 약 180~200cm 정도 떨어져 있다. 유실된 하층기단석은 황룡사지와 사천왕사지 등의 사례로 보아 장대석으로 된 치석기단이었음을 추정할 수 있다.

보문동사원 금당의 조성 시기는 호형, 각형의 몰딩과 반원형의 도투마리은장홈으로 보아 8세기 중반 무렵으로 추정된다.

이상에서 살펴본 바와 같이 통일신라시기에는 다양한 기단 형식이 존재하였다. 그런데 여러 유적지에는 아직도 그 성격을 알 수 없는 장대석이나 건축부재들이 도처에 산재해 있는 실정이다. 이 중 은장홈이 확인되는 부재들을 중심으로 그 내용을 살펴보고자 한다.

먼저 황룡사지에서 출토된 두 점의 출토품을 들 수 있는데 이것들은 현재 황룡사역사문화관의 야외전시관에 위치하고 있다. 두 점 중 한 점은 장대석(도 160)으로 하단 외연에 1단의 각형 턱이 있다. 이의 존재로 보아 가구식기단의 지대석으로 추정되나 다소 거칠게 다듬어져 있어 미완성의 석재로 파악되기도 한다. 은장홈은 장대석의 윗면 측단부 중앙에 자리하고 있다. 은장홈이 있는 측면이 정교하게 치석된 것으로 보아 부러진 석재로는 파악되지 않는다. 은장홈의 머리 형태는 제형이나 머리와 연결된 신부(身部)가 없어 도투마리은장보다는 나비장(도 161)[80]으로 판단된다. 나비장은 통일신라시기 석재의 결구에 있어 도투마리은장에 비해 그 수가 현저히 적고, 석재보다는 목재의 결구에 주로 사용되었던 방법으로 생각된다. 황룡사지에서 출토된 나머지 한 점의 부재(도 162)는 그 성격을 정확히 알 수 없으나 윗면이 평평하게 치석된 반면, 아랫면은 아주 거칠게 다듬어져 있어 건축물의 바닥에 시설되었던 것으로 추정된다. 은장홈의 머리 형태로 보아 반원형의 도투마리은장(도 163)을 사용하였던 것으로 판단된다.

---

80) 나비장은 은장의 형태가 나비의 날개처럼 생겨 붙여진 이름이다.

■ 경주 황룡사지 출토 석재의 은장홈

◆ 나비장홈

도 160. **경주 황룡사지 출토 장대석.** 황룡사역사문화관의 야외전시관에 있다. □ 내부가 나비장홈.

도 161. 경주 황룡사지 출토 장대석에 표현된 나비장홈

◆ 도투마리은장홈

도 162. 경주 황룡사지 출토 성격 미상의 석물. □ 내부가 도투마리은장홈.

도 163. 석물에 굴착된 반원형의 도투마리은장홈

은장이 사용된 건축 부재는 분황사지에서도 확인되었다. 한 점은 가구식기단의 갑석이고, 다른 한 점은 성격 미상의 절단된 장대석(도 164)이다. 은장홈(도 165)은 장대석의 한쪽 편에서만 확인되었고, 머리 형태는 반원형이다.

■ 경주 분황사지 출토 석재의 은장홈

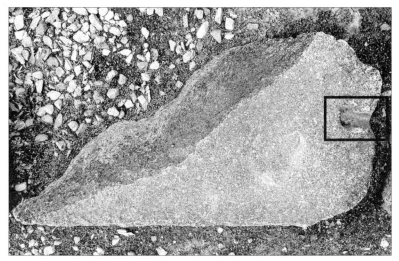

도 164. 경주 분황사지 출토 성격 미상의 장대석. □ 내부가 은장홈.

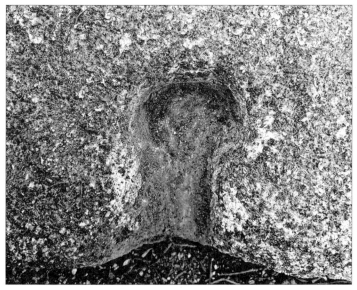

도 165. 경주 분황사지 출토 성격 미상의 장대석에 투공된 반원형의 도투마리 은장홈

이들 외에 경주읍성 성벽 주변에 모아진 석재[81]들에서도 많은 도투마리은장홈(도 166~ 167)을 볼 수 있다. 주변에서 수습된 것이기에 출토 위치나 성격 등을 자세히 알 수 없지만 당시 통일신라시기 경주지역의 건축물에 많은 은장이 사용되었음을 알 수 있는 귀중한 자료라 생각된다.[82]

■ 경주읍성 주변 석물군의 은장홈

도 166. 경주읍성 주변 장대석의 도투마리은장홈. 머리 형태가 장방형이다.

81) 탑재석을 비롯한 장대석, 배수구, 초석 등 다양한 부재들이 전시되어 있다.
82) 이에 대해선 후술하고자 한다.

도 167. 경주읍성 주변 석탑 옥개석의 도투마리은장홈. 머리 형태가 장방형이다.

이상의 통일신라시기 주요 가구식기단을 부재별로 나누어 그 특성을 살피면 아래의 표와 같다.

표 1. 통일신라시기 가구기단의 제 형식(○: 있음, X: 없음)

형식		유적		지복석	지대석 턱	면석 우주 별석	면석 우주 통돌	면석 우주 벽선	면석 탱주 별석	면석 탱주 통돌	면석 탱주 벽선	문양	갑석 몰딩,턱 상면	갑석 몰딩,턱 하면	비고
동궁	단층기단	1호 건물지(전각 추정)		X	○	유실							유실		7세기 후반
동궁	단층기단	16호 건물지(출입시설)		X	○	X 유실							유실		7세기 후반 ~8세기
사찰 (지)	단층기단	경주 감은사지	강당지	X	○	무			무			무	X	○	682년 경
사찰 (지)	단층기단	경주 감은사지	회랑지	X	○	무			무			무	X	○	682년 경
사찰 (지)	단층기단	경주 망덕사지	금당지	X	○	유실							유실		685년 혹은 692년경
사찰 (지)	단층기단	경주 망덕사지	東목탑지	X	○	○	X	X	○	X	X	무	유실		685년 혹은 692년경
사찰 (지)	단층기단	경주 고선사지	금당지	X	○	유실							유실		686년 이전

형식	유적		지복석	지대석 턱	면석							갑석		비고
					우주			탱주			문양	몰딩, 턱		
					별석	통돌	벽선	별석	통돌	벽선		상면	하면	
	경주 불국사	대웅전	X	○	○	○	X	○	○	X	무	X	○	751년 무렵
		극락전	X	○	○	○	X	○	○	X	무	X	○	
		비로전	X	○	○	○	X	○	○	X	무	X	○	
		무설전	X	○	○	○	X	○	○	X	무	X	○	
	경주 황룡사지	종루지	X	○	유실							유실		854년 추정
		경루지	X	○	유실							유실		
	대구 동화사	극락전	X	○	X	○	X	X	○	X	X	X	○	9세기
	김천 수도암	대적광전	X	○	○	○	X	○	○	X	○	X	○	9세기 후반
	양산 통도사	대웅전	X	X	X	○	X	X	○	○	○	○	○	9세기 후반
		극락보전	X	X	X	○	○	X	○	○	X	X	X	
	합천 영암사지 영당지	금당지	X	○	무			무				○		9세기 후반
		주건물지	X	○	○	○	X	○	○	X	X	X		
	구례 화엄사	대웅전	X	○	X	○	X	X	○	X	X	X	○	9세기
		각황전	X	○	X	○	X	X	○	X	X	X	○	
		원통전	○	○	무			무			무	유실		9세기 후반
	공주 서혈사지	금당지	X	X	X	○	X	X	○	X	X	X	X	9세기
	보령 성주사지	금당지	X	X	○	X	X	무			무	유실		9세기 후반
	여주 고달사지	나-1건물지 (불전지)	X	○	X	○	X	○	X	무	X	○		9세기 후반
	삼척 흥전리사지	금당지	X	X	○	X	X	○	X	X	X	유실		9세기 후반
이중기단 – 상층 가구식 기단	경주 사천왕사지	금당지	X	○	○	X	X	○	X	X	X	X	○	679년 경
		목탑지	X	○	○	X	X	○	X	○	X	○		
	경주 감은사지	금당지	X	○	무			무			무	○	○	682년 경
	경주 보문동사지	금당지	X	○	유실							유실		8세기 중반

2) 무기단 건물지[83]

기단이 없는 건물지로서 가장 대표적인 것으로는 석벽건물지를 들 수 있다. 이는 주로 산성 내부에서 확인되고 있으며, 석벽의 경우 목주를 사용하여 구획식으로 조성한 것도 부분적으로 살필 수 있다.

---

83) 무기단 초석 건물지는 삼국시기에도 살필 수 있다. 대표적인 것으로는 부여 화지산유적을 들 수 있다.

(1) 구획식 석벽건물지

가. 광양 마로산성 내 Ⅱ-3호 석벽건물지[84]

Ⅱ-3호 건물지는 내·외벽(도 168)[85]이 모두 할석으로 조성되어 있다. 같은 석벽건물 형식인 Ⅱ-2호 건물지의 남쪽에 위치하고 있고, 동-서를 장축으로 한 남향의 기와건물이다. 건물의 규모는 동서 길이 930cm, 남북 너비 540cm이다. 목주 흔적과 구획식 석축의 잔존 상태가 양호한 북벽을 중심으로 살펴보고자 한다.

석벽의 가장 아랫단에 20~60cm 크기의 지대석을 한 벌 깔고, 그 위로 4~9cm 정도 들여 벽체를 쌓아올렸다. 지대석을 포함하여 8단 정도 남아 있고, 최대 높이는 160cm이다. 목주는 썩어 그 흔적만 볼 수 있고, 목주와 목주 사이의 간격은 350cm이다. 목주 흔적은 장벽인 북벽에서 2개, 서벽과 동벽에서 각각 1개가 확인되었다. 다만 보 방향인 남벽의 경우 석벽의 붕괴 상태가 심하여 목주의 흔적을 살필 수 없다.

Ⅱ-3호 건물지와 같이 석벽건물이면서 내벽에 구획식 석축을 위한 목주가 조성된 사례는 삼국시기 고구려의 서울 홍련봉 제2보루 제2건물지에서 살필 수 있다. 전체적인 축조기법 및 사용재료 등에서 유사성이 발견되어 그 계통이 고구려에 있었음을 판단케 한다.

◆ 광양 마로산성 내 Ⅱ-3호 구획식 석벽건물지

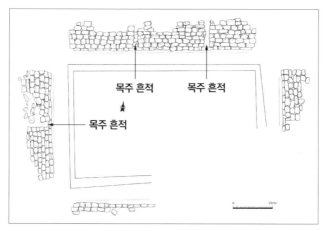

목주 흔적   목주 흔적

목주 흔적

도 168. 광양 마로산성 내 Ⅱ-3호 석벽건물지 내벽의 구획식 석축

---

84) 조원창·방기영, 2006, 「통일신라기 석벽건물의 건축고고학적 검토」 『한국성곽학보』 10.

85) 光陽市·順天大學校博物館, 2005, 『光陽 馬老山城』 I , 145쪽 도면 58.
   광양 마로산성 내 Ⅱ-2 및 Ⅱ-3건물지에 대한 유구 설명은 위의 보고서를 참조.

(2) 일체식 석벽건물지

가. 광양 마로산성 내 II-2호 석벽건물지

II-2호 건물지(도 169)[86]는 동서 길이 7.7m, 잔존 남북 길이 약 5m의 석벽건물이다. 산 경사면에 'ㄇ' 모양의 수혈을 굴착한 후 할석 바른식쌓기로 석벽을 조성하였다. 잔존 최대 높이는 4단 94cm이고, 석벽에 사용된 할석은 부정형으로 크기는 32~68×20~40cm이다. 건물 내부의 북동·북서 양 모서리에서는 지름 30~40cm, 깊이 50~60cm 크기의 주공(도 170)[87]이 위치하고 있으며 남동 모서리부에서는 46×46cm의 초석 1기가 확인되었다. 바닥에는 할석이 부정형하게 깔려 있으며 북동에서 남서방향으로 길이 780cm, 너비 14cm의 석축 암거(도 171)[88]가 시설되어 있다.

◆ 광양 마로산성 내 II-2호 일체식 석벽건물지

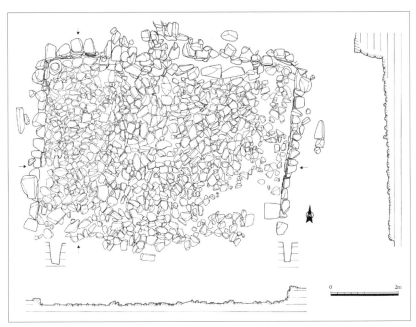

도 169. 광양 마로산성 내 II-2호 석벽건물지 내벽의 일체식 석축

---

86) 光陽市·順天大學校博物館, 2005, 『光陽 馬老山城』 I , 135쪽 도면 52.
87) 光陽市·順天大學校博物館, 2005, 『光陽 馬老山城』 I , 350쪽 사진 105.
88) 光陽市·順天大學校博物館, 2005, 『光陽 馬老山城』 I , 350쪽 사진 106.

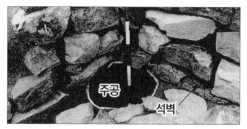
도 170. 광양 마로산성 내 II-2호 석벽건물지 북서
　　　모서리의 주공

도 171. 광양 마로산성 내 II-2호 석벽건물 내 암거

나. 연기 운주산성 내 건물지

　　성벽 안쪽의 평탄대지에 입지하고 있다. 정면 4칸, 측면 2칸의 건물지로 동서 길이 약 6m, 남북 길이 17m의 크기를 보이고 있다(도 172).[89] 석벽은 협축식으로 너비가 120~130cm이고, 그 사이는 할석과 흙이 혼축되어 있다. 할석으로 조성된 외진주 초석은 석벽 중앙에서 확인되며 남북 방향으로 430~440cm, 동서 방향으로 350~360cm의 간격을 보이고 있다.

　　기와지붕으로 내부에서 온돌이나 부석시설 등은 확인되지 않았고, 축조는 통일신라시기로 추정되었다.[90]

　◆ 연기 운주산성 내 일체식 석벽건물지

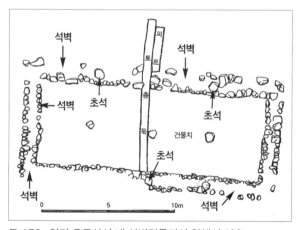
도 172. 연기 운주산성 내 석벽건물지의 일체식 석축

---

89) 公州大學校博物館, 1998, 『燕岐 雲住山城』, 21쪽 도면 4.
90) 公州大學校博物館, 1998, 『燕岐 雲住山城』, 125쪽.

2. 무덤

통일신라시기의 무덤은 고신라기와 마찬가지로 대형 봉토 외곽에 기단석(일명 호석)[91]을 두르고 있다. 이는 축조 재료가 할석, 판석, 장대석, 블록석 등 다양하며, 축조 방식에 있어서도 할석 허튼층쌓기식 및 치석 바른층쌓기식, 가구식 등으로 세분되고 있다. 그리고 가구식 기단의 경우 탱주에 십이지신상이 조각되거나 지지석 등을 설치한 사례도 살필 수 있다.

1) 할석 허튼층쌓기식기단

할석의 지대석과 면석, 혹은 면석으로만 조성된 기단 형식을 말한다. 경주 전 선덕여왕릉 등에서 살필 수 있으며, 개략적인 유구의 내용은 아래와 같다.

전 선덕여왕릉(도 173~175)은 신라 제27대 선덕왕(재위 632~647)의 무덤으로 추정되며 사적 제182호로 지정되어 있다. 분구는 원분이고 현재 봉분 높이 6.77m, 지름 23.60m, 둘레 약 74m이다. 기단석은 후대에 복원된 것으로 판단되며, 할석을 이용하여 난층(허튼층)으로 조성하였다. 분구의 규모로 보아 기단석 외곽으로 지지석이 설치되었을 것으로 추정된다.

----

91) 호석(護石)이란 용어는 건축유적의 기능적 측면에서 볼 때 내부 봉토 및 석실, 목곽 등과 관련된 기단석으로 봄이 합리적이라 생각된다. 그리고 십이지신상이 조각된 탱주가 있는 기단석에 한해서만 무덤을 보호해준다는 신앙적 측면에서 '호석(護石)'이라는 명칭을 붙이고자 한다. 용어에 대해선 III장에서 살펴보도록 하겠다.

■ 통일신라시기 무덤에서 보이는 할석 허튼층쌓기식기단

◆ 경주 전 선덕여왕릉

도 173. 경주 전 선덕여왕릉

◆ 경주 전 선덕여왕릉의 할석 허튼층쌓기식기단 1

도 174. 경주 전 선덕여왕릉의 할석 허튼층쌓기식기단 1

◆ 경주 전 선덕여왕릉의 할석 허튼층쌓기식기단 2

도 175. 경주 전 선덕여왕릉의 할석 허튼층쌓기식기단 2

2) 치석 바른층쌓기식기단

경주지역의 전 헌강왕릉 및 전 정강왕릉 등에서 확인할 수 있다.

전 헌강왕릉(도 176)은 신라 제49대 헌강왕(재위 875~886)의 무덤으로 추정되며 전 정강왕릉의 북쪽에 위치하고 있다. 봉분은 원분으로 높이 4m, 지름 15.8m이다. 사적 제187호로 지정되어 있고, 전면으로는 후대에 조성한 배례석과 표석이 자리하고 있다. 석실은 횡혈식으로 내부에서 두침석, 석주, 석좌, 금판, 금실, 철물, 토기편 등이 출토되었다.

■ 통일신라시기 무덤에서 보이는 치석 바른층쌓기식기단

◆ 경주 전 헌강왕릉

도 176. 경주 전 헌강왕릉

기단석(도 177~179)은 지면에 1단의 지대석을 깔고, 그 위에 4단의 면석을 약간 들여쌓았다. 면석은 치석된 장대석을 사용하여 바른층쌓기식으로 조성하였으며, 지지석은 확인되지 않는다.

◆ 경주 전 헌강왕릉의 치석 바른층쌓기식기단 1

도 177. 경주 전 헌강왕릉의 치석 바른층쌓기식기단 1

◈ 경주 전 헌강왕릉의 치석 바른층쌓기식기단 2

도 178. 경주 전 헌강왕릉의 치석 바른층쌓기식기단 2

◈ 경주 전 헌강왕릉 기단석의 지대석과 면석

도 179. 경주 전 헌강왕릉 기단석의 지대석과 면석의 축석(築石) 상태

통일신라 건축유적의 치석과 결구

한편, 전 헌강왕릉 입구의 계단 답석(도 180)에는 각형의 턱이 있는 갑석(도 181) 부재가 포함되어 있다. 주변에 별도의 가구식기단 건축물이 존재하지 않음을 볼 때 전 헌강왕릉과 관련된 것임을 추정할 수 있다. 따라서 4단의 면석 위에 갑석이 얹어졌을 가능성도 완전 배제할 수 없다.

◆ 경주 전 헌강왕릉의 입구의 계단 답석
　◉ 계단 답석에 포함된 갑석 부재

도 180. 경주 전 헌강왕릉의 입구 계단 답석. □ 내부에 각형의 턱이 있는 갑석이 포함되어 있다.

　◉ 계단 답석에 포함된 갑석 부재 세부

도 181. 경주 전 헌강왕릉 입구 계단 답석의 갑석 세부. 하단부에 각형의 턱이 있다.

전 정강왕릉(도 182)은 신라 제50대 정강왕(재위 886~887)의 무덤으로 추정된다. 봉분은 원분이고 사적 제186호로 지정되어 있다. 기단(도 183~185)은 다듬어진 장대석을 이용하여 바른층으로 조성하였다. 1매의 지대석 위로 2단의 면석이 축석되어 있다. 지대석 윗면에 몰딩은 없고, 탱주나 지지석 역시 확인되지 않는다.

◆ 경주 전 정강왕릉

도 182. 경주 전 정강왕릉

◆ 경주 전 정강왕릉의 치석 바른층쌓기식기단 1

도 183. 경주 전 정강왕릉의 치석 바른층쌓기식기단 1

◈ 경주 전 정강왕릉의 치석 바른층쌓기식기단 2

도 184. 경주 전 정강왕릉의 치석 바른층쌓기식기단 2

◈ 경주 전 정강왕릉 기단석의 지대석과 면석

면석

지대석

도 185. 경주 전 정강왕릉의 지대석과 면석 세부. 지대석 위의 면석을 들여쌓았다.

한편, 전 정강왕릉의 주변에는 무덤에 사용되었던 석재들이 한 곳에 모아져 있다. 장대석(도 186) 중에는 치석된 다듬질의 안쪽 약 5cm 지점에서 석재를 올려놓기 위한 그랭이질이 확인되고 있다(도 187). 장대석의 윗면에서 치석된 다듬질과 면석을 올리기 위한 그랭이질이 함께 보이는 것으로 보아 이 석재는 지대석으로 파악할 수 있다.

◆ 경주 전 정강왕릉의 폐부재(지대석)

◉ 전 정강왕릉의 지대석 정면

도 186. 앞에서 본 경주 전 정강왕릉의 지대석

◉ 전 정강왕릉의 지대석 윗면

도 187. 위에서 본 경주 전 정강왕릉의 지대석. 다듬질한 곳은 육안으로 노출되는 부분이고, 그랭이질한 곳은 면석(장대석)이 올려지는 부분이다.

3) 가구식기단

경주지역의 무덤 중 지대석, 면석, 갑석 등으로 조합된 가구식기단은 흔히 왕릉(급)으로 추정되고 있다. 특히 구황동왕릉을 비롯한 전 경덕왕릉, 전 원성왕릉, 전 헌덕왕릉, 전 흥덕왕릉, 전 김유신 묘, 전 진덕여왕릉, 구정동 방형분, 능지탑 등에는 탱주에 십이지신상이 조각되어 있어 용강동석실분 및 전 민애왕릉 등과 뚜렷한 차이를 보여주고 있다. 그리고 구황동왕릉에서 보이는 탱주는 감은사지 및 남산신성, 춘양교, 월정교 등에서 확인된 돌못형 당김석과 유사한 형태를 갖추고 있어 신라 왕릉의 구조 변화를 파악케 한다. 또한 지대석과 갑석에서 살필 수 있는 각형이나 호형의 몰딩은 이미 건축물의 기단에서 확인된 바 있어 8세기 전반 무렵 석공을 통해 치석기술이 유적 간 서로 호환되었음을 보여주기도 한다.

여기에서는 통일신라시기의 무덤 중 가구식기단으로 조성된 왕릉(급)을 중심으로 이의 구조와 몰딩 등을 살펴보고자 한다.

(1) 경주 용강동고분

무덤은 사적 제328호로 경주시 용강동 1130-2번지에 위치하고 있다(도 188). 1986년 발굴조사 되어 왕릉급으로 추정되었다. 분구는 원분으로 지름 14.7m, 둘레 47m, 높이 4m 내외로 파악되었다. 정방형에 가까운 석실분으로 현실은 동서 260cm, 남북 길이 250cm, 높이 280cm이고, 천정은 궁륭식으로 조성되었다. 연도는 길이 150cm, 너비 100cm, 높이 120cm이다.

◆ 경주 용강동고분

도 188. 경주 용강동고분

기단 형식은 가구식(도 189~190)이나 지대석과 갑석에서의 몰딩이나 턱은 살필 수 없다. 면석과 면석 사이에 탱주가 없고, 무덤 주변에 박석이나 난간 또한 설치되지 않아 비교적 단순한 구조임을 알 수 있다. 출토 유물로는 청동제 심이지신상, 토기류, 석제 두침·족좌, 구슬 등이 있다. 무덤의 축조 시기는 7세기 말~8세기 초로 추정되었다.

◈ 경주 용강동고분의 가구식기단 1

도 189. 경주 용강동고분의 가구식기단 1

◈ 경주 용강동고분의 가구식기단 2

도 190. 경주 용강동고분의
가구식기단 2

(2) 경주 전 신문왕릉

신라 제31대 신문왕(재위 681~692)의 무덤으로 알려져 있으며 사적 제181호이다(도 191). 분구는 원분으로 높이 7.6m, 지름 29.3m이다. 기단 형식은 가구식(도 192~193)이고, 높이는 130~145cm 내외이다. 지대석과 면석, 갑석 등은 별석으로 조성되었으며 탱주는 없다. 지대석과 갑석은 장대석으로 만들어졌고, 상·하단 외연에서의 턱이나 몰딩은 살필 수 없다. 면석은 건축기단에서 주로 보이는 횡판석이 아닌 블록석으로 만들어졌으며, 전체 5단으로 바른층쌓기식으로 축석되어 있다.

◆ 경주 전 신문왕릉

도 191. 경주 전 신문왕릉

◆ 경주 전 신문왕릉의 가구식기단

도 192. 경주 전 신문왕릉의 가구식기단

◆ 경주 전 신문왕릉의 가구식기단 갑석

도 193. 경주 전 신문왕릉의 갑석 세부

　기단 전면으로는 127~155cm 간격으로 44개의 지지석[92](도 194~195)이 놓여 있다. 이는 단면 4각형으로 너비 54~60cm, 두께 47~60cm, 길이 143~163cm로서 면석과 맞닿는 부분은 사선 방향으로 절석(折石)되어 있다. 윗면은 평평하게 다듬어져 있으나 하면은 땅에 묻혀 있어 자세한 형상을 살필 수 없다. 신라 가구식기단 중 면석부가 판석이 아닌 블록석의 최초 사례로 파악할 수 있다. 무덤의 조성 시기는 지대석과 갑석의 무 몰딩, 그리고 5단의 블록석(면석)과 지지석 등을 통해 8세기 전반 무렵으로 추정해 볼 수 있다.

----

92) 이에 대해 이근직은 '받침석'으로 기술하고 있다.
　　李根直, 2006, 「新羅 王陵의 起源과 變遷」, 영남대학교 대학원 문화인류학과 박사학위논문, 227쪽.

◆ 경주 전 신문왕릉의 지지석

도 194. 경주 전 신문왕릉의 지지석 정면

◉ 경주 전 신문왕릉의 지지석 세부

도 195. 경주 전 신문왕릉의 지지석 측면

(3) 경주 전 성덕왕릉

사적 제28호로 경주시 조양동 산8번지에 위치하고 있고, 신라 제33대 성덕왕(재위 702~737)의 무덤으로 알려져 있다(도 196). 원형봉토분으로 봉분 지름 14.65m, 높이 4.5m이다.

◆ 경주 전 성덕왕릉

도 196. 경주 전 성덕왕릉

기단 형식은 가구식(도 197~199)이고, 지대석, 면석, 갑석, 탱주 등이 별석으로 조성되어 있다. 지대석과 갑석에는 각형이나 호형 등의 턱이나 몰딩이 없다. 탱주는 경주 남산신성이나 감은사지 등의 축대 및 구황동왕릉에서 볼 수 있는 돌못형의 당김석처럼 치석·결구되어 있다. 면석은 횡판석으로 전면이 잔다듬 되어 있다. 각각의 탱주 앞에는 소맷돌 형태의 지지석(도 200)이 모두 30개 설치되어 있다. 십이지신상(도 201~202)은 지지석 사이에 별석으로 세워져 있어 면석에 양각된 다른 무덤들과는 확연한 차이를 보이고 있다. 무덤의 조성 시기는 성덕왕의 생몰과 지대석과 갑석의 무 몰딩, 그리고 별석의 십이지신상을 통해 8세기 전반 무렵으로 추정되고 있다.

◈ 경주 전 성덕왕릉의 가구식기단

도 197. 경주 전 성덕왕릉의 가구식기단

◈ 경주 전 성덕왕릉의 가구식기단 갑석

도 198. 경주 전 성덕왕릉의 가구식기단 갑석

◈ 경주 전 성덕왕릉의 가구식기단 면석

도 199. 경주 전 성덕왕릉의 가구식기단 면석

◈ 경주 전 성덕왕릉의 지지석

도 200. 경주 전 성덕왕릉의 지지석. 소맷돌처럼 생겼다.

◈ 경주 전 성덕왕릉의 십이지신상

도 201. 경주 전 성덕왕릉의 가구식기단 앞에 놓인 십이지신상

◉ 경주 전 성덕왕릉의 십이지신상 세부

도 202. 경주 전 성덕왕릉의
십이지신상 세부

호석 주변으로 박석과 난간, 상석 등이 조성되어 있고, 외곽으로는 석사자(도 203)와 석인상(도 204), 비각 등이 배치되어 있다.

◈ 경주 전 성덕왕릉 호석 주변의 석물
　　◉ 사자상

도 203. 경주 전 성덕왕릉
주변의 사자상

　　◉ 석인상

도 204. 경주 전 성덕왕릉
주변의 석인상

(4) 구황동왕릉[93]

왕릉으로 추정되는 부지에서 호석에 사용된 가구식기단의 부재들이 확인되었다(도 205). 지표면에 놓이는 지대석은 모두 10매가 발견되었으며, 규모는 길이 187~194cm, 높이 31~35cm, 두께 49~70cm이다. 지대석의 외면에는 각형-호형-각형의 몰딩(도 206~207)이 이루어졌다. 지대석 윗면에는 사천왕사지 당탑지와 같이 탱주의 밀림을 방지하기 위한 홈이나 단이 없다. 이는 구조적으로 전 원성왕릉처럼 탱주와 면석이 봉토의 토압으로 인해 밖으로 밀려나는 결과를 초래할 수 있다.

◆ 경주 구황동왕릉

도 205. 경주 구황동왕릉의 석부재 전경

---

93) 聖林文化財研究院・경주시, 2020,『慶州 傳皇福寺址』Ⅰ, 48~77쪽.

◆ 경주 구황동왕릉의 가구식기단

도 206. 경주 구황동왕릉의 가구식기단. 앞에 지대석이 있고, 뒤에 탱주, 면석이 있다.

◆ 경주 구황동왕릉 가구식기단의 지대석

도 207. 경주 구황동왕릉 가구식기단 지대석 윗면의 몰딩. 각형-호형-각형으로 치석되어 있다.

면석은 횡판석으로 6매가 확인되었다. 높이 94~96cm, 너비 114~127cm, 두께 29~45cm이다. 탱주는 19매가 수습되었으나 문양면(십이지신상)이 떼어진 것으로[94] 보아 능지탑에 재사용하였을 것으로 추정되었다(도 208~209).[95] 탱주는 전 황복사지의 축대나 춘양교지 등의 교대에서 보이는 돌못형의 당김석과 유사하며, 길이는 116~156cm 정도로 긴 편이다. 평면 형태는 일자로 곧게 뻗어있는 것이 있는 반면, 사선방향(도 210)으로 휘어진 것도 발견할 수 있다. 이처럼 탱주의 신부를 휘어지게 제작하는 것은 일자로 제작한 남산신성이나 감은사지 축대의 돌못형 당김석과 차이를 보인다. 휘어진 탱주는 그렇지 않은 탱주에 비해 봉토의 토압으로부터 밖으로 밀려나는 것을 막아주는 역할을 하고, 제작과정이나 시간도 일자형에 비해 더 소요된다는 점에서 건축공학적인 측면을 어느 정도 반영한 것으로 파악된다. 탱주의 양 측면에는 그랭이질 된 1단의 턱(도 211)이 있어 면석이 걸쳐지도록 하였다.

◆ 경주 구황동왕릉 가구식기단의 탱주

도 208. 경주 구황동왕릉 가구식기단 탱주의 정면. 왼쪽에서 쐐기홈이 보인다.

도 209. 경주 구황동왕릉 가구식기단 탱주의 측면 모습. 오른쪽에서 삼각형 모양의 쐐기홈이 살펴진다.

94) 이는 탱주 전면 외곽의 쐐기홈을 통해 알 수 있다.

95) 聖林文化財研究院·경주시, 2020, 『慶州 傳皇福寺址』I.

◆ 경주 구황동왕릉 가구식기단 탱주와 면석의 결구

도 210. 경주 구황동왕릉 가구식기단의 탱주와 면석의 결구. 탱주의 신부 한 쪽이 사선방
향으로 꺾여 있다.

◆ 경주 구황동왕릉 가구식기단 탱주의 그랭이질 된 경부

도 211. 경주 구황동왕릉 가구식기
단의 탱주 측면 모습. 거칠게
그랭이질 된 경부에 면석이 결
구된다.

갑석(도 212)은 장부(촉)를 이용한 장부결구(도 213~214)가 주목된다. 장부는 갑석의 좌우에 모두 있는 것이 있는 반면, 한 면에만 있는 것도 살필 수 있다. 장부와 결합되는 부분은 똑같은 형태의 홈이 파여 있어 서로 결구하게 되어 있다. 갑석 윗면에는 호형-각형의 몰딩이 있고, 하면에는 1단의 각형 턱이 있다(도 215~216).

이 무덤의 피장자에 대해선 신라 제34대 왕으로서 병사한 효성왕(재위 737~742)으로 추정되고 있다.[96]

◆ 경주 구황동왕릉 가구식기단의 갑석
　　◉ 경주 구황동왕릉 가구식기단 갑석의 장부와 결구 모습

도 212. 경주 구황동왕릉 가구식기단의 갑석

　　◉ 경주 구황동왕릉 가구식기단 갑석의 장부와 결구 모습 세부

도 213. 경주 구황동왕릉 가구식기단 갑석의 장부 결구

도 214. 경주 구황동왕릉 가구식기단 갑석의 장부 결구 세부

---

96) 聖林文化財研究院·경주시, 2020, 『慶州 傳皇福寺址』 I, 278~279쪽.

◉ 경주 구황동왕릉 가구식기단 갑석의 몰딩과 각형 턱

호형 몰딩

각형 몰딩

각형 턱

도 215. 경주 구황동왕릉 가구식기단 갑석의 몰딩
과 턱

도 216. 경주 구황동왕릉 가구식기단갑석의 몰딩.
호형, 각형으로 치석되어 있다.

(5) 경주 전 경덕왕릉

경주시 내남면 부지리 산48에 위치하고 있다(도 217). 신라 제35대 경덕왕(재위 742~765)의 무덤으로 알려져 있으며, 사적 제23호로 지정되어 있다. 분구는 원분이고 봉분 지름 21.08m, 높이 6.15m이다.

◆ 경주 전 경덕왕릉

도 217. 경주 전 경덕왕릉

기단 형식은 가구식으로 36개의 탱주 중 12개에 무사 복장을 한 십이지신상이 조각되어 있다(도 218~219). 지대석에는 각형-호형-각형의 몰딩(도 220)이 있고, 면석은 횡판석을 사용하였다. 탱주의 양 측면에는 턱이 있어 면석이 결구되도록 하였다(도 221). 갑석은 구황동왕릉과 유사하게 장부(도 222)로 결구되어 있고, 하단에 각형의 턱, 상단에 호형-각형의 몰딩이 있다.

◆ 경주 전 경덕왕릉의 가구식기단 1

도 218. 경주 전 경덕왕릉 가구식기단의 탱주. 말(馬)이 조각되어 있다.

◆ 경주 전 경덕왕릉의 가구식기단 2

도 219. 경주 전 경덕왕릉 가구식기단의 탱주. 원숭이가 조각되어 있다.

◈ 경주 전 경덕왕릉 가구식기단의 지대석

도 220. 경주 전 경덕왕릉 가구식기단의 지대석. 각형-호형-각형으로 몰딩되어 있다.

◈ 경주 전 경덕왕릉 가구식기단의 탱주와 면석 결구

도 221. 경주 전 경덕왕릉
가구식기단의 탱주
와 면석 결구 모습

◆ 경주 전 경덕왕릉 가구식기단 갑석의 결구

도 222. 경주 전 경덕왕릉의 갑석. 오른쪽 갑석에 장부(촉)가 있다.

지대석과 갑석의 몰딩 기법이 뒤에서 살필 전 원성왕릉과 아주 유사함을 살필 수 있다. 무덤의 주변으로는 박석이 깔려있고, 외곽으로는 난간이 설치되어 있다. 무덤의 조성 시기는 지대석과 갑석의 몰딩, 그리고 갑석의 장부결구를 통해 구황동왕릉에 후행하는 8세기 후반으로 추정해 볼 수 있다.

(6) 경주 전 원성왕릉

사적 제26호로 경주시 외동읍 괘릉리 산17번지에 위치하고 있다(도 223). 신라 제38대 원성왕(재위 785~798)의 무덤으로 알려져 있으며, 흔히 괘릉으로 불리고 있다. 원분으로 봉분 지름 22.31m, 높이 7.73m이다.

◆ 경주 전 원성왕릉

도 223. 경주 전 원성왕릉(괘릉)

　무덤의 기단 형식은 가구식이다. 지대석과 갑석, 면석, 탱주 등이 각각 별석으로 이루어져
있다(도 224~225). 탱주에는 십이지신상이 조각되어 있고, 이의 좌우로는 횡판석의 면석이 결
구되어 있다. 지대석에는 각형-호형-각형(도 226), 갑석 하단 외연에 1단의 각형 턱(도 227)이
있어 전 경덕왕릉 및 전 흥덕왕릉의 치석기법과 친연성을 보이고 있다. 반면에 봉토와 접한
갑석의 윗면은 호형에 가깝게 치석되어 전 김유신 묘와 유사성이 있다. 기단석 주변으로는
박석이 깔려있고, 외곽으로 난간이 설치되어 있다. 무덤의 조성 시기는 원성왕과 관련하여 8
세기 말로 추정되고 있다.

◆ 경주 전 원성왕릉의 가구식기단 1

도 224. 경주 전 원성왕릉의 가구식기단 1. 탱주에 닭이 조각되어 있다.

◆ 경주 전 원성왕릉의 가구식기단 2

도 225. 경주 전 원성왕릉의 가구식기단 2. 탱주에 용이 조각되어 있다.

◆ 경주 전 원성왕릉 가구식기단 지대석의 치석(治石) 모습

도 226. 경주 전 원성왕릉 가구식기단 지대석의 각형, 호형, 각형 몰딩

◆ 경주 전 원성왕릉 가구식기단 갑석의 치석(治石) 모습

도 227. 경주 전 원성왕릉의 갑석. 하단 외연에 각형의 턱이 있다.

무덤 전면으로는 화표(華表), 사자상, 석인상(石人像),[97] 호인상(胡人像) 등이 배치되어 있다. 전체적으로 전 성덕왕릉과 마찬가지로 중국 당대의 묘제 형식(도 228)[98]을 따르고 있다. 예컨

97) 중국에서는 이를 옹중(翁仲)이라 부르고 있다.
98) 양관 지음/장인성·임대희 옮김, 2005, 『중국 역대 陵寢 제도』, 서경, 108쪽 그림 17. 일부 필자 작도.

대 서안의 당 고종 건릉(乾陵) 및 의덕태자(懿德太子) 묘, 영태공주(永泰公主) 묘 등에서 이의 일면을 엿볼 수 있다.

◆ 당 고종 건릉의 무덤 배치

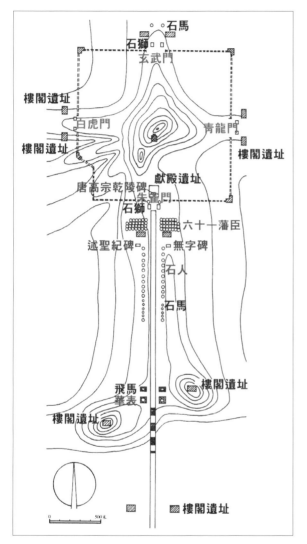

도 228. 당 고종 건릉 평면도

화표(도 229~235)는 중국의 경우 궁궐이나 왕릉의 입구 좌우에 세워져 있다. 연꽃이나 꽃 등이 조각된 기단부와 8각형의 신부, 그리고 연꽃이 조각된 상륜부로 이루어져 있다. 신부에는 용이나 연꽃, 꽃 등이 장식되어 있다. 전 원성왕릉의 화표는 기단부 및 상륜부가 유실되어 자세한 형태나 문양 등은 살필 수 없다. 신부는 단면 8각형으로 표면이 정교하게 치석되어 있다.

◆ 경주 전 원성왕릉과 당 고종 건릉 및 당 의덕태자 묘의 화표 비교

도 229. 경주 전 원성왕릉의 화표

도 230. 당 고종 건릉의 화표

도 231. 당 의덕태자 묘의 화표

◉ 당 고종 건릉 화표의 기단부와 상륜부

도 232. 당 고종 건릉 화표의 기단부

도 233. 당 고종 건릉 화표의 상륜부

◉ 당 의덕태자 묘 화표의 기단부와 상륜부

도 234. 당 의덕태자 묘 화표의 기단부

도 235. 당 의덕태자 묘 화표의 상륜부

호인상(도 236~237)은 덥수룩한 수염에 두 눈을 부릅뜨고 있고, 한 손으로는 뭉툭한 몽둥이를 쥐고 있다. 몽둥이를 쥐지 않은 반대 손은 마치 금강역사와 같이 주먹을 쥐고 있다. 머리에 모자를 쓰고 있고, 목에는 염주처럼 생긴 목걸이를 하고 있다. 호인상의 뒤로는 문관 복장을 한 석인상(도 238~240)과 무덤 주변의 사자상(도 241~243)도 볼 수 있다. 사자는 앉아 있는 상태에서 입을 벌리고 정면을 응시하고 있는데 그 표정이 무섭기보다는 익살스럽다.

◆ 경주 전 원성왕릉의 호인상

도 236. 경주 전 원성왕릉 전면의 호인상 1

도 237. 경주 전 원성왕릉 전면의 호인상 2

◈ 경주 전 원성왕릉과 당 고종 건릉 및 당 의덕태자 묘의 석인상 비교

도 238. 경주 전 원성왕릉 전면의
석인상

도 239. 당 고종 건릉의 석인상

도 240. 당 의덕태자 묘의 석
인상

◈ 경주 전 원성왕릉과 당 고종 건릉 및 당 의덕태자 묘의 사자상 비교

도 241. 경주 전 원성왕릉 전면의
사자상

도 242. 당 고종 건릉의 사자상

도 243. 당 의덕태자 묘의 사자상

(7) 경주 전 헌덕왕릉

신라 제41대 헌덕왕(재위 809~826)의 무덤으로 알려져 있으며, 사적 제29호이다(도 244). 가구식기단(도 245~246)으로 분구는 원분이고, 봉분 지름 26.06m, 높이 6m로 대형에 속한다. 1742년(영조 18) 8월 22일 북천이 범람하면서 자상, 축상, 인상, 묘성, 해상을 제외한 나머지 상들이 유실되었다. 십이지신상은 전 김유신 묘와 마찬가지로 평복을 입고 있으며, 머리는 오른쪽을 향하고 있다. 지대석에는 각형-호형-각형의 몰딩(도 247), 갑석 하단은 각형 턱, 상단은 호형-각형의 몰딩으로 치석되어 있다(도 248). 앞서 살핀 전 원성왕릉에 비해 갑석의 하단 몰딩은 작고 형식화된 느낌을 준다. 면석은 횡판석으로 만들어졌다. 무덤 주변으로 박석이 깔려 있고, 외곽으로 난간이 설치되어 있다. 무덤의 조성 시기는 지대석과 갑석의 몰딩으로 보아 전 원성왕릉과 큰 시기차가 없는 9세기 전반 무렵으로 추정해 볼 수 있다.

◆ 경주 전 헌덕왕릉

도 244. 경주 전 헌덕왕릉

◆ 경주 전 헌덕왕릉의 가구식기단 1

도 245. 경주 전 헌덕왕릉의 가구식기단 1

◆ 경주 전 헌덕왕릉의 가구식기단 2

도 246. 경주 전 헌덕왕릉의 가구식기단 2

◈ 경주 전 헌덕왕릉의 가구식기단 지대석

도 247. 경주 전 헌덕왕릉의 가구식기단 지대석. 각형-호형-각형으로 치석되어 있다.

◈ 경주 전 헌덕왕릉의 가구식기단 갑석

도 248. 경주 전 헌덕왕릉의 가구식기단 갑석

(8) 경주 전 흥덕왕릉

사적 제30호로 경주시 안강읍 육통리 산42번지에 위치하고 있다(도 249). 신라 제42대 흥덕왕(재위 826~836)의 무덤으로 알려져 있다. 가구식기단(도 250·251)으로 분구는 원분이고 봉분 지름 20.77m, 높이 5.97m이다. 무덤 주변 및 전면으로는 사자상, 관검석인상, 호인상, 화표 등이 배치되어 있다. 지대석과 갑석의 몰딩 처리(도 252·253), 십이지신상의 탱주 등에서 전 원성왕릉과 같은 치석과 결구기법을 보이고 있다. 기단석 외곽으로는 박석(판석)이 깔려있고, 난간이 돌려져 있다(도 254). 전 원성왕릉과 더불어 신라 가구식기단 중 가장 화려한 치석기법을 보이고 있다.[99] 무덤의 조성 시기는 흥덕왕과 관련하여 9세기 전반 무렵으로 추정되고 있다.

◆ 경주 전 흥덕왕릉

도 249. 경주 전 흥덕왕릉

---

99) 이러한 치석기법은 9세기대의 석등이나 승탑 등의 조각에서도 엿볼 수 있다.

◈ 경주 전 흥덕왕릉의 가구식기단 1

도 250. 경주 전 흥덕왕릉의 가구식기단 1

◈ 경주 전 흥덕왕릉의 가구식기단 2

도 251. 경주 전 흥덕왕릉의 가구식기단 2

◈ 경주 전 흥덕왕릉 가구식기단 지대석의 몰딩

도 252. 경주 전 흥덕왕릉 가구식기단 지대석의 몰딩. 각형-호형-각형으로 몰딩처리 되었다.

◈ 경주 전 흥덕왕릉 가구식기단 갑석의 몰딩과 각형 턱

도 253. 경주 전 흥덕왕릉 가구식기단의 갑석. 윗면에는 몰딩 처리, 아랫면에는 각형 턱이 있다.

◆ 경주 전 흥덕왕릉의 박석

도 254. 경주 전 흥덕왕릉의 기단석을 에워싸고 있는 박석(판석). 장방
형으로 윗면이 치석되어 있다.

　　전 흥덕왕릉 전면으로는 화표(도 255~256)를 비롯한 호인상(도 257~258), 석인상(도 259~260),
사자상(도 261~262), 비석(귀부 잔존) 등이 배치되어 있다. 화표의 경우 기단부와 신부가 남아
있어 전 원성왕릉에 비해 남아 있는 상태가 양호한 편이다. 그러나 상륜부가 유실되어 자세
한 형태는 살필 수 없다. 호인상은 한 손으로 몽둥이를 쥐고 있으나 전 원성왕릉에 비해 조각
미가 떨어져 보인다.

◈ 경주 전 흥덕왕릉의 화표

도 255. 경주 전 흥덕왕릉의 화표   도 256. 경주 전 흥덕왕릉 화표의 기단부

◈ 경주 전 흥덕왕릉의 호인상

도 257. 경주 전 흥덕왕릉의 호   도 258. 경주 전 흥덕왕릉의 호
    인상 1   인상 2

◆ 경주 전 흥덕왕릉의 석인상

도 259. 경주 전 흥덕왕릉의 석인상 1

도 260. 경주 전 흥덕왕릉의 석인
상 2

◆ 경주 전 흥덕왕릉의 사자상

도 261. 경주 전 흥덕왕릉의 사자상 1

도 262. 경주 전 흥덕왕릉의 사자상 2

(9) 경주 전 김유신 묘

　김유신 장군의 무덤으로 알려져 있으며, 사적 제21호로 지정되어 있다(도 263). 가구식기단
(도 264~265)으로 봉분은 원분이고 높이 5.32m, 지름 15.80m이다. 무덤 주변으로는 박석이
깔려 있고, 난간이 돌려져 있다. 기단의 면석은 횡판석이고, 면석과 면석 사이에는 24개의 탱
주가 별석으로 세워져 있다. 탱주에는 십이지신상이 조각되어 있다. 탱주는 돌못 형태로 양
측면에 1단의 턱(도 266)이 있어 면석이 토압에 의해 밖으로 밀려나지 않도록 하였다. 지대석
상단 외연에 각형의 턱이 치석된 반면, 갑석(도 267)에는 하단에 각형의 턱, 상단에 호형-각형
의 몰딩이 있어 좀 더 화려함을 보여준다. 후술할 전 진덕여왕릉의 지대석과 갑석의 몰딩과
는 정반대의 양상을 보여주고 있다. 한편, 이 무덤의 조성 시기에 대해 김유신과 무관한 8세
기 후반~9세기 전반[100] 및 9세기 말로 추정되기도 하나 필자는 지대석의 몰딩을 통해 9세기
후반 무렵으로 파악해 보고자 한다.

◆ 경주 전 김유신 묘

도 263. 경주 전 김유신 묘

---

100) 이근직, 2009, 『韓國考古學專門事典 古墳篇』, 國立文化財研究所, 1117쪽.

◈ 경주 전 김유신 묘의 가구식기단

도 264. 경주 전 김유신 묘의 가구식기단

◈ 경주 전 김유신 묘의 가구식기단 지대석

도 265. 경주 전 김유신 묘 가구식기단의 지대석. 호형-각형으로 몰딩처리 되었다.

◈ 경주 전 김유신 묘 가구식기단 중 탱주와 면석의 결구 모습

도 266. 경주 전 김유신 묘의 가구식기단. 탱주의 측면 턱에 면석이 결구되어 있다.

◈ 경주 전 김유신 묘 가구식기단의 갑석 몰딩과 각형 턱

도 267. 경주 전 김유신 묘 가구식기단의 갑석. 아랫면은 각형 턱, 윗면은 호형-각형으로 몰딩처리 되어 있다.

(10) 경주 전 민애왕릉

사적 제190호로 당초 민애왕(재위 838~839)의 무덤으로 알려졌으나 현재는 제40대 왕인 애장왕(재위 800~809)의 무덤으로 추정되고 있다. 경주시 내남면 망성리 산42번지에 위치하고 있으며, 묘제 형식은 횡혈식석실분이다(도 268). 분구는 원형이고 직경 12.5m, 높이 3.8m이다.

◆ 경주 전 민애왕릉

도 268. 경주 전 민애왕릉. 기단 외곽으로 단면 오각형의 지지석이 돌려 있다.

기단 형식은 가구식으로 면석이 3단의 장대석으로 축조되어 있다(도 269). 지대석(도 270)과 갑석에서의 각형 턱이나 탱주 등은 살필 수 없다. 기단 외곽으로는 단면 오각형의 지지석(너비 35cm, 길이 100~130cm)이 190~290cm 간격으로 20개가 설치되었으나 현재는 17개만 남아 있다(도 271~272). 지지석의 윗면은 호형에 가깝게 치석되어 있고, 정면 세로 방향으로 능이 형성되어 있다. 가구식기단의 면석과 접해지는 지지석의 안쪽 면은 사선 방향으로 절석(折石)되어 있다. 전 신문왕릉의 기단석 및 지지석과 유사성을 보이나 전자의 경우 지지석의 단면이 방형이라는 점에서 차이를 보인다. 무덤의 조성 시기는 지대석과 갑석의 無 몰딩, 그리고 3단의 면석으로 보아 9세기 중반 무렵으로 추정해 볼 수 있다.

◈ 경주 전 민애왕릉의 가구식기단

도 269. 경주 전 민애왕릉의 가구식기단

◈ 경주 전 민애왕릉 가구식기단의 지대석

도 270. 경주 전 민애왕릉 가구식기단의 지대석. 치석된 장대석을 사용하였다.

◆ 경주 전 민애왕릉의 지지석

도 271. 경주 전 민애왕릉의
지지석

◆ 경주 전 민애왕릉의 지지석 세부

도 272. 경주 전 민애왕릉의 지지석 상부

(11) 경주 전 진덕여왕릉

신라 제28대 진덕여왕(재위 647~654)의 무덤으로 알려져 있으며 사적 제24호이다(도 273). 봉분은 원분으로 높이 4.03m, 지름 14.42m이다. 봉분 외곽으로는 지대석, 면석, 갑석, 탱주 등이 조합된 가구식기단(도 274~275)이 축조되어 있다.

◆ 경주 전 진덕여왕릉

도 273. 경주 전 진덕여왕릉

◆ 경주 전 진덕여왕릉의 가구식기단 1

도 274. 경주 전 진덕여왕릉의 가구식기단 1. 탱주에 조각된 십이지신상은 무복을 하고 있다.

◆ 경주 전 진덕여왕릉의 가구식기단 2

도 275. 경주 전 진덕여왕
릉의 가구식기단 2

지대석(도 276)과 갑석(도 277)은 세장한 장대석으로 이루어졌고, 면석은 가로 길이가 세로 높이보다 긴 횡판석(橫板石)을 사용하였다. 면석과 면석 사이에는 십이지신상이 조각된 24개의 탱주가 별석으로 결구되어 있다. 탱주의 양 측면 안쪽으로는 1단의 턱(도 278)이 있어 이곳에 면석이 끼워지도록 하였다.[101] 지대석에는 전 원성왕릉이나 전 흥덕왕릉과 달리 호형-각형으로 간략하게 몰딩이 이루어졌다. 갑석 하단 외연에는 각형의 턱이 있으나 갑석의 크기에 비해 작게 형식화되었고, 윗면에도 몰딩이 없이 구정동 방형분과 같이 거칠게 다듬어져 있다. 전체적으로 몰딩과 치석기법이 퇴락되었음을 볼 수 있다. 무덤 주변의 폐기된 석재더미에서는 평면 원형의 도투마리은장홈(도 279)이 확인되고 있다.

◆ 경주 전 진덕여왕릉 가구식기단의 지대석

도 276. 경주 전 진덕여왕릉의 가구식기단 지대석. 호형-각형으로 몰딩처리 되었다.

---

101) 이러한 결구기법은 건물지의 가구식기단을 비롯한 석탑, 축대, 교대 등의 돌못형 당김석 등에서도 찾아볼 수 있다.

◆ 경주 전 진덕여왕릉 가구식기단 갑석의 각형 턱

도 277. **경주 전 진덕여왕릉 가구식기단의 갑석.** 아랫면 외연에 각형의 턱이 있다. 전 원성
왕릉의 갑석 턱에 비해 형식화되었음을 볼 수 있다.

◆ 경주 전 진덕여왕릉 가구식기단의 탱주와 면석 결구

도 278. 경주 전 진덕여왕릉
가구식기단의 면석
과 탱주의 결구 모습

◆ 경주 전 진덕여왕릉 가구식기단의 도투마리은장홈

도 279. 경주 전 진덕여왕릉 주변에 모아놓은 폐부재. ○ 안에 원형의 도투마리은장홈이
있다.

이 무덤의 조성 시기는 규모와 무덤 주위의 석사자, 석인상, 상석, 난간, 박석 등이 없다는
점에서 9세기 중반[102]으로 추정되었다. 그러나 조각솜씨[103] 및 지대석의 몰딩, 갑석의 턱 등
이 형식화되었다는 측면에서 9세기 말경으로 편년해 볼 수 있다.

(12) 경주 구정동 방형분

사적 제27호로 경주시 구정동 산41번지에 위치하고 있다(도 280). 분구는 평면 방형을 이
루고 있으며, 한 변 길이 8.85m, 높이 약 3.7m이다. 현실은 남북 270cm, 동서 240cm, 높이
약 176cm로 연도와 접하는 부분에 장부가 있는 판석형의 문비(도 281~282)가 세워져 있다.

----

102) 이근직, 2009, 『韓國考古學專門事典 古墳篇』, 國立文化財硏究所, 1137쪽.
103) 임영애, 2013, 「신라 왕릉 조각의 미술사적 조망과 특수성」『신라문화』41, 155쪽.

◆ 경주 구정동 방형분

도 280. 경주 구정동 방형분. 면석이 3매의 장대석으로 이루어졌다.

◈ 경주 구정동 방형분 석실의 문비

도 281. 경주 구정동 방형분 석실의 문비. 문비는 판석으로 조성되어 있다.

도 282. 경주 구정동 방형분 문비의 문장부(문지도리)

 기단 형식은 가구식(도 283)으로 지대석, 면석, 탱주, 우주, 갑석 등으로 조합되어 있다. 지대석과 갑석에는 호형이나 각형의 몰딩이 없다. 갑석(도 284~285)은 봉토에 덮이는 부분의 경우 곱게 다듬지 않고 거친 상태로 남겨두었으며, 봉토의 안식각을 따라 위로 경사지게 그랭이질하였다. 면석은 1매의 판석이 아닌 3단의 장대석으로 조성되어 있다. 면석이 3단의 장대석으로 조성되었다는 점에서 전 민애왕릉과 친연성을 보이고 있다. 우주(도 286)와 탱주는 별석으로 축조되어 있다. 탱주(도 287~288)는 한 면에 3개씩 배치되어 있고, 십이지신상이 조각되어 호석의 성격을 띠고 있다. 구정동 방형분은 9세기 전반의 왕릉으로 추정되고 있으나[104] 면석이 횡판석이 아닌 장대석으로 조성된 점, 방형분이면서 지대석과 갑석에 몰딩이 없다는 점에서 9세기 후반 무렵의 무덤으로 판단된다.

---

104) 이근직, 2009, 『韓國考古學專門事典 古墳篇』, 國立文化財研究所, 1117쪽.

◈ 경주 구정동 방형분의 가구식기단

도 283. 경주 구정동 방형분의 가구식기단. 면석은 3단의 장대석으로 이루어졌다.

◈ 경주 구정동 방형분 가구식기단 갑석의 결구

도 284. 경주 구정동 방형분 가구식기단 갑석의 결구 모습

◈ 경주 구정동 방형분 가구식기단 갑석의 치석(治石)

도 285. 경주 구정동 방형분의 갑석. 정면은 정교하게 치석되어 있고, 윗면은 거친 상태
로 남겨두었다.

◈ 경주 구정동 방형분 가구식기단의 우주

도 286. 경주 구정동 방형분 가구식기단의 우주. 방형의 석주로 조성되어 있다.

◆ 경주 구정동 방형분 가구식기단의 탱주

도 287. 경주 구정동 방형분의
탱주. 무복을 한 십이지
신상이 조각되어 있다.

◆ 경주 구정동 방형분 가구식기단의 탱주 측면 턱

도 288. 경주 구정동 방형분의
탱주 측면. 면석이 걸치
도록 1단의 턱이 있다.

(13) 경주 능지탑

경상북도 기념물 제34호로 경주시 배반동 621-3번지에 위치하고 있다(도 289). 문무왕의 화장터로 알려져 있으며 주변에 탑 부재로 사용된 폐부재들이 쌓여 있다.

◆ 경주 능지탑

도 289. 경주 능지탑

기단 형식은 가구식(도 290~291)이나 면석과 우주, 갑석의 연화문 등에서 이전의 가구식기단과 확연한 차이를 보여주고 있다. 평면 방형으로 십이지신상은 구황동왕릉에서 탈취한 것으로 파악되고 있다(도 292~293). 갑석에는 몰딩 대신 연화문(도 294)이 앙련으로 조각된 반면, 지대석에는 몰딩이나 문양이 없다. 모서리 부분의 우주는 동자주와 같은 돌기둥이 아닌 대형 석재 2매(도 295)를 상하로 겹쳐놓았다. 갑석은 장대석보다는 블록석을 사용하여 구정동 방형분에 비해 형식화되었음을 볼 수 있다. 능지탑의 조성 시기는 구정동 방형분과의 비교를 통해 9세기 말 이후로 추정해 볼 수 있다.

◈ 경주 능지탑의 가구식기단 1

도 290. 경주 능지탑의 가구식기단 1. 탱주에 무복을 한 십이지신상이 조각되어 있다.

◈ 경주 능지탑의 가구식기단 2

도 291. 경주 능지탑의 가구식기단 2. 갑석에 연화문이 장식되어 있다.

◆ 경주 능지탑 가구식기단 탱주의 쐐기홈 흔적

도 292. 경주 능지탑의 가구식기단. 탱주의 오른편과 아래에 쐐기홈 흔적이 있다.

도 293. 경주 능지탑 가구식기
단 탱주의 세부 모습

◆ 경주 능지탑 가구식기단의 갑석

도 294. 경주 능지탑 가구식기단의 갑석 세부. 앙련의 연화문이 조각되어 있다.

◆ 경주 능지탑 가구식기단의 우주

도 295. 경주 능지탑 가구식기단의 우주. 판석 두 매가 위아래에 겹쳐져 있다.

한편, 능지탑의 주변에 쌓인 석재(도 296)들을 보면 어느 한 부분에 동그란 구멍(도 297~298)이 하나씩 뚫려 있음을 볼 수 있다. 이것이 석재를 결구하기 위한 것인지, 아니면 운반이나 도로래 등을 이용해 들어올리기 위한 것인지는 확실치 않다.[105) 따라서 이에 대해선 향후 면밀한 검토가 뒤따라야 할 것으로 생각된다.

◆ 경주 능지탑 주변의 폐부재들

도 296. 경주 능지탑 주변에 쌓여있는 폐부재들

◆ 경주 능지탑 주변의 폐부재에서 보이는 원형 구멍

 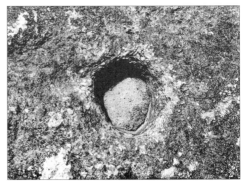

도 297. 경주 능지탑 주변 폐부재의 원형 구멍(○ 내부)   도 298. 경주 능지탑 주변 폐부재의 원형 구멍 세부

105) 캄보디아의 앙코르 왓(도 299)이나 라오스의 밧푸 사원(도 300) 등을 가보면 간혹 석재의 한 쪽 면에 구멍이 뚫려 있는 것을 볼 수 있는데 이는 운반을 위해 투공한 것이다. 즉, 석재의 운반에 코끼리가 사용되었고, 구멍에 줄을 매어 끌고 가도록 하였다.

◆ 캄보디아 앙코르 왓과 라오스 밧푸 사원 석재에서 보이는 원형 구멍

도 299. 캄보디아 앙코르 왓의 석재 구멍　　도 300. 라오스 밧푸 사원의 석재 구멍

3. 탑파

통일신라시기의 탑파는 탑신부의 축조 재료에 따라 목탑, 석탑, 전탑, 모전석탑 등으로 크게 구분되고 있다. 대부분 육안으로 드러나는 탑재석의 경우 표면이 정교하게 치석되어 있어 탑파 간 차이점은 크게 발견되지 않는다. 하지만 별석을 주로 사용한 기단부와 탑신부, 상륜부 등은 결구적 측면에서 삼국시기보다 다양한 은장[106]과 새로운 형태의 꺾쇠를 사용하고 있다. 따라서 여기에서는 통일신라시기의 대표적인 석탑과 목탑을 중심으로 은장과 꺾쇠의 머리 형태 및 사용 기법 등을 중심으로 살펴보고자 한다.

---

[106] 통일신라시기의 은장은 치석된 석조물에 다양하게 사용되었다. 석탑 외에 건물지, 월정교지와 춘양교지, 안압지, 석굴암, 갑사 철당간 및 지주의 기단석, 가구식기단 등에서 볼 수 있다. 통일신라시기 은장에 관한 연구는 아래의 논고를 참조.
조원창, 2019.6, 「統一新羅期 石造物에 보이는 百濟 石塔의 治石과 結構技術」『백제 건축 치석과 결구를 보다』, 서경문화사.
김홍남, 2019.9, 「통일신라기 석조건축의 은장연구Ⅰ -감은사석탑, 불국사 석가탑, 석굴암, 월정교·춘양교를 중심으로-」『美術史學研究』제303호.

1) 은장

(1) 경주 감은사지 東삼층석탑

　　감은사지 금당지의 전면 좌우로는 국보 제112호로 지정된 동서 삼층석탑이 자리하고 있다. 이 중 東삼층석탑의 삼층 옥개석은 4매의 별석으로 이루어졌고, 각각의 탑재석은 도투마리은장으로 연결되어 있다(도 301~302).[107] 은장의 머리 형태는 장방형으로 백제 사비기 익산 미륵사지동탑 출토품과 동일하다. 석탑의 조성은 감은사의 창건과 맞물려 682년(신문왕 2) 무렵으로 추정된다.

◆ 경주 감은사지 東삼층석탑과 도투마리은장

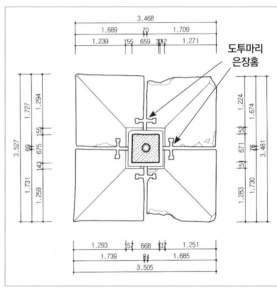

도 301. 경주 감은사지 東삼층석탑　　　　도 302. 경주 감은사지 東삼층석탑 3층 옥개석의 도투마리은
　　　　　　　　　　　　　　　　　　　　　　　장. 머리 형태는 장방형이다.

---

107) 국립문화재연구소, 2007, 『경상북도의 석탑』 I, 102쪽.
　　　國立慶州文化財研究所 · 慶州市, 1997, 『感恩寺 發掘調査報告書』, 368쪽 도면 18.

(2) 경주 고선사지 삼층석탑

국보 제38호로 지정되어 있으며, 현재 국립경주박물관에 있다. 이중기단 위에 삼층의 탑신이 올려 있다(도 303). 상·하층의 기단갑석에는 평면 장방형 혹은 반원형으로 보이는 도투마리은장홈(도 304)[108]이 있다. 갑석은 별석으로 축조되어 있다. 석탑의 조성 시기는 686년 무렵으로 추정되고 있다.

◆ 경주 고선사지 삼층석탑과 도투마리은장

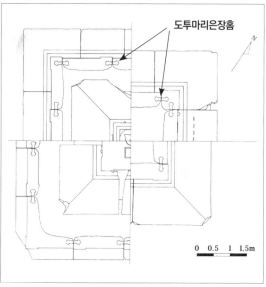

도투마리은장홈

도 303. 경주 고선사지 삼층석탑

도 304. 경주 고선사지 삼층석탑의 도투마리은장홈. 머리 형태는 장방형 혹은 반원형으로 보인다.

(3) 경주 나원리 오층석탑

경주시 현곡면 나원리 676번지에 위치하고 있으며, 국보 제39호이다. 이중기단 위에 오층의 탑신이 올려 있다(도 305). 별석의 기단갑석에는 장방형의 도투마리은장홈(도 306)[109]이 있다. 석탑의 조성 시기는 8세기 전반으로 추정되고 있다.

---

108) 文化財管理局·慶州史蹟管理事務所, 1977, 『高仙寺址發掘調査報告書』, 129쪽 도면 44.
109) 계림문화재연구원 제공.

◆ 경주 나원리 오층석탑과 도투마리은장

도 305. 경주 나원리 오층석탑

도 306. 경주 나원리 오층석탑 상층 기단갑석의 도투마리
은장홈(□ 내부). 머리 형태는 장방형이다.

(4) 경주 불국사 석가탑

국보 제21호로 지정된 석가탑(도 307)의 상층기단과 하층기단의 갑석 윗면에 은장이 설치
되어 있다. 기단갑석은 4매의 별석으로 이루어졌고, 각각의 탑재석은 도투마리은장으로 연
결되어 있다(도 308).[110] 은장의 머리 형태는 감은사지 東삼층석탑과 달리 반원형[111]을 하고
있다. 석가탑의 조성은 불국사의 중창과 함께 751년(경덕왕 10) 무렵으로 추정된다.

---

110) 국립문화재연구소 · 경주시, 2017, 『경주 불국사 삼층석탑 수리 보고서』 II, 24쪽.
111) 석굴암의 장방형 전실과 통로, 원형 주실의 기단석, 석상 받침석 등에서도 반원형의 도투마리은
장(홈)을 볼 수 있다.

◆ 경주 불국사 석가탑과 도투마리은장

도 307. 경주 불국사 석가탑

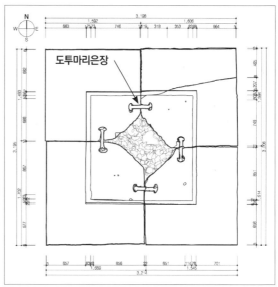

도 308. 경주 불국사 석가탑 상층기단 갑석의 도투마리은장.
머리 형태는 반원형이다.

(5) 경주 장항리사지 석탑

사지에는 금당지와 西오층석탑(국보 제236호), 그리고 옥신석이 결실된 東오층석탑이 있다
(도 309). 석탑 후면에는 과거 사용되었던 기단석(면석과 갑석)과 옥개석 등이 한데 모아져 있다
(도 310). 탑재석의 측면과 윗면에는 부재들을 서로 결구할 때 사용되었던 도투마리은장홈이
파여 있다. 은장의 머리 형태는 반원형(도 311~312)이 주류를 이루고 있다. 석탑의 축조 시기
는 8세기 중엽으로 추정되고 있다.[112]

---

112) 장항리사지 오층석탑은 불국사 석가탑과 함께 중대 후기에 조성된 것으로 보고 있다.
朴慶植, 1994, 『統一新羅石造美術研究』, 56쪽.

◆ 경주 장항리사지 석탑

도 309. 경주 장항리사지 석탑 전경

◆ 경주 장항리사지의 폐석탑재

도 310. 경주 장항리사지의 폐석탑재. 기단석을 비롯한 탑신석 등이 모아져 있다.

◆ 경주 장항리사지 폐석탑재의 은장홈

도 311. 경주 장항리사지 폐석탑재 1. 반원형의 도투
마리은장홈이 있다.

도 312. 경주 장항리사지 폐석탑재 2. 반원형의 도투
마리은장홈이 있다.

(6) 경주 구황동사지 추정 모전석탑지

토단 중앙에서 금강역사상 4구와 기단갑석 2매, 옥개석 2매가 확인되었고, 주변에서도 너비 30cm, 두께 2~10cm의 안산암 다수가 발견되었다(도 313). 이들 유물로 보아 토단은 모전석탑지로 추정되었다.[113]

은장홈이 있는 기단갑석(도 314~316)[114]은 별석으로서 한 변 길이 125cm 내외이고, 4매를 한 쌍으로 하고 있다. 은장홈은 갑석 윗면에 15~17cm 크기로 음각되어 있고, 머리 형태는 춘양교지 및 전 진덕여왕릉에서 보이는 원형(도 317)을 하고 있다. 은장홈 외곽으로는 각형, 호형의 2단 몰딩이 조출되어 있고, 갑석 하단 외연에도 각형의 몰딩이 표현되어 있다. 추정 모전석탑은 원형의 도투마리은장홈으로 보아 9세기 무렵에 축조되었음을 알 수 있다.

---

113) 유구 내용과 도면은 아래의 보고서를 참조.
국립경주문화재연구소, 2012, 『경주지역 폐사지 기초조사·연구』, 122~123쪽 및 130쪽 도면 11-①·②.
114) 국립경주문화재연구소, 2012, 『경주지역 폐사지 기초조사·연구』, 130쪽 도면 11-①·②.

◆ 경주 구황동사지 추정 모전석탑지

도 313. 경주 구황동사지 추정 모전석탑지. 모아진 기단갑석 2매에 도투마리은장홈이 있다.

◆ 경주 구황동사지 추정 모전석탑지 내 기단갑석의 도투마리은장홈 1

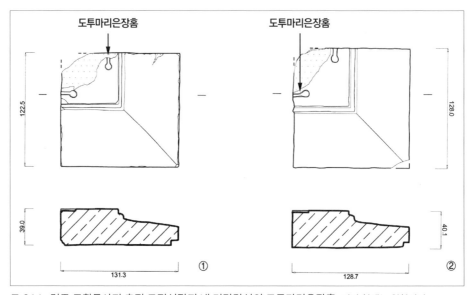

도 314. 경주 구황동사지 추정 모전석탑지 내 기단갑석의 도투마리은장홈. 머리 형태는 원형이다.

◈ 경주 구황동사지 추정 모전석탑지 내 기단갑석의 도투마리은장홈 2

도 315. 경주 구황동사지 추정 모전석탑지 내 기단갑석 1. □ 내에 원형의 도투마리은
장홈이 있다.

◈ 경주 구황동사지 추정 모전석탑지 내 기단갑석의 도투마리은장홈 3

도 316. 경주 구황동사지 추정 모전석탑지 내 기단갑석 2. □ 내에 원형의 도투마리은
장홈이 있다.

◆ 경주 구황동사지 추정 모전석탑지 내 기단갑석의 도투마리은장홈 세부

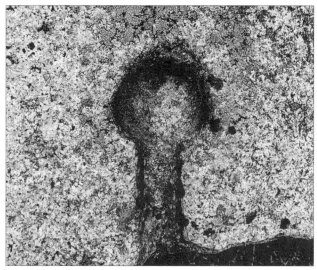

도 317. 경주 구황동사지 추정 모전석탑지 내 기단갑석의 도투마리은
장홈. 머리 형태는 원형이다.

(7) 충주 탑평리 칠층석탑

이 석탑은 중앙탑으로도 불리고 있으며 국보 제6호로 지정되어 있다. 높은 토단 위에 우뚝
솟아 있으며, 기단부는 이중으로 조성되어 있다. 1917년 해체·수리 과정에서 6층 탑신 및
기단부에서 고서류 일부와 구리거울 2점, 목제칠합, 은제사리함, 청동합 등이 수습되었다. 이
중 구리거울은 고려시대에 제작된 것으로 추정되었다. 석탑이 8세기 후반~9세기 초반에 조
성되었음을 볼 때 고려시기의 유물 출토는 흥미로움을 준다.

이 석탑의 기단부 상대갑석 및 2층 탑신부에서 도투마리은장(홈)(도 318~319)[115]이 확인되
었다. 전자의 머리 형태가 장방형인 반면, 후자는 오각형을 띠고 있어 차이를 보인다. 이러한
오각형의 도투마리은장(홈)은 고려시기에 조성된 논산 관촉사 석조미륵보살 입상에서도 확
인되고 있어 고려시기에 새롭게 등장한 은장의 머리 형태임을 알 수 있다. 오각형의 은장홈
으로 보아 고려시기의 구리거울 출토도 충분히 가능하리라 생각된다.

---

115) 忠州市, 2004,『中原塔坪里七層石塔 實測調査報告書』, 190쪽 그림 8 및 196쪽 그림 14 재작도.

◆ 충주 탑평리 칠층석탑의 도투마리은장

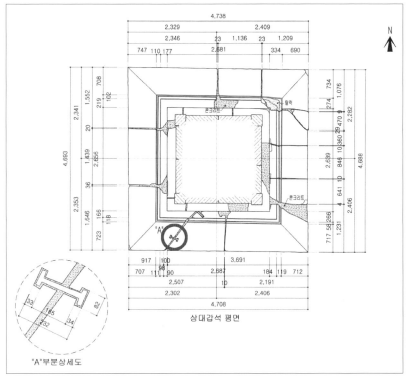

도 318. 충주 탑평리 칠층석탑 상대갑석 남측의 도투마리은장. 머리 형태는 장방형이다.

◆ 충주 탑평리 칠층석탑의 도투마리은장홈

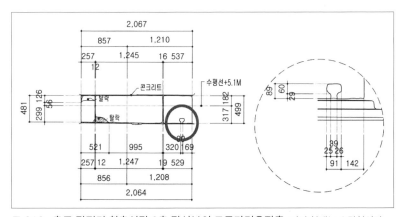

도 319. 충주 탑평리 칠층석탑 2층 탑신부의 도투마리은장홈. 머리 형태는 오각형이다.

(8) 삼척 흥전리사지 삼층석탑

사지는 강원도 삼척시 도계읍 흥전리 산92-1번지에 위치하고 있다. 석탑은 붕괴되어 각종 탑재석이 사지 주변에 흩어져 있다. 은장홈은 옥개석을 비롯한 기단상대갑석(도 320), 기단하대면석 등에 표현되어 있다.[116] 은장의 머리 형태는 장방형과 반원형이 중심을 이루고 있다. 사찰의 창건과 폐기는 출토 막새로 보아 8세기 중반~10세기 전반으로 추정되고 있다.[117] 한편 이러한 창건 시기는 탑재석에서 발견되는 반원형의 은장홈을 통해서도 유추해 볼 수 있다.

이 외에도 은장이 확인된 통일신라시기의 석탑으로는 영천 화남리 추정 동탑, 홍천 물걸리 삼층석탑 등을 들 수 있다.[118]

◆ 삼척 흥전리사지 삼층석탑 기단갑석의 도투마리은장홈

도 320. 삼척 흥전리사지 삼층석탑 기단갑석의 도투마리은장홈. 머리 형태는 반원형이다.

---

116) 문화재청 · 佛教文化財研究所, 2019, 『삼척 흥전리사지』 I, 49~51쪽.
117) 문화재청 · 佛教文化財研究所, 2019, 『삼척 흥전리사지』 I, 230쪽.
118) 박경식, 2015, 「미륵사지석탑의 기술력이 신라 석탑에 미친 영향」 『신라문화』 45집.
국립문화재연구소, 2011, 『경상북도의 석탑』 V, 201쪽.

2) 꺾쇠[119]

꺾쇠는 삼국시기에 접어들면서 주로 목관이나 목곽 등에 사용된 철물로 'ㄷ'자형을 이루고 있다.[120] 이는 같은 방향이나 수직으로 꺾이는 목재를 결구할 때 나무에 박히게 된다. 그런데 통일신라시기의 석조물[121]에서 보이는 꺾쇠는 돌에 박지 않고, 은장처럼 홈을 파 그 내부에 끼우고 있다. 따라서 언뜻 보면 두 석재에 걸쳐있는 것처럼 보일 수도 있다. 한편, 돌에 박히는 꺾쇠는 경주 황용사지 석탑재의 사례로 보아 통일신라 말에 등장하였을 것으로 판단된다.[122]

(1) 경주 사천왕사지 동·서탑지 이형석재[123]

꺾쇠홈이 확인된 이형석재는 동탑지와 서탑지에서 발견되었다. 동탑지의 경우 기단 남동 모서리에서 이형석재 1점(도 321~322)[124]이 수습되었다. 전체 부재의 1/2만 남아 있으나 잔존 상태가 양호하여 복원이 가능하다. 측면에는 옥개석의 층급받침처럼 3층의 단이 조출되어 있다. 석재의 정 중앙에는 직경 46cm의 반원형 구멍이 정교하게 뚫려있다. 그리고 구멍의 좌우로는 'ㄱ', 'ㄱ'형태의 꺾쇠홈이 굴착되어 있다. 석재의 뒷면에는 외연으로부터 3.3cm 안쪽으로 너비 4cm, 깊이 1cm의 홈이 파여 있어 물끊기홈(절수구)으로 추정되었다. 석재의

---

119) 필자는 이전 논고에서 이를 꺾쇠형 은장으로 분류한 바 있으나 본고에서는 꺾쇠로 세분하고자 한다.
조원창, 2019, 「統一新羅期 石造物에 보이는 百濟 石塔의 治石과 結構技術」 『백제 건축 치석과 결구를 보다』, 서경문화사, 270쪽 표 1.

120) 꺾쇠는 이 외에 목조건축물의 합각부에도 사용되었던 것으로 보인다. 이는 경주 사천왕사지 금당지에서 수습된 꺾쇠를 통해 확인할 수 있다.
국립경주문화재연구소, 2012, 『四天王寺 金堂址 발굴조사보고서』 I, 316쪽 도면 316.

121) 별석으로 결구된 석재를 의미한다.

122) 이와 관련된 사진은 금강조각연구소의 윤태중 소장님께서 제공해 주셨다. 지면을 빌어 감사한 마음을 전하고자 한다.

123) 유구 및 유물에 대한 설명은 아래의 보고서를 참조.
국립경주문화재연구소, 2013, 『四天王寺 回廊內廓 발굴조사보고서』 II.

124) 국립경주문화재연구소, 2013, 『四天王寺 回廊內廓 발굴조사보고서』 II, 118쪽 도면 18 및 119쪽 도면 19.

크기는 첫 번째 단이 가로 120cm, 세로 69cm이고, 두 번째 단은 가로 138cm, 세로 77cm 이다. 그리고 마지막 단은 가로 154cm, 세로 85cm, 두께 26cm이다. 현재 1/2만 남아 있으나 이를 근거로 전체를 복원해 보면 170×154cm의 크기를 보인다.

◆ 경주 사천왕사지 동·서탑지의 꺾쇠홈
　◈ 경주 사천왕사지 동탑지 출토 이형 석재와 꺾쇠홈

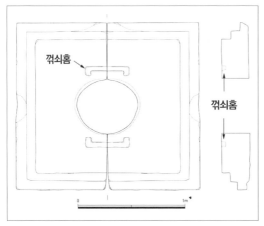

도 321. 경주 사천왕사지 동탑지 출토 이형 석재(노반석 추정) 앞면. 꺾쇠 형태는 'ㄷ'자형이다.

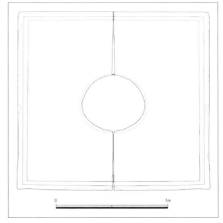

도 322. 경주 사천왕사지 동탑지 출토 이형 석재(노반석 추정) 뒷면

서탑지에서는 북면기단의 가구식계단 위에 형성된 와적층 윗면과 기단 서편에서 두 점이 확인되었다. 전자(도 323)[125]는 반파된 것으로 치석된 방향으로 'ㄱ'자 형태의 꺾쇠홈이 굴착되어 있고, 내부에서 철기 부식흔이 일부 검출되었다. 잔존 석재는 원래 석재의 1/2로, 완형의 석재 2점이 결구된 상태로 사용되었음을 알 수 있다. 이는 석재 내면에 치석된 부채꼴 형태의 원호가 1/4가량 남아 있는 것으로도 파악할 수 있다. 남아 있는 크기는 가로 51cm, 세로 44cm, 높이 20cm이고, 꺾쇠 홈의 너비는 5cm, 길이 21cm, 깊이 4cm이다.

125) 국립경주문화재연구소, 2013, 『四天王寺 回廊內廓 발굴조사보고서』 II, 104쪽 도면 14.

◆ 경주 사천왕사지 서탑지 출토 이형 석재와 꺾쇠홈

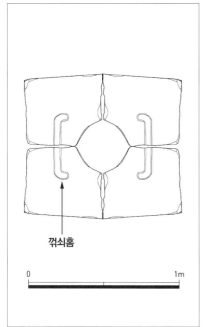

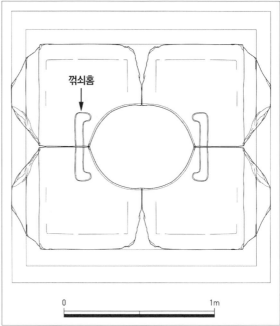

도 323. 경주 사천왕사지 서탑지 북면 가
구식계단지 출토 이형 석재

도 324. 경주 사천왕사지 서탑지 기단 서편 출토 이형 석재

기단 서편에서 수습된 이형 석재(도 324)[126]는 가구식계단과 떨어져 확인되었다. 전자와 비슷한 형태이나 한쪽 측면에 옥개석의 층급받침과 같은 3층의 단이 조출되어 있다. 반대 면에도 단이 있었으나 파손되어 그 흔적만 살필 수 있다. 외연에서 안쪽으로 약 10cm 되는 지점에 약하게 턱이 져 있는 것으로 보아 또 다른 석물을 올렸음을 알 수 있다. 전체 부재의 1/4만 남아 있으며 치석된 면에 'ㄱ'자 형태의 꺾쇠홈이 굴착되어 있다. 전체적으로 동탑지에서 수습된 것과 동일한 형태로 추정된다. 남아 있는 크기는 가로 86cm, 세로 66cm, 높이 26cm이다. 꺾쇠홈은 너비 6cm, 깊이 4cm이고, 측면의 단은 너비 8~9cm, 높이 7~8cm이다.

이형 석재는 탑지에서만 확인되어 동·서목탑의 노반석으로 추정되었다. 그리고 서탑지

---

126) 국립경주문화재연구소, 2013, 『四天王寺 回廊內廓 발굴조사보고서』 II, 104쪽 도면 15.

에서 크기가 다른 두 점의 이형 석재가 수습되어 목탑의 노반은 최소 2단으로 복원되었다(도 325).[127] 이형 석재가 목탑지에서 수습된 것으로 보아 꺾쇠의 사용 시기는 적어도 679년 무렵으로 추정된다.

◈ 경주 사천왕사지 동·서탑지 출토 이형 석재의 복원도

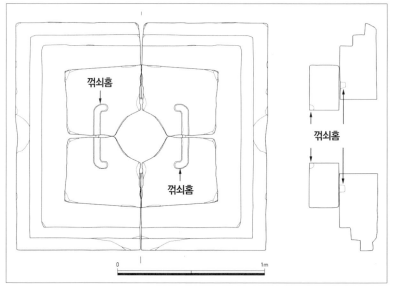

도 325. 경주 사천왕사지 동·서목탑지 이형 석재(추정 노반석) 복원도. 원형 구멍의 좌우에 꺾쇠홈이 굴착되어 있다.

(2) 경주읍성 주변 이형 석재

이형 석재(도 326)는 경주읍성 성벽 주변에 모아놓은 석물에서도 확인된다. 사천왕사지에서 수습된 것과 유사한 형태를 하고 있다. 중앙의 둥근 구멍과 'ㄱ'형태의 꺾쇠홈으로 보아 전체 부재의 1/4임을 알 수 있다. 전체적으로 정교하게 치석되어 있고, 주변 사찰의 목탑에 사용된 부재임을 추정할 수 있다. 경주 사천왕사지 출토품 및 경주읍성 수집품으로 보아 통일신라시기의 석축 결구에 은장 이외에 꺾쇠도 폭넓게 사용되었음을 추정해 볼 수 있다.

---

127) 국립경주문화재연구소, 2013, 『四天王寺 回廊內廓 발굴조사보고서』 Ⅱ, 119쪽 도면 20.

◆ 경주읍성 주변 이형 석재와 꺾쇠홈

도 326. 경주읍성 주변 수습 이형 석재. 꺾쇠는 'ㄷ'자형이다.

(3) 경주 황용사지 석탑재

석탑재는 발굴조사가 이루어진 금당지의 계곡 건너편에 모아져 있다. 이곳에는 기단부만 복원된 석탑을 중심으로 주변에 석탑재가 정리되어 있다(도 327~328). 탑부재는 안상[128]이 조각된 기단석을 비롯해 탑신부의 옥개석과 면석, 원형 및 방형으로 투공된 치석재 상륜부 등이 포함되어 있다. 방형으로 투공된 탑부재의 경우 사리를 봉안한 것으로 추정된다.

----

128) 이러한 안상은 통일신라시기의 석탑뿐만 아니라 건물 기단 면석, 불상의 대좌, 석등, 부도 등에서 볼 수 있다.

◆ 경주 황용사지 석탑의 기단부

도 327. 경주 황용사지 석탑의 기단부. 일부만 복원되어 있다.

◆ 경주 황용사지 석탑의 탑재석

도 328. 경주 황용사지 석탑의 탑재석 전경

각각의 석재는 별석으로 이루어졌고, 석재가 상하좌우 중첩되는 곳에 꺾쇠홈이 있다. 석재에는 'ㄱ'자 형태의 홈만 있으나 반대편의 석재까지 고려할 때 'ㄷ'자형임을 알 수 있다(도 329~332). 그리고 일부 석재의 홈에는 꺾쇠로 사용된 철물(도 333)이 부착되어 있다.

◆ 경주 황용사지 탑재석 1과 꺾쇠홈

도 329. 경주 황용사지 석탑의 탑재석 1. 꺾쇠홈은 'ㄷ'자형으로 판단된다.

◆ 경주 황용사지 탑재석 2와 꺾쇠홈

도 330. 경주 황용사지 석탑의 탑재석 2. 꺾쇠홈은 'ㄷ'자형이다.

◆ 경주 황용사지 탑재석 3과 꺾쇠홈

도 331. 경주 황용사지 석탑 탑재석 3. 사리를 봉안한 탑재석으로 보인다. 꺾쇠
홈은 'ㄷ'자형이다.

◈ 경주 황용사지 탑재석(옥개석) 4와 꺾쇠홈

도 332. 경주 황용사지 석탑 탑재석(옥개석) 4. 꺾쇠를 부착한 흔적이 남아 있다. 꺾쇠는 'ㄷ'자형이다.

◈ 경주 황용사지 탑재석 5와 꺾쇠홈

도 333. 경주 황용사지 석탑 탑재석 5. 꺾쇠홈 내부에 철물이 남아 있다. 꺾쇠는 'ㄷ'자형이다.

한편, 일부이지만 꺾쇠의 신부는 삽입하고, 머리 부분만 박아놓은 굴착형(도 334)도 찾아볼
수 있다. 이는 은장을 설치하기 위한 평면 홈이 'ㄷ'자형이 아닌 'ㅣ'자형이라는 점에서 특징을
보이고 있다. 'ㄷ'자형에 비해 홈 내부 전체에 철물을 부착하기 위한 황이나 납을 붙지 않고
머리 부분에만 사용한 것으로 보인다. 일부 옥개석의 윗면에서만 관찰되어 통일신라시기의
새로운 결구기법으로 파악된다.

◆ 경주 황용사지 탑재석(옥개석) 6과 꺾쇠홈

도 334. 경주 황용사지 석탑 탑재석(옥개석) 6. 꺾쇠의 머리를
삽입하지 않고 박아 놓았다.

이들 석탑재는 현장의 공고판에 '황용사지 고려탑재(黃龍寺址 高麗塔材)'로 기록되어 있으나
고려시기의 꺾쇠 중 'ㄷ'자형이 대부분 확인되지 않는 점, 반면에 사천왕사지를 비롯한 통일
신라시기의 유적에서 주로 살펴진다는 점에서 9세기 후반 이후의 석탑재로 추정된다. 그리
고 굴착형의 'ㅣ'자형 꺾쇠는 고려 초 논산 관촉사 석조미륵보살입상과 고려 전기의 천안 만
일사 등에서도 확인되고 있어 많진 않지만 고려시기에도 사용되었음을 알 수 있다.

(4) 익산 미륵사지서탑

미륵사지서탑(도 335)의 북측 면석과 창방석을 결구하기 위한 꺾쇠(도 336)[129]는 그 동안 발견된 여느 꺾쇠와 비교해 확연한 차이를 보이고 있다. 즉 꺾쇠의 머리 부분이 서로 다른 방향을 가리키고 있다는 점에서 역꺾쇠로 분류할 수 있다. 이는 기둥과 기둥 사이의 면석과 그 위에 놓인 창방의 구조에서 면석이 밖으로 밀려나지 않도록 면석과 창방을 결구하기 위해 새롭게 고안된 철물로 판단된다. 결구의 대상이 좌우가 아닌 상하라는 점에서 꺾쇠의 형태상 차이를 보이고 있다. 역꺾쇠는 경주 사천왕사지 목탑지 출토 꺾쇠홈과 의성 빙산사지 오층석탑 역꺾쇠홈과의 비교를 통해 9세기 무렵에 등장하였을 것으로 생각된다.[130]

◆ 익산 미륵사지서탑과 역꺾쇠

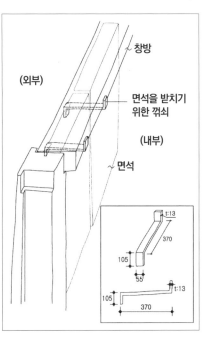

도 335. 익산 미륵사지서탑

도 336. 익산 미륵사지서탑의 북측 면석과
　　　　창방을 결구하기 위한 역꺾쇠

129) 國立文化財硏究所 · 全羅北道, 2005, 『彌勒寺址石塔 解體調査報告書』 Ⅲ, 177쪽 그림 4-34.

130) 이에 대해 보고서에서는 보강 위치나 형태 등을 통해 미륵사지서탑 출토의 다른 철편들과 시기
　　차를 두고 있다.
　　國立文化財硏究所 · 全羅北道, 2011, 『彌勒寺址石塔 解體調査報告書』 Ⅳ, 179쪽 각주 24 참조.

(5) 의성 빙산사지 오층석탑

의성 탑리리 오층석탑(도 337)[131]을 모방한 모전 석탑이다. 단층 기단 위에 오층의 탑신과 상륜부인 노반석이 올려 있다. 전체 높이는 8.15m이다. 기단 형식은 가구식으로 지대석 위에 우주와 탱주, 면석, 갑석 등이 별석으로 조립되어 있다.

초층 옥신 정면으로는 높이 153cm, 너비 116cm, 깊이 56cm의 감실이 마련되어 있다. 옥개석과 옥신은 별석이고, 층급받침은 상하 각각 5단, 4단이다. 상륜부에는 노반석만 있을 뿐 나머지는 유실되었다.

노반석(도 338~339)[132]은 2매의 석재로 이루어졌으며, 가운데에 찰주를 꽂기 위한 직경 34cm 정도의 원형 구멍이 뚫려 있다. 두 매의 석재는 역꺾쇠로 결구되었으나 현재는 꺾쇠가 없이 홈만 남아 있다. 노반석은 평면 방형으로 한 변 길이 76~78.4cm 정도이다. 석탑의 조성 시기는 9세기로 추정되었다[133]

◆ 의성 빙산사지 오층석탑과 노반석

도 337. 의성 빙산사지 오층석탑

도 338. 의성 빙산사지 오층석탑의 노반석. 윗면에 역꺾쇠 홈 2개가 있다.

---

131) 국립문화재연구소, 2012, 『경상북도의 석탑』 VI, 174쪽.

132) 국립문화재연구소, 2012, 『경상북도의 석탑』 VI, 181쪽 및 195쪽.

133) 유구 내용 및 석탑의 조성 시기는 국립문화재연구소, 2012, 『경상북도의 석탑』 VI 참조.

◆ 의성 빙산사지 오층석탑 노반석과 역꺾쇠홈

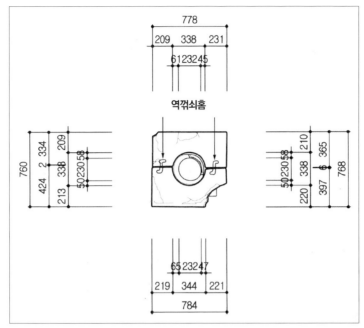

도 339. 의성 빙산사지 오층석탑 노반석 윗면의 역꺾쇠홈

4. 인조석굴

통일신라시기의 대표적인 인조석굴로는 경주 토함산의 석굴암(석불사, 도 340)을 들 수 있다. 이는 방형의 전실과 간도(間道), 원형의 후실(도 341)로 이루어졌고, 후실에는 항마촉지인을 결한 석가여래상이 앉아 있다. 전실은 너비 약 6.5m, 길이 약 4.5m이고, 간도는 너비 3.4m, 길이 2.8m이다. 원형의 후실은 지름 약 7m, 천정 높이 약 8m이다. 간도에서 후실로 들어가는 입구 양쪽에는 팔각형의 돌기둥이 세워 있고, 중간에는 연화문이 조각되어 있다. 이러한 형태의 기둥은 북인도 스투파의 정문에서도 확인되고 있어 석불사 조형에 인도의 불교문화가 가미되어 있음을 볼 수 있다.[134]

---

134) 대한건축학회편, 1998, 『한국건축사』, 기문당, 251쪽.

◆ 경주 석굴암

도 340. 경주 석굴암

◆ 돔 천정으로 이루어진 경주 석굴암의 후실

도 341. 경주 석굴암의 후실. 둥근 돔 천정으로 이루어져 있다.

한편, 석굴암에는 부처님의 10대 제자를 비롯한 관음상, 금강역사상 등 다양한 불교상들이 조각되어 있는데 이들 받침석의 윗면 양 측단 중앙에 도투마리은장홈(도 342~343)이 굴착되어 있다. 은장의 머리 형태는 불국사 석가탑에서 확인된 것과 동일한 반원형을 이루고 있다.

◆ 경주 석굴암 석상 받침석과 도투마리은장홈

도 342. 경주 석굴암 석상 받침석의 도투마리은장홈(□ 내부)

◆ 경주 석굴암 석상 받침석 도투마리은장홈의 세부

도 343. 경주 석굴암 석상 받침석의 반원형 도투마리은장홈

후실의 벽면은 판석을 이용한 반면, 돔(궁륭형) 천정은 곡면의 판석과 당김석(주먹돌, 감잡이
돌)을 결구하여 5단으로 축조하였다. 첨차 형태의 당김석(도 344)[135]은 3단부터 설치되어 있
고, 면석을 안전하게 결구할 수 있도록 양 측면에 턱이 만들어져 있다.[136] 신부는 길게 제작
되어 적심석(뒤채움석)에 물리도록 하였다. 적심석은 바닥면에서부터 돔 천정까지 쌓아올려져
위에서 내려다보면 마치 거대한 적석대(積石臺)를 연상시킨다.[137] 천정부에는 연화문과 천체
문양이 조각된 한 장의 크고 둥근 돌을 얹어 놓았다.

◆ 경주 석굴암 후실 천정의 유악식 첨차형 당김석

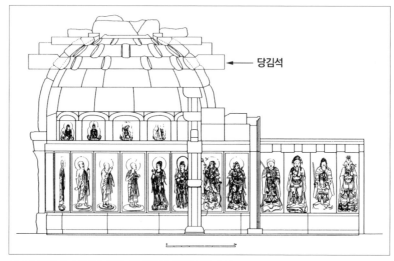

도 344. 경주 석굴암 후실 천정의 장대석형 당김석

석굴암은 8세기 중엽 신라인이 창안해 낸 한국적 석굴로 전방후원의 평면형을 갖추고 있
다. 이러한 형태는 일찍이 인도나 중국의 석굴사원에서 살필 수 있고, 궁륭천정은 당시의 석
실분으로부터 영향을 받은 것으로 추정되었다.[138]

----

135) 장경호, 1992, 『韓國의 傳統建築』, 文藝出版社, 187쪽 도면 65.
136) 당김석에 턱이 조출되어 있다는 점에서 유악식(有顎式)으로 분류할 수 있다.
137) 申榮勳, 1987, 「韓國의 石室·石窟寺院考」 『韓國佛教美術史論』, 民族史, 245쪽.
138) 申榮勳, 1987, 「韓國의 石室·石窟寺院考」 『韓國佛教美術史論』, 民族史, 246쪽.
     金元龍·安輝濬, 1993, 『新版 韓國美術史』, 180~181쪽.
     張慶浩, 1996, 『韓國의 傳統建築』, 文藝出版社, 185쪽.

5. 교량

통일신라시기의 교량으로는 경주지역의 월정교(도 345)와 춘양교, 오릉교 등이 대표적이라할 수 있다. 이들 유적에서는 발굴조사 결과 교대와 교각, 물가름석(도 346) 등이 확인되었다. 여기에서는 월정교와 춘양교(도 347~348)를 중심으로 살펴보고자 한다.

◆ 경주 월정교

도 345. 경주 월정교 전경(복원)

◈ 경주 월정교의 물가름석

도 346. 경주 월정교 교각의 물가름석

◆ 경주 춘양교지

도 347. 경주 춘양교지 전경

◈ 경주 춘양교지의 물가름석

도 348. 경주 춘양교지의 물가름석. 물가름석은 평면 6각형을 이루고 있다.

교각은 유수를 고려하여 평면 6각형으로 조성되었고, 교각의 장축은 유수 방향과 나란하게 하였다. 교각 앞뒤에 놓인 '▲', '▼'형태의 물가름석과 교각의 주를 이루는 장대석 및 판석에는 유수에 의해 석재가 밀려나지 않도록 장방형, 원형, 반원형, 오각형, 제형(사다리꼴)[139] 등의 다양한 도투마리은장홈(도 349~354)[140]이 굴착되어 있다.

◆ 경주 춘양교지에서 보이는 도투마리은장홈

도 349. 경주 춘양교지의 제형 도투마리은장홈

도 350. 경주 춘양교지의 제형 도투마리은장홈

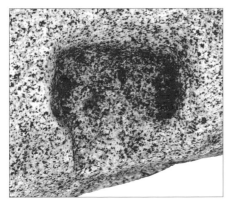

도 351. 경주 춘양교지의 장방형 도투마리은장홈

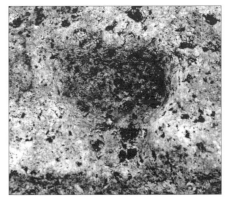

도 352. 경주 춘양교지의 오각형 도투마리은장홈

---

139) 이러한 제형의 은장은 가장 고전적인 것으로서 이집트 신전유적에서도 살필 수 있다.
140) 은장은 나비 모양의 나비장, 긴 길이의 방형 부재인 자촉, 베를 짜기 위해 감아 놓는 도투마리 형태 등이 있다.
국립문화재연구소, 2014, 『전통 목조건축 결구법』, 79쪽.

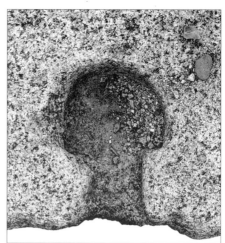

도 353. 경주 춘양교지의 원형 도투마리은장홈 　 도 354. 경주 춘양교지의 반원형 도투마리은
　　　　　　　　　　　　　　　　　　　　　　　　 장홈

교각과 연결된 교대는 장대석을 이용하여 평적식으로 조성하였다. 축대석이 앞으로 밀려
나가지 않도록 상하 및 가로 방향으로 일정한 간격의 돌못형 당김석(도 355)이 배치되어 있
다. 이러한 유구는 통일신라시기의 치석된 축대나 교대에서 주로 볼 수 있다. 당김석은 측면
안쪽에 턱(도 356)을 두어 상하좌우에 놓인 석재들이 턱에 걸려 밖으로 밀려나지 않게 하였
다.[141]

141) 이러한 결구기법은 가구식기단의 면석부에서도 볼 수 있다. 즉, 별석으로 조성된 탱주의 경우 안
쪽에 턱을 두어 이곳에 면석이 끼워지도록 하여 밖으로 밀려나가지 않게 하였다.
당김석에 턱이 만들어져 있다는 점에서 유악식으로 분류할 수 있다.

◆ 경주 월정교의 교대와 유악식 돌못형 당김석

도 355. **경주 월정교 교대.** 네모난 형태로 돌출된 것이 유악식의 돌못형 당김석이다.

◈ 경주 월정교 교대의 유악식 돌못형 당김석 세부

도 356. 경주 월정교 교대에 조성
된 유악식 돌못형 당김석
의 세부

월정교와 춘양교는 신라 경덕왕 19년인 760년[142]에 조성되어 이와 관련된 교대 역시도 8세기 중엽 이후에 축조되었음을 알 수 있다. 월정교와 춘양교에서 확인되는 유악식의 돌못형 당김석은 경주 발천유적 및 남산신성, 감은사지, 전 황복사지, 불국사, 경주읍성 주변 석물군, 합천 영암사지 등의 축대와 호안석축 등에서도 살필 수 있다.

6. 축대

축대는 작업 공정상 한 번에 조성한 일체식과 구간을 나누어 축조한 구획식으로 구분할 수 있다. 특히 후자의 경우는 삼국시기의 고구려 산성이나 백제 축대 등에서도 확인되고 있어 삼국시기의 토목기술 전파를 판단케 한다. 아울러 일체식축대에 적용된 평적식과 달리 구획식축대에서는 가구식으로 조성되어 축조기법상의 차이를 보여주기도 한다.

한편, 축대에는 치석된 장대석을 쌓는 과정에서 면석이나 수평재 등이 밖으로 밀려나지 않도록 턱이 있는 유악식의 돌못형 혹은 첨차형의 당김석(引石)[143] 등을 사용하고 있다.

1) 일체식축대

(1) 경주 남산신성

남산신성과 관련된 기록은 『삼국사기』와 『삼국유사』, 그리고 이곳에서 수습된 신성비를 통해 알 수 있다. 위 기록에 따르면 산성은 591년(진평왕 13)에 초축되었고, 663년(문무왕 3)에 장창[144]이 축조되었다.

현재 산성 내부에는 모두 3곳의 창고지(우창지, 중창지, 좌창지)가 있다. 이중 축대(도 357)가 양호하게 남아 있는 곳은 곡물 창고로 추정되는 중창지이다. 축대[145]에 사용된 석재는 정

---

142) 『三國史記』卷 第九 景德王 十九年 二月條,
    "又於宮南蚊川之上 起月淨春陽二橋".
143) 엄밀한 의미에서 석재를 당기는 역할은 하지 않는다. 다만, 돌못의 양 측면 안쪽에 턱이 있어 당기는 것처럼 보이는 효과를 낸다.
144) 『三國史記』卷 第六 文武王 上 三年 春正月條,
    "作長倉於南山新城".
145) 남산신성 중창지의 축대에 대해선 아래의 보고서를 참조.
    國立慶州文化財研究所 · 慶州市, 2004, 『慶州南山精密學術調査報告書』, 169~174쪽.

교하진 않지만 앞면이 다듬어져 있고, 치석바른층쌓기식[146]로 3단 정도 남아 있다. 3단에는 210~221cm의 간격으로 유악식의 돌못형 당김석[147]이 설치되어 있다(도 358~360). 당김석의 두부(頭部)는 가로 36cm, 세로 32.5cm의 방형으로 양 측면 안쪽 11~12cm 지점에 턱이 만들어져 있다. 당김석 좌우에 놓이는 축대 면석은 이 턱에 걸려 앞으로 밀려나지 않게 하였으며, 면석과 접하는 경부(頸部)는 결구를 위하여 곧게 다듬어져 있다. 당김석은 길이가 160cm로 세장한 편이고, 축대 후면의 적심석(토)에 조성되었을 것으로 추정된다. 축대는 현재 91cm 정도 남아 있으나 대지 높이를 고려해 볼 때 훨씬 높게 축조되었을 것으로 판단되며, 당김석 역시도 합천 영암사지 축대와 같이 등간격으로 설치되었을 가능성이 높다.

◆ 경주 남산신성 중창지
　◈ 경주 남산신성 중창지의 일체식축대

도 357. 경주 남산신성 중창지의 일체식축대. 정면으로 돌출된 방형 석재가 유악식의 돌못형 당김석이다.

---

146) 석축에 사용되는 석재는 다듬음의 유무에 따라 할석과 치석(장대석, 판석 등)으로 구분된다. 석축 과정에서 일정한 높이로 맞추어 쌓는 것을 '바른층쌓기식', 높낮이를 고려하지 않고 쌓는 것은 '허튼층쌓기식'이라 한다. 그리고 조선시기 축대나 기단에서 흔히 보이는 경사지게 쌓는 형식은 '엇쌓기식'이라 한다. 이 외에도 치석된 장대석과 판석을 이용하여 조성되는 가구식과 결구식 등이 있다.
147) 이에 대해선 제Ⅲ장에서 상술하고자 한다.

◉ 경주 남산신성 중창지 일체식축대의 유악식 돌못형 당김석 축조 모습

도 358. 경주 남산신성 중창지의 일체식축대. 유악식 돌못형 당김석의 축조 모습.

◉ 경주 남산신성 중창지 일체식축대의 유악식 돌못형 당김석 모습

도 359. 경주 남산신성 중창지의 일체식축대. 유악식 돌못형 당김석의 전체 모습(왼쪽이 머리 부분)

◉ 경주 남산신성 중창지 일체식축대의 유악식 돌못형 당김석 두부와 경부 모습

도 360. 유악식 돌못형 당김석의 두부와 경부. 화살표 방향이
축대 면석이 결구되는 부분이다.

(2) 경주 감은사지

축대(도 361~362)는 중문 남쪽의 경사 하단부와 사역 북쪽과 서쪽 등에서 확인할 수 있다. 여기에서는 중문 남쪽의 축대를 중심으로 살펴보고자 한다. 남면 축대는 잔존 상황으로 보아 철자형의 평면 구조를 가졌으며, 모두 평적식으로 조성되었다. 축대는 돌출부와 좌우의 날개 부분으로 구분할 수 있는데 전자가 치석된 석재를 사용한 반면 후자는 거친 할석을 이용하여 대조를 보인다.

◆ 경주 감은사지의 일체식축대

도 361. 경주 감은사지 중문지 남쪽의 돌출형 축대. 평면 형태는 철(凸)자형으로 돌출부에
만 유악식의 돌못형 당김석이 설치되어 있다.

◆ 경주 감은사지 일체식축대의 유악식 돌못형 당김석과 면석

도 362. 경주 감은사지 남면 축대의 돌출된 부분(정면에서). 상부에 유악식 돌못형 당김석
이 있고, 치석된 면석을 정층(正層)으로 쌓아올렸다.

돌출된 축대 면석에는 전면에 6개, 측면에 4개의 유악식 돌못형 당김석[148]이 약 110~130cm 의 간격으로 배치되어 있다. 당김석의 두부(頭部)는 장방형으로 25×45cm이고, 전체 길이는 150cm이다. 머리 안쪽으로 10~15cm 정도 들어와 10cm의 턱을 조성하여 경부를 만들고, 좌우 및 상하의 면석들이 이 턱에 걸리도록 하였다(도 363~364).[149] 끝부분에 해당되는 단부 (端部)는 실재 못처럼 뾰족하게 다듬어 놓았다. 육안으로 노출되고 면석이 결구되는 두부(머 리)와 경부만 치석되었을 뿐, 신부(身部)는 혹테기만 하여 거친 상태로 남겨두었다(도 365).[150]

◆ 경주 감은사지 일체식축대의 유악식 돌못형 당김석 모습

도 363. 경주 감은사지 남면 축대의 유악식 돌못형 당김석(측면에서)

도 364. 경주 감은사지 남면 축대 유악식 돌못형 당 김석의 턱과 경부 세부

---

148) 보고서에는 돌못과 심석이라는 용어가 혼용되고 있으나 본고에서는 돌못으로 통일하고자 한다.

149) 이러한 기능적 측면에서 돌못은 마치 주변의 석재를 당겨주는 것으로 해석될 수 있다. 그런 점에 서 돌못은 당김석(引石)의 역할로 이해된다.

150) 도면은 아래의 보고서를 참조.
國立慶州文化財硏究所 · 慶州市, 1997, 『感恩寺 發掘調査報告書』, 139쪽 삽도 64.
돌못형 당김석의 세부 명칭은 필자가 조어하였다.

◆ 유악식 돌못형 당김석의 세부 명칭

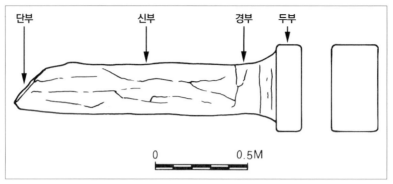

단부　　신부　　경부　두부

0　　　　　　0.5M

도 365. 경주 감은사지 출토 유악식 돌못형 당김석의 세부 명칭(필자 안)

　　사역의 북면·서면 축대는 할석을 이용하여 평적식으로 조성되었고, 이곳에서는 돌못형 당김석이 확인되지 않았다. 감은사가 682년 무렵에 창건된 것으로 보아 축대도 같은 시기에 조성되었을 것으로 판단된다.

　　(3) 경주 전 황복사지

　　유악식의 돌못형 당김석은 전 황복사지 3층석탑의 동쪽 아랫단에 조성된 축대(도 366)[151] 북단부에서 살필 수 있다. 축대는 남북을 장축으로 약 30m 정도 남아 있으며, 장대석과 할석 등을 이용하여 축조하였다.

---

151) 성림문화재연구원, 2019.06, 「경주 낭산 일원 내 추정 고분지 정비 유적 3차 문화재 발굴조사 약식보고서」, 229쪽 사진 4.
　　축대와 관련된 내용은 다음의 보고서를 참조.
　　성림문화재연구원, 2019.06, 「경주 낭산 일원 내 추정 고분지 정비 유적 3차 문화재 발굴조사 약식보고서」, 214~215쪽.
　　위의 보고서에서 축대를 1호 대석단으로 명명하여 용어의 혼선이 일어난다. 대석단보다는 축대라는 용어가 좀 더 합리적이고 학술적이라 생각된다.

◆ 경주 전 황복사지의 일체식축대

도 366. 유악식 돌못형 당김석이 확인된 경주 전 황복사지 축대(1호 대석단)

한편, 본고에서 다루는 유악식의 돌못형 당김석(도 367~369)은 발굴조사 이후 석재들을 모아놓은 곳에서 필자가 확인한 것이다. 전체적인 형태에서 남산신성의 것과 큰 차이가 없다. 두부는 장방형이고, 좌우 측면에만 턱과 경부가 만들어져 있다. 상하에 경부가 없다는 점에서 감은사지 축대의 당김석과 차이를 보인다.

◆ 경주 전 황복사지 일체식축대에 사용된 유악식 돌못형 당김석

도 368. 경주 전 황복사지 출토 유악식 돌못형 당김석 2

도 367. 경주 전 황복사지 출토 유악식
돌못형 당김석 1

도 369. 경주 전 황복사지 출토 유악식 돌못형 당김석의
두부

(4) 경주 창림사지

주변에서 흔히 볼 수 있는 축대 형식이다. 할석을 이용해 허튼식으로 조성하였다(도 370~
371). 축대 면석을 놓기 전에 대지 조성을 위한 성토가 이루어지고, 그 전면을 절개한 후 개구
부(開口部)에 할석을 이용하여 축대를 축조하였다. 축대 면석과 성토 대지 사이에는 적심석이
충전되어 있다. 축대의 조성 시기는 8세기대로 추정된다.

◆ 경주 창림사지의 일체식축대

도 370. 경주 창림사지의 일체식축대 1

◈ 경주 창림사지 일체식축대의 구성 요소

도 371. 경주 창림사지의 일체식축대 2

(5) 합천 영암사지

영암사지는 구릉사면을 계단식으로 조성하여 대지를 마련하였다. 상단에 금당과 쌍사자 석등이 자리하고 있고, 그 아랫단에는 삼층석탑이 위치하고 있다. 대지를 조성하기 위한 각각의 축대 면석에는 할석과 치석된 장대석이 사용되었고, 장대석과 장대석 사이에는 상하 및 가로 방향으로 유악식의 돌못형 당김석이 등간격으로 배치되어 있다(도 372~372-1). 당김석은 치석된 석재를 사용한 축대 일부에만 설치되어 있고, 나머지 면 및 측면에서는 확인할 수 없다(도 373~375).

영암사는 금당에 조성된 가구식기단의 치석기법과 석등, 석탑 등의 사례로 보아 통일신라 말인 9세기 무렵에 창건되었을 것으로 추정되고, 축대 역시도 이와 같은 시기에 축조되었을 것으로 판단된다.

◆ 합천 영암사지의 일체식축대 1

도 372. 합천 영암사지 중단부의 일체식축대. 상단 축대에 돌출된 것이 유악식의 돌못형 당김석이다.

도 372-1. 합천 영암사지의 유악
식 돌못형 당김석 세부

◆ 합천 영암사지의 일체식축대 2

도 373. **합천 영암사지 금당지 아래의 일체식축대.** 이곳에는 유악식 돌못형 당김석이 없다.

◆ 합천 영암사지의 일체식축대 3

도 374. 합천 영암사지 금당지 서편의 일체식축대. 축대는 할석과 장대석을 사용하였으며, 돌못형 당김석은 설치되지 않았다.

◆ 합천 영암사지의 일체식축대 4

도 375. 합천 영암사지 하단부의 일체식축대. 할석으로 조성되었으며, 돌못형 당김석은 없다.

2) 구획식축대

(1) 경주 불국사

경주 불국사의 축대에서는 다양한 형식의 축조기법을 볼 수 있다. 축대는 장대석을 이용하여 가구식으로 조성되었으나 벽면을 형성하는 면석의 종류에 따라 크게 세 가지 형식으로 구분 할 수 있다.

구획식축대 1형식[152]은 자하문 아래의 홍예교 주변(도 376) 및 범영루 난간 아래(도 377) 등에서 볼 수 있다. 지면이나 석축 위에 지대석을 놓고, 그 위에 판석조의 면석과 우주나 탱주로 볼 수 있는 기둥을 세운 다음 상부에 수평재 1매를 올려놓았다. 수평재가 놓인 꼭지점에는 이들이 밖으로 밀려나지 않도록 유악식 돌못형 당김석을 설치해 놓았다. 범영루 아래의 가구식 축대가 1단인 것에 비해 자하문 아래의 홍예교 주변은 3단으로 조성해 놓았다.

◆ 경주 불국사의 구획식축대

 ◈ 경주 불국사의 구획식축대 1형식

  ◉ 경주 불국사 자하문 아래 홍예교 주변의 구획식축대(가구식축대) 1형식

도 376. 경주 불국사 자하문 아래 홍예교 주변의 구획식축대(가구식축대) 1형식. 면석은 판석이고, 유악식 돌못형 당김석이 설치되어 있다.

---

152) 이는 불국사 가구식석축(보물 제1745호)으로 알려져 있으나 석축의 기능적 측면으로 볼 때 축대로 파악할 수 있다.

◉ 경주 불국사 범영루 난간 아래의 구획식축대(가구식축대) 1형식

도 377. 경주 불국사 범영루 난간 아래의 구획식축대(가구식축대) 1형식. 면석은 치석된 판석이고, 유악식 돌못형 당김석이 설치되어 있다.

구획식축대 2형식은 1형식과 달리 벽면을 판석이 아닌 할석으로 조성하였다. 극락전의 남회랑(도 378~379)과 서회랑(도 380) 아래의 축대에서 주로 볼 수 있다. 가구식이 상하 2층으로 조성되어 있고, 수평재가 겹치는 꼭지점에 유악식의 첨차형 당김석이 설치되어 있다. 벽면의 할석은 허튼층쌓기로 축석되어 있다.

◈ 경주 불국사의 구획식축대(가구식축대) 2형식

◉ 경주 불국사 극락전 남회랑 아래의 구획식축대(가구식축대) 2형식

도 378. 경주 불국사 극락전 남회랑 아래의 구획식축대(가구식축대) 2형식. 수평재 사이
에 돌출된 석재가 유악식 첨차형 당김석이다.

도 379. 경주 불국사 극락전 남회랑 아래의 유악식 첨차형 당김석 세부

◉ 경주 불국사 극락전 서회랑 아래의 구획식축대(가구식축대) 2형식

도 380. 경주 불국사 극락전 서회랑 아래의 구획식축대(가구식축대) 2형식. 수평재가 겹치는 곳에 유
악식 돌못형 당김석이 설치되어 있다.

　　구획식축대 3형식은 단층으로 대웅전의 서회랑 축대(도 381)에서 볼 수 있다. 지대석 위에
일정한 간격으로 돌기둥(우주 및 탱주)을 세우고 상부에 갑석에 해당되는 판석을 올려 놓아 축
대를 완성하였다 돌기둥은 치석된 장대석을 사용하였고, 상하 2단으로 이루어져 있다. 상하
의 기둥 사이에는 유악식 돌못형 당김석이 설치되어 있고, 벽면은 할석을 축석해 놓았다.

◈ 경주 불국사의 구획식축대(가구식축대) 3형식

⦿ 경주 불국사 대웅전 서회랑 아래의 구획식축대(가구식축대) 3형식

도 381. 경주 불국사 대웅전 서회랑 아래의 구획식축대(가구식축대) 3형식. 단층의 가구
식으로 내부에 할석이 채워져 있다. 기둥 상부에서 유악식 돌못형 당김석을 볼 수 있다.

한편, 불국사 가구식축대에서는 두 가지 형식의 당김석을 볼 수 있다. A형식(유악식 돌못형 당김석)은 경주 남산신성 축대의 돌못과 같이 측면 안쪽에 턱이 있고 앞면이 평평한 것이다(도 382~383). B형식(유악식 첨차형 당김석)은 첫 번째의 방식과 결구기법은 비슷하나 당김석의 형태를 첨차와 같이 치석해 놓은 것이다(도 384).[153] 기능성뿐만 아니라 장식성을 강조한 것으로 보인다.

불국사가 751년 무렵 김대성에 의해 창건되었음을 볼 때 구획(가구)식축대도 이와 동 시기에 축조되었을 것으로 판단된다. 다만, 축대가 성토와 관련된 토목공사 과정에서 축조되기 때문에 불국사의 건축물보다는 시간적으로 먼저 조영되었을 가능성이 높다.

---

153) A형식에 비해 장식적인 미를 엿볼 수 있다.

◆ 경주 불국사의 당김석

　◈ 경주 불국사의 당김석 A형식(유악식 돌못형 당김석)

　　◉ 경주 불국사 극락전 서회랑 축대의 유악식 돌못형 당김석

도 382. 경주 불국사 극락전 서회랑 축대의 유악식 돌못형 당김석 세부

　　◉ 경주 불국사 자하문 아래 홍예교 주변의 유악식 돌못형 당김석

도 383. 경주 불국사 자하문
아래 홍예교 주변의
유악식 돌못형 당김
석 세부

◈ 경주 불국사의 당김석 B형식(유악식 첨차형 당김석)

도 384. 경주 불국사 극락전 남회랑 아래의 당김석 B형식(유악식 첨차형 당김석). 당김석
에 장식성을 가미하였다.

(2) 경주 원원사지

원원사지 동서 삼층석탑 아래의 현 원원사 축대에서 가구식의 구획식축대를 볼 수 있다.
경주 불국사의 구획식축대 3형식과 유사한 기법을 보이고 있다. 지대석은 지면 아래에 조성
되어 있어 살필 수 없다. 축대는 일정한 간격으로 돌기둥(우주 및 탱주)이 배치되어 있고, 상하
2단으로 축조되어 있다(도 385~386). 상하의 돌기둥 사이에는 장대석형 당김석이 실치되어
있으나 밀림을 방지하기 위한 턱은 살필 수 없다.[154]

---

154) 돌못의 턱이 처음부터 없었던 것인지, 아니면 후대의 보수 과정에서 돌못 자체가 교체된 것인지
현재 관점에선 확인할 수 없다. 만약 원래의 형태로 복원하였다면 턱이 없다는 점에서 무악식으
로 분류할 수 있다.

◆ 경주 원원사지의 구획식축대(가구식축대)

도 385. 경주 원원사지의 구획식축대(가구식축대). 돌기둥 사이의 돌출된 석재가 턱이 없는
무악식의 장대석형 당김석이다.

◆ 경주 원원사지 구획식축대(가구식축대)의 무악식 장대석형 당김석

도 386. 경주 원원사지 구획식축
대(가구식축대)의 무악식
장대석형 당김석. 불국사
당김석과 달리 정교하게 치
석되지 않았다.

원원사지의 동서 삼층석탑이 8세기로 추정되고 있어 축대 역시도 이와 동일한 시기에 축조된 것으로 판단된다. 다만 축조기법 측면에서 불국사 가구식축대에 비해 퇴보한 형식이기 때문에 8세기 중엽 이후에 조성되었을 가능성이 높다.

7. 호안석축

축대와 비교해 돌을 쌓은 행위는 동일하나 물과 관련되어 있다는 점에서 별도로 구분하였다. 본고에서는 돌못형 당김석이나 지지석, 은장 등이 일부 검출된 경주 발천 및 월지(안압지)를 중심으로 살펴보고자 한다.

1) 경주 발천

발굴조사 결과 삼국시기 이후의 석축수로 1기, 고려~조선시기의 보와 도로 1기, 통일신라시기의 석교지 등 교량시설 2기, 남북도로 1기, 문지 1기, 건물지 5동, 연못 1기, 추정 목교지 1기 등이 확인되었다.[155] 여기에서는 돌못형 당김석이 검출된 호안석축을 중심으로 살펴보고자 한다.

호안석축은 길이 16m, 높이 5단 정도 남아 있다. 최상단에는 등간격으로 유악식의 돌못형 당김석(도 387)[156]이 배치되어 있다. 그런데 이들 당김석은 경주 감은사지 및 전 황복사지, 월정교, 남산신성 등의 사례들과 달리 면석에 홈을 파고 그 내부에 당김석을 설치해 놓았다. 당김석의 경부를 그랭이질(굴착)하는 것과 비교해 초보적인 결구기법임을 살필 수 있다.[157] 당김석의 신부 주변으로는 적심석의 역할을 하는 할석이 깔려 있다.

---

155) 발굴조사 내용은 이민형, 2021, 「경주 동부사적지대 발천 유적 조사성과」『발천 신라왕경의 옛물길』 참조.

156) 이민형, 2021, 「경주 동부사적지대 발천 유적 조사성과」『발천 신라왕경의 옛물길』, 66쪽 그림 11.

157) 그런 점에서 발천유적의 돌못형 당김석이 가장 선축(先築)된 사례일 가능성이 높다.

■ 경주 발천의 호안석축과 유악식 돌못형 당김석

도 387. 경주 발천의 석교지와 교대. □ 내부에 유악식 돌못형 당김석이 설치되어 있다.

2) 경주 월지

월지(月池, 도 388~389)[158]는 『삼국사기』 문무왕 14년 2월조의 기사로 보아 674년 무렵에 조성되었고, 679년에는 동궁이 축조되었다. 월지의 다른 이름인 안압지(雁鴨池)는 조선시기의 문헌인 『신증동국여지승람』, 『동사강목』, 『동경잡기』 등에 기술되어 있다.

---

158) 이하 도면 文化公報部 文化財管理局, 1978, 『雁鴨池 發掘調査報告書(圖版編)』, 도면 2 및 도면 77, 도면 105 중.

■ 경주 월지

도 388. 경주 월지(안압지) 및 주변 건물

월지의 발굴조사는 1975년 3월 24일부터 1976년 3월 25일까지 만 1년간 실시되었고, 월지 주변의 건물지 조사는 1976년 5월 10일부터 12월 30일까지 진행되었다. 월지는 호안석축을 비롯해 섬(大島, 中島, 小島), 입수구, 출수구 등으로 구성되었다. 여기에서는 호안석축을 중심으로 석축공법을 살펴보고자 한다.[159]

호안석축은 각 지점에 따라 약간씩의 차이를 보이고 있다. 예컨대 서안석축의 경우 월지 남서우각기점(南西隅角基點)에서 제1건물지 사이의 석축은 자연석으로 1단을 쌓고, 2·3단은 약간 거친 장대석, 4단부터 남아 있는 8단까지는 정다듬의 장대석을 사용하였다. 장대석의 크기는 길이 60~150cm, 높이 30cm이다. 이에 반해 제1건물지와 제2건물지 사이의 석축은 월지 바닥면에서 120cm까지는 자연석, 2단부터 남아 있는 7단까지는 가공된 장대석을 바른층쌓기로 축조하였다. 그리고 북안석축의 경우는 자연석이 없이 간단한 가공을 한 석재를 12~13단으로 쌓아올렸다. 석재는 길이 20~50cm, 높이 15~20cm로 서안석축에 비해 크기

159) 유구 내용은 아래의 보고서를 참조.
　　文化公報部 文化財管理局, 1978, 『雁鴨池 發掘調査報告書』.

가 작은 블록석을 사용하여 차이를 보이고 있다. 장대석 위로는 자연석이 놓인 경우도 살필 수 있다. 이처럼 각각의 지점에서 호안석축이 차이가 나는 것은 아마도 월지의 보수에 따른 결과가 아닌가 생각된다.

◆ 경주 월지의 평면도

도 389. 경주 월지의 평면도

호안석축은 지반을 굴토한 후 적심석 없이 점토질의 황토로 뒤채움 하였다. 이처럼 점성이 강한 황토를 적심으로 사용하는 것은 물이 외부로 빠져나가는 것을 막기 위한 것이다. 그리고 호안석축의 기저부에는 직경 40~60cm 정도 크기의 지지석(도 390~391)을 1~1.5m 간격으로 배치하여 유수에 의한 석축의 붕괴를 방지하고 있다. 아울러 서안석축 J14구에 놓인 장대석에서는 머리가 원형인 철제 은장(도 392)[160]을 설치하여 장대석이 원위치에서 이탈되는 것을 막아주고 있다.

◈ 경주 월지의 호안석축과 지지석

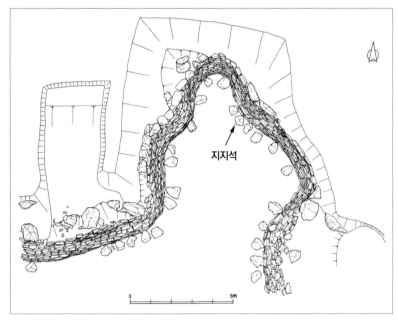

도 390. 경주 월지 Q17, R17구 평면도

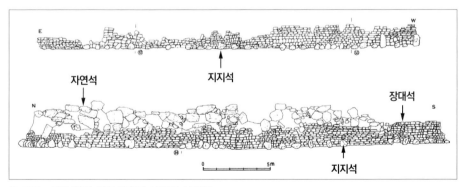

도 391. 경주 월지 서안석축에 사용된 석재들

160) 文化公報部 文化財管理局, 1978, 『雁鴨池 發掘調査報告書(圖版編)』, 도판 38-61.

◈ 경주 월지의 장대석과 도투마리은장홈

도 392. 경주 월지 서안석축 J14구 장대석의 도투마리은장홈(□ 내부)

8. 기타 건축물

1) 공주 갑사 철당간

철당간(도 393)은 원금당지가 있는 대적전 아래(남쪽)에 위치하고 있고, 보물 제256호로 지정되어 있다. 두 매로 결구된 기단석(도 394) 위에는 철 당간과 이를 지탱하기 위한 지주가 세워져 있다. 기단석을 결구하기 위해 장방형의 도투마리은장을 사용하였으나 현재는 그 홈만 남아 있다(도 395~397). 유적의 조성 시기는 대략 9세기대로 추정되고 있다.

■ 공주 갑사의 철당간

도 393. 공주 갑사 철당간

◆ 공주 갑사 철당간의 기단석

도 394. 공주 갑사 철당간의 기단석. 정면에 3구의 안상이 조각되어 있다.

◆ 공주 갑사 철당간 기단석의 도투마리은장홈

도 395. 공주 갑사 철당간 기단석 윗면의 도투마리은장홈

◆ 공주 갑사 철당간 기단석의 도투마리은장홈 세부

도 396. 공주 갑사 철당간 기단석 남쪽면의 도투마
리은장홈

도 397. 공주 갑사 철당간 기단석 북쪽면의 도투마
리은장홈

Ⅲ. 통일신라시기 건축유적의 치석과 결구기법

통일신라시기의 사찰이나 무덤, 교량, 축대 등에는 다양한 치석과 결구기법이 내포되어 있다. 예컨대 축대만 하더라도 작업의 효율성을 위해 구획식 석축을 하거나 돌못 형태의 당김석을 사용한다. 그리고 건물의 기단이나 왕릉 호석의 기단에는 호형, 각형 등의 화려한 몰딩과 지대석, 면석, 갑석, 탱주 등의 공학적인 결구기법이 내재되어 있다. 이 외에도 석탑이나 목탑, 월정교, 춘양교 등에서 확인되는 다양한 형태의 꺾쇠와 도투마리은장홈은 통일신라시기의 석축 결구가 삼국시기에 비해 더 한층 발전되었음을 보여준다. 따라서 여기에서는 전술한 내용을 바탕으로 세부 사례와 특징 등을 살펴보고자 한다. 아울러 통일신라시기의 결구기법이 고려시기에 전승된 사례에 대해서도 알아보도록 하겠다.

1. 구획식 석축

돌을 쌓는 석축 행위는 건물의 기단이나 벽체, 축대, 교대(교량에 딸린 축대), 석성 등에서 주로 볼 수 있다. 여기서 기단은 건물에 사용되기 때문에 그 높이가 축대나 교대에 비해 높지 않다. 그리고 교대의 경우 교량과 관련된 축대라는 점에서 입지상의 차이만 발견될 뿐 여느 축대와 축조공법면에서 큰 차이가 없다. 벽체는 석벽건물에서 보이는 것으로 다른 건축유적과 달리 건물의 내벽에서 구획식 석축이 이루어지고 있다.

축대는 건축유적(건물지)과 함께 흔히 볼 수 있는 유구이다. 즉, 대지를 조성하거나 절개면의 붕괴를 방지하기 위해 축대를 조성하게 된다. 이럴 경우 어느 한 지점에서 시작하여 목표지점까지 돌을 쌓는 일체식 석축이 대부분을 차지하고 있다. 하지만 공주 공산성 성안마을유적[161]이나 대전 월평동유적의 축대[162] 등을 보면 등간격으로 목주(木柱)를 설치하고 그 사이에 돌을 쌓는 구획식 석축을 채택하고 있다.

---

161) 공주 공산성 성안마을에서는 굴립주 건물지를 포함한 다양한 형식의 건축유적이 확인되었다. 여기서 조사된 구획식축대는 대지조성뿐만 아니라 건축물의 기단으로도 볼 수 있어 대전 월평동유적의 축대와는 기능면에서 차이가 있다.

162) 국립공주박물관 외, 1999, 『大田 月坪洞遺蹟』, 40쪽 도면 9. 보고서에는 성벽으로 기술되어 있으나 이는 동의하기 어렵다. 이에 대해선 다음의 논고에서 다루고자 한다.

■ 일체식축대의 사례

◆ 공주 공산성의 일체식축대(도 398)

도 398. 백제시기 공주 공산성 성안마을 유적의 일체식축대

◆ 부여 화지산유적의 일체식축대(도 399)

도 399. 백제 사비기 부여 화지산유적의 일체식축대

◆ 익산 왕궁리유적의 일체식축대(도 400)

도 400. 백제 사비기 익산 왕궁리유적의 일체식축대

◆ 경주 창림사지의 일체식축대(도 401)

도 401. 통일신라시기 경주 창림사지의 일체식축대

◆ 합천 영암사지의 일체식축대(도 402)

도 402. 통일신라시기 합천 영암사지의 일체식축대

■ 구획식축대의 사례

◆ 공주 공산성의 구획식축대(도 403~406)

도 403. 백제시기 공주 공산성 성안마을 유적의 구획식축대. □는 목주(木柱)가 세워진 자리이다.

도 404. 백제시기 공주 공산성 성안마을 유적 구획식축대의 목주

도 405. 백제시기 공주 공산성 성안마을 유적 구획식축대의 목주 홈 1

도 406. 백제시기 공주 공산성 성안마을 유 적 구획식축대의 목주 홈 2

◆ 대전 월평동유적의 구획식축대(도 407)

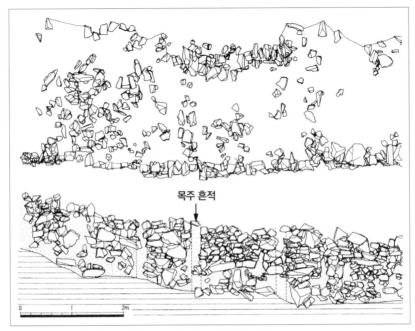

도 407. 백제시기 대전 월평동유적 구획식축대의 목주 흔적

　　또한 축대는 아니지만 고구려의 대성산성 소문봉 구간(도 408)[163] 및 용마산 제2보루의
방어시설(도 409),[164] 아차산 제3보루의 석축시설,[165] 홍련봉 제2보루 제2건물지의 벽체(도
410)[166] 등에서도 구획식 석축이 확인된다. 아울러 황남대총 남분과 북분(도 411),[167] 창령 교

---

163) 文化財管理局 文化財研究所, 1991, 『北韓文化遺蹟發掘槪報』, 21쪽 그림 1.

164) 서울大學校博物館·서울特別市, 2009, 『龍馬山 第2堡壘 -發掘調査報告書-』, 55쪽 삽도 6.

165) 高麗大學校考古環境研究所·구리시, 2007, 『峨嵯山 第3堡壘 -1次 發掘調査報告書-』, 39쪽 도면
　　22.

166) 高麗大學校考古環境研究所·서울特別市, 2007, 『紅蓮峰 第2堡壘 -1次 發掘調査報告書-』, 29쪽
　　도면 14.
　　석벽건물의 안쪽 벽에 목주를 세우고 그 사이에 돌을 쌓아 벽체를 조성하였다. 유구의 성격만 다
　　를 뿐 구획식축대의 석축 공법과 거의 동일하다.

167) 국립중앙박물관, 2010, 『황금의 나라 신라의 왕릉 황남대총』, 48쪽 및 49쪽.
　　황남대총의 남분과 북분에는 강돌로 쌓은 돌무지가 무너지지 않도록 나무틀(木製架構)을 조성하

통일신라 건축유적의 치석과 결구

동 제3호분(횡구식석실묘)의 내부 장벽(도 412)[168]에서도 구획식 석축이 나타나고 있어 삼국시기의 다양한 유적에 목주를 사용한 석축 행위가 이루어졌음을 파악할 수 있다.

■ 고구려유적의 구획식 석축
　◆ 평양 대성산성 소문봉 구간의 구획식 석축

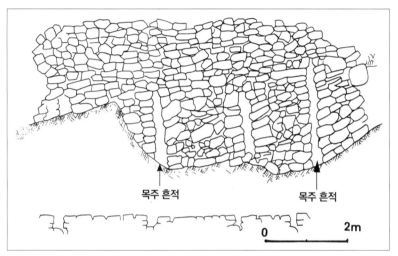

목주 흔적　　　　　목주 흔적

0　　　　　2m

도 408. 고구려시기 평양 대성산성 소문봉 구간의 성벽 외면 목주 흔적

였다. 이는 매장주체부 주변에 설치되었으며, 이러한 목주를 이용한 구획식 석축은 일체식에 비해 짧은 시간 많은 사람들이 작업할 수 있는 공간을 마련해 주었을 것으로 생각된다.

168) 東亞大學校博物館, 1992, 『昌寧校洞古墳群』, 135쪽 圖面 58.
　무덤 내부의 석실은 길이 720cm, 폭 130cm, 깊이 220cm로 대형에 속한다. 장벽 및 바닥에 설치된 목주 및 나무 부재를 목곽으로 보았는데 목주와 목주 사이가 석벽(石壁)이라는 점에서 목곽으로의 해석은 적합지 않다고 생각된다. 왜냐하면 목곽을 지탱하는 기둥만 있을 뿐 이를 구성하는 나무 벽체가 없기 때문이다. 사실 우리가 흔히 목곽으로 칭하는 구조와도 확연한 차이가 있음을 볼 수 있다.
　석실은 깊이가 220cm 이상인 반면 벽체를 형성하는 석재는 대소의 할석과 쐐기돌뿐이다. 이러한 석재를 이용하여 220cm 이상 수직에 가깝게 석축하는 것은 붕괴의 위험을 초래할 수밖에 없다. 따라서 장벽에서 확인되는 목주는 석실 벽체의 붕괴 위험을 최소화하기 위한 안전장치로 파악되고, 바닥면에 설치된 나무 부재는 장벽의 목주가 안쪽으로 쏠리지 않도록 잡아주는 역할을 하였던 것으로 판단된다. 그런 점에서 나무 기둥과 부재는 석실의 석벽을 안정화시키는 목조 가구로 이해하는 것이 타당하다고 생각된다. 이럴경우 나무 기둥의 양쪽 측면 안쪽을 턱이 지게 치목(治木)하고, 그곳에 석재를 결구한다면 벽면의 축조는 좀 더 양호하였을 것으로 판단된다.

◆ 서울 용마산 제2보루 방어시설의 구획식 석축

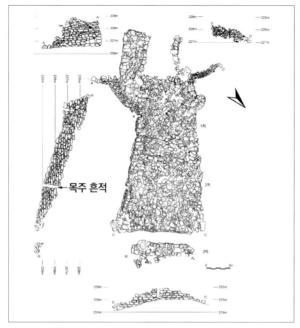

도 409. 고구려시기 서울 용마산 제2보루 방어시설의 목주 흔적

◆ 서울 홍련봉 제2보루 제2건물지 벽체의 구획식 석축

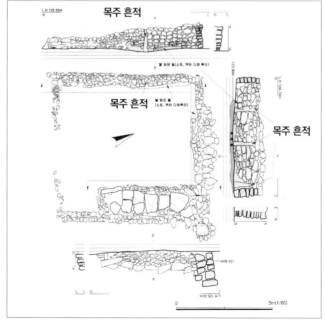

도 410. 고구려시기 서울 홍련봉 제2보루 제2건물지 내벽의 목주 흔적

■ 신라 및 가야유적의 구획식 석축

◆ 경주 황남대총 북분의 구획식 석축

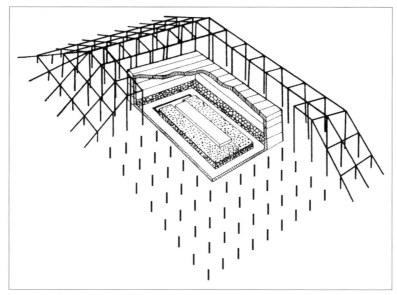

도 411. 신라시기 경주 황남대총 북분의 목곽 주변 목조가구(木造架構) 복원도

◆ 창령 교동 제3호분(횡구식석실묘) 내부 장벽의 구획식 석축

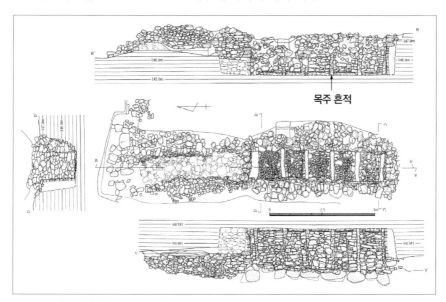

목주 흔적

도 412. 가야시기 창령 교동 제3호분(5세기 대) 내벽의 목주 흔적

구획식 석축공법은 통일신라시기에 이르면 경주 원원사지 및 불국사 축대, 부여 부소산성 치, 광양 마로산성 건물지 등에도 나타나고 있다. 삼국시기와 마찬가지로 건물유적과 성곽에서 주로 확인되고 있다. 그런데 이들 유구와 전 시기의 유구를 비교해 볼 때 가장 큰 차이점이 하나 발견되는데 그것은 바로 통일신라시기 축대의 구획 재료가 나무(木柱)보다는 돌(石柱)이 주류를 이루고 있다는 사실이다. 이는 내구성과 후대의 보수적 측면을 고려할 때 나무보다 돌이 좀 더 효율적이라는 점에서 내재적 발전으로 이해할 수 있다.

경주 원원사지 축대(도 413~414)의 경우 석주(구획석)가 상하 2매로 되어 있고, 두 석재가 맞닿는 부분에는 이와 직교하게 당김석 한 매가 결구되어 있다. 석주 위로 횡방향의 장대석이 놓여 있는 것으로 보아 가구식으로 축조되었음을 알 수 있다.[169] 석주와 석주 사이에는 할석이 난층(허튼층)으로 축석되어 있고, 당김석은 돌못형보다 장대석형에 가깝다. 크기가 서로 다른 석재를 이용하여 석축하였으며, 돌과 돌 사이는 쐐기돌을 놓아 빈 공간을 채워놓았다. 쌓는 지점에 따라 평적식과 사적식이 혼용되어 있고, 석재 윗면의 가로 방향으로는 치석[170]된 장대석 한 매를 놓아 대지조성토에 의해 할석들이 밖으로 밀려나는 것을 막아주고 있다.

■ 경주 원원사지 구획식(가구식)축대

도 413. 통일신라시기 경주 원원사지의 구획식(가구식)축대

---

169) 축대 전면으로 흙이 덮여 있어 지대석은 확인하지 못하였다. 하지만 지대석이 없을 경우 내부의 적심석(토)에 의해 석주가 밀려날 수 있으므로 이를 방지하기 위한 지대석의 존재는 필수적이라 생각된다. 그런 점에서 원원사지의 축대는 가구식으로 파악해 봄이 합리적이라 판단된다.

170) 가구식기단처럼 정교하게 치석된 것은 아니다. 그러나 석재 표면에서 정 자국이 확연하게 살펴지는 것으로 보아 거친 정다듬이 이루어졌음을 알 수 있다.

도 414. 통일신라시기 경주 원원사지의 구획식(가구식)축대 세부

경주 불국사 축대(도 415~417)는 대웅전 및 극락전의 남·서회랑 아래에서 살필 수 있다. 본고에서는 축대의 조형성이 가장 화려한 남회랑 축대를 중심으로 살펴보고자 한다. 불국사의 축대는 앞에서 살핀 원원사지 축대와 같이 석주(돌기둥)로 먼저 구획을 하고 그 사이에 할석을 채워 가구식으로 조성하였다. 후대에 보수된 것이지만 쐐기돌을 사용하지 않을 정도로 정교하게 석축해 놓았다. 그리고 석주의 경우도 잔다듬 되어 원원사지의 그것과는 큰 차이를 보이고 있다. 극락전 남회랑 아래의 축대는 상하 2단으로 구획되어 있으며 앞에서 볼 때 돌기둥과 수평재로 인해 정자 형태를 나타내고 있다. 당김석은 선단부를 곡면으로 치석하여 마치 목조건축물의 첨차를 연상시킨다.

■ 경주 불국사의 구획식(가구식)축대

도 415. 통일신라시기 경주 불국사의 구획식(가구식)축대 1

도 416. 통일신라시기 경주 불국사의
구획식(가구식)축대 1 세부.
경사면에 조성되어 있다.

도 417. 통일신라시기 경주 불국사의 구획식(가구식)축대 2

 불국사의 축대는 마치 목조가구를 연상시킨다. 석주와 당김석 그리고 갑석 등은 목조건축
물의 축소판으로 보아도 큰 무리가 없을 정도이다. 특히 극락전 서회랑 아래에서 확인되는
축대는 마치 돌을 나무처럼 가공하여 석조건축물의 기능성과 장식미를 한껏 드러내고 있다.
여기서 구획식축대에 사용된 장대석은 기둥으로 파악되고, 그 위의 장방형 석재는 주두, 그
리고 가로 방향으로 경사지게 설치된 갑석은 평방으로 추정되고 있다.

 축대 외에 통일신라시기의 구획식 석축은 석벽건물인 광양 마로산성 II-3건물지의 내벽
과 부소산성의 치 외벽(도 418)[171] 등에서도 확인되고 있다. 특히 석벽건물 내벽의 목주는 홍
련봉 제2보루 제2건물지의 내벽에서도 조사된 바 있어 그 계통이 삼국시기의 고구려에 있었
음을 짐작케 한다.[172] 아울러 목주를 사용한 석성 외벽에서의 구획식 석축 또한 고구려의 평
양 대성산성에서 확인되고 있어 고구려의 석축공법이 삼국통일 이후 신라 사회에 유입되었
음을 판단해 볼 수 있다.

---

171) 國立扶餘文化財研究所, 1997, 『扶蘇山城 發掘調査 中間報告』 II, 도면 9.
172) 석벽건물은 백제시기 유구에서도 일부 찾아볼 수 있으나 고구려에 비하면 그 수가 많지 않다. 이
　　는 한성기 및 웅진기의 건축 형태가 석벽건물보다는 나무 기둥을 사용한 토벽건물이 주를 이루
　　었기 때문이다. 아울러 사비기의 경우도 부여 능산리사지에서 석벽건물이 확인되고 있으나 목주
　　를 사용하지 않고 일체식으로 조성하였다는 점에서 구획식과 분명한 차이가 있다.

■ 부여 부소산성 치 외벽의 구획식 석축

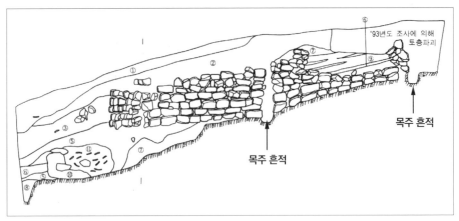

도 418. 통일신라시기 부여 부소산성 치 외벽의 구획식 석축

구획식 석축은 일체식 석축에 비해 동시에 작업을 진행할 수 있다는 장점이 있는 반면, 중간에 목주나 석주가 설치되어 돌의 물림이 중간에 끊어지는 단점이 있다. 이는 처음부터 끝까지 돌을 물려쌓는 일체식 석축에 비해 벽체의 안전성이 약화될 수 있다는 고민에 빠질 수도 있다. 이런 측면에서 동일 조건, 같은 지형에 조성된 구획식 석벽과 일체식 석벽의 비교는 반드시 선행되어야 할 작업이라 생각된다. 이를 위해 광양 마로산성 내 II-2건물지와 II-3건물지를 상호 비교해 보고자 한다. 전자는 일체식 석벽건물이고, 후자는 구획식 석벽건물로서 전자가 구릉선상의 북쪽에 조성되어 있다.

II-2건물지(도 419)[173]는 동서 길이 770cm, 남북 너비 500cm로 동서를 장축으로 한 남향의 기와 건물이다. 벽면은 할석을 이용하여 평적식으로 축조하였고, 사용된 석재의 크기는 대략 32~68×20~40cm 정도이다. 바닥에는 작은 할석이 깔려 있고, 개석이 양호하게 남아 있는 암거시설이 조사되었다. 동서남북 네 벽면 중 북벽이 가장 양호한데 4단만 남아 있으며 최대 높이는 94cm이다.

173) 光陽市·順天大學校博物館, 2005, 『光陽 馬老山城』 I , 135쪽 도면 52.

■ 광양 마로산성 내 건물지의 일체식 석축(석벽)과 구획식 석축(석벽)의 비교

◆ 광양 마로산성 내 II-2건물지의 일체식 석축(석벽)

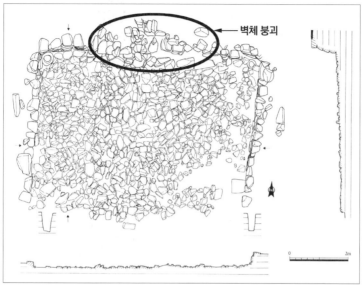

도 419. 일체식 석축(석벽)으로 조성된 통일신라시기 광양 마로산성 내 II-2건물지의 잔존 상태

◆ 광양 마로산성 내 II-3건물지의 구획식 석축(석벽)

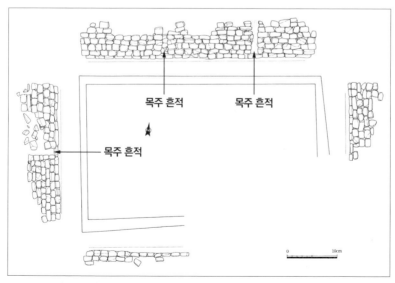

도 420. 구획식 석축(석벽)으로 조성된 통일신라시기 광양 마로산성 내 II-3건물지의 잔존 상태

Ⅱ-3건물지(도 420)[174]는 동서 길이 930cm, 남북 너비 540cm로 동서를 장축으로 한 남향의 기와 건물이다. Ⅱ-2건물지에 비해 가장 아랫단에 지대석을 1매 놓고, 그 위에 다듬어진 석재를 이용하여 벽체를 쌓아 올렸다. 벽체 사이에는 목주를 세운 흔적이 보이고, 목주와 목주 사이의 간격은 350cm이다. 벽면의 잔존 상태가 양호한 북벽의 경우 8단 높이로 140cm 정도 남아 있다.

Ⅱ-2건물지와 Ⅱ-3건물지는 같은 구릉선상에 석벽건물로 조성되었다. 물론 후자의 경우 벽체 가장 아랫단에 지대석 1매를 놓고, 다듬은 석재를 이용하여 벽체를 쌓아 올렸다는 점에서 지대석이 없이 할석을 사용하여 벽체를 축조한 전자와 세부적 차이가 있다. 하지만 대부분의 석벽건물인 경우 지대석이 없이 협축의 벽체를 쌓아 올린다는 점에서 지대석의 유무가 건물의 구조나 안전성에 결정적인 요소로는 작용하지 않는다고 생각된다.

일체식 석축으로 조성된 Ⅱ-2건물지의 경우 북벽이 4단 정도 남아 있다. 동벽은 2단, 서벽은 1단 정도 남아 있으며, 남벽은 완전 멸실되어 살필 수 없다. 그리고 부분적으로 가장 높이 남아 있는 북벽의 경우도 대부분 붕괴되어 무너진 상태로 조사되었다. 이에 반해 구획식 석축으로 조성된 Ⅱ-3건물지는 벽체의 잔존 상태가 가장 양호한 북벽이 8단, 동벽과 서벽이 7단, 남벽이 3단 남아 있다. 북벽의 경우도 인위적으로 삭평된 부분을 제외하면 무너진 부분을 거의 찾아볼 수 없다.

이상의 두 건물지를 비교해 보면 남아 있는 벽체의 상태가 구획식 석축으로 조성된 것이 일체식 석축으로 축조된 것보다 확실히 양호함을 살필 수 있다. 물론 앞에서 언급하였듯이 Ⅱ-3건물지에 사용된 석재가 Ⅱ-2건물지에 비해 좀 더 치석된 것은 사실이다. 그러나 대부분의 잔존 양상으로 볼 때 Ⅱ-2건물지가 Ⅱ-3건물지에 비해 부실하다는 점은 부인하기 어려울 듯 싶다. 따라서 구획식 석축이 일체식 석축에 비해 안전성이 떨어질 것 같다는 생각은 하나의 기우로 받아들일 수 있지 않을까 판단된다.

한편, 통일신라기에 조성된 구획식 석축은 고려시기 왕성인 고려궁성의 1호 축대에서도 확인되고 있다(도 421).[175] 일정한 간격으로 석주(돌 기둥)를 세우고 그 사이는 할석을 이용하여 난층(허튼층)으로 쌓아올렸다. 축대는 경주 원원사지나 불국사와 같이 당김석이 없고, 석주는 상하 두 매가 아닌 한 매로만 이루어져 있다. 그리고 석주의 윗면에서도 갑석과 같은 장대석이 확인되지 않아 통일신라기에 비해 간략화된 형태를 보여주고 있다.

---

174) 光陽市·順天大學校博物館, 2005, 『光陽 馬老山城』Ⅰ, 145쪽 도면 58.
175) 국립문화재연구소, 2009, 『개성 고려궁성』, 19쪽 사진 008.

■ 개성 고려궁성 축대의 구획식 석축

도 421. 고려시기 개성 고려궁성 1호의 구획식 석축(축대)

2. 건축유적에 조성된 가구식기단

가구식기단은 치석된 지대석, 면석, 갑석 등으로 조합된 기단 형식으로 삼국시기 이후 사찰유적에서 주로 볼 수 있다. 특히 백제사지에서 여러 사례를 확인할 수 있다.[176] 즉 567년경에 조성된 부여 능산리사지의 금당지와 목탑지(이상 이중기단), 577년경의 부여 왕흥사지 강당지(단층기단), 6세기 말 무렵의 부여 금강사지 금당지와 목탑지(이상 이중기단), 그리고 7세기 전반의 익산 미륵사지 금당지와 목탑지(이상 이중기단), 강당지(단층기단) 및 제석사지 금당지와 목탑지(이상 이중기단) 등에서 가구식기단을 살필 수 있다. 특히 이중기단으로 조성된 유적의 경우는 상층에서만 가구식기단을 확인할 수 있다.

---

176) 고구려의 경우도 평양성기의 금당지나 목탑지 등에 가구식기단이 채용되었을 것으로 생각되나 이와 관련된 사진이나 도면 등을 살필 수 없다. 국내성기의 건물지와 환도산성 궁전지에서는 할석기단과 치석된 팔각초석만 확인되었을 뿐 가구식기단은 아직까지 보고된 바 없다.
吉林省文物考古研究所·集安市博物館, 2004, 『丸都山城 -2001~2003年集安丸都山城調査試掘報告-』, 文物出版社.
吉林省文物考古研究所·集安市博物館, 2004, 『國內城 -2000~2003年集安國內城与民主遺址試掘報告-』, 文物出版社.

■ 익산 미륵사지 동원 금당지의 이중기단(도 422)

도 422. 백제 사비기 익산 미륵사지 동원 금당지 이중기단. 상층이 가구식기단
이나 갑석은 유실되었다.

■ 익산 미륵사지 강당지의 단층 가구식기단(도 423)

도 423. 백제 사비기 익산 미륵사지 강당지 단층 가구식기단

　백제시기의 가구식기단은 통일신라시기에 비해 단순한 형태를 보이고 있다. 예컨대 지대석과 갑석에는 각형이나 호형의 몰딩이 없고, 면석에서의 조각도 살필 수 없다. 아울러 면석과 면석 사이의 탱주도 설치되지 않았던 것으로 보인다.[177] 다만 부여 금강사지 금당지 및 목탑지,[178] 익산 미륵사지 금당지[179]와 목탑지, 강당지 등의 사례로 보아 6세기 후반 이후에는

---

177) 지대석 윗면의 홈이나 턱을 통해 확인할 수 있다.
178) 國立博物館, 1969, 『金剛寺』.

우주180)가 사용되었음을 알 수 있다. 또한 별석의 우주와 면석 등을 위에서 잡아주기 위해 7세기 무렵에는 귀틀석도 등장하였음을 살필 수 있다. 귀틀석은 건물의 네 모서리에 놓인 기단 갑석으로 흔히 'ㄱ'자 형태를 하고 있다. 특히 미륵사지 강당지에서는 석탑의 우동과 같이 중앙부가 살짝 솟아있음을 볼 수 있다.181)

■ 부여 금강사지 목탑지와 금당지의 지대석(隅石)

　◆ 부여 금강사지 목탑지 지대석(隅石, 도 424)

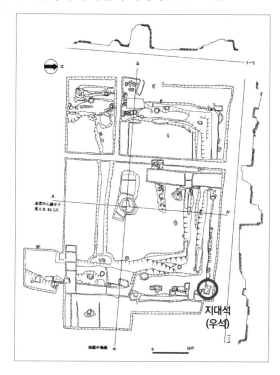

지대석
(우석)

도 424. 백제 사비기 부여
　　　　금강사지 목탑지의
　　　　지대석(隅石)

충청남도, 1996.7, 「9. 백제사원연구」『백제역사재현단지 조성을 위한 조사연구분야도면집』, 도면번호 9-12.
178) 國立扶餘文化財硏究所, 1996,『彌勒寺 遺蹟發掘調査報告書 Ⅱ(圖版編)』, 419쪽 도면 36.
180) 이는 지대석 중 모서리에 있는 우석(隅石)을 통해 알 수 있다.
181) 이러한 우동은 익산 미륵사지서탑 옥개석에서도 볼 수 있다. 아울러 통일신라시기의 여러 건축유적에서 볼 수 있는데 이는 뒤에서 기술하고자 한다.
　　미륵사지서탑이 목조 탑파를 번안하였다는 점에서 옥개석의 우동은 추녀마루를 상징화한 것으로 보인다. 이러한 추녀마루 형식을 보이는 석탑은 통일신라시기의 경주 황용사지 옥개석에서도 확인할 수 있다.

◆ 부여 금강사지 금당지 지대석(隅石, 도 425)과 가구식기단 추정 모식도(도 426)

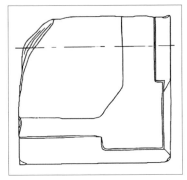

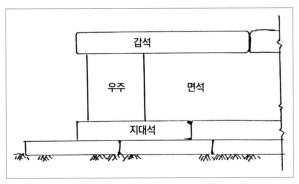

도 425. 백제 사비기 부여 금강사지 금
당지의 지대석(隅石)

도 426. 백제 사비기 부여 금강사지 금당지 가구식기단 추정 모
식도. 지대석(隅石) 위에 우주가 조성되어 있다.

■ 익산 미륵사지 가구식기단의 지대석(隅石)과 우주

◆ 익산 미륵사지 목탑지 가구식기단의 지대석(隅石, 도 427)

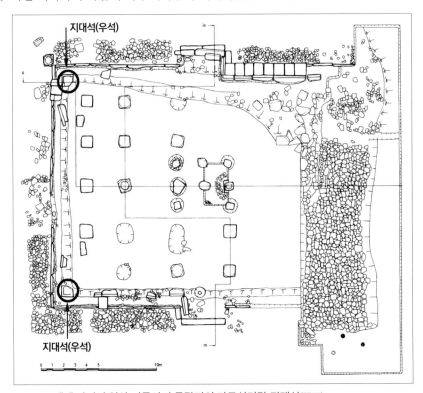

도 427. 백제 사비기 익산 미륵사지 목탑지의 가구식기단 지대석(隅石)

◆ 익산 미륵사지 서원 금당지 북회랑지의 가구식기단 지대석(도 428)과
  강당지 가구식기단의 우주(도 429)

도 428. 백제 사비기 익산 미륵사지 서원 금당지 북
       회랑지의 가구식기단 지대석(隅石)

도 429. 백제 사비기 익산 미륵사지 강당지 가구식
       기단의 우주

■ 익산 미륵사지 강당지 가구식기단의 귀틀석('ㄱ'자 형태의 모서리 갑석, 도 430~431)

도 430. 백제 사비기 익산 미륵사지 강당지 가구식기단의 귀틀석

도 431. 백제 사비기 익산 미륵사지 강당지 가구식기단 귀틀석의 우동(○ 내부)

■ 익산 미륵사지 석탑 옥개석

◆ 익산 미륵사지 서탑 옥개석의 우동(도 432)

도 432. 백제 사비기 익산 미륵사지 서탑 옥개석의 우동

◆ 익산 미륵사지 동탑 옥개석의 우동(도 433)

도 433. 백제 사비기 익산 미륵사지 동탑 옥개석의 우동

백제의 가구식기단은 그 높이가 최소 60cm 이상이어서 이에 오르기 위해선 반드시 계단
이 필요하였다. 백제시기의 가구식기단에 부설된 가구식계단은 부여 능산리사지와 익산 미
륵사지 및 제석사지 등에서 그 형적을 찾아볼 수 있다. 이 중 가장 확실한 형태를 보이는 것
으로는 미륵사지 강당지 계단을 들 수 있는데, 이는 기단과 마찬가지로 지대석과 면석, 갑석
등이 각각의 별석으로 조합되어 있다. 다만 지대석에는 통일신라기 계단에서 흔히 볼 수 있
는 법수 구멍이 없고, 갑석의 경우도 몰딩이나 턱이 없이 단순하게 사선 형태로만 치석되어
있다.

백제와 달리 고신라기의 가구식기단은 584년경에 축조된 경주 황룡사지 중금당(도
434)[182]과 645년 무렵에 조영된 구층목탑(도 435)[183] 등에서 살필 수 있다. 중금당은 이중기

182) 文化財管理局 文化財硏究所, 1984,『皇龍寺 遺蹟發掘調査報告書』I, 54쪽 삽도 6.
183) 文化財管理局 文化財硏究所, 1984,『皇龍寺 遺蹟發掘調査報告書』I, 62쪽 삽도 15.

단으로 상층에만 가구식기단이 조성되었다. 기단은 지대석만 남아 있을 뿐 면석이나 갑석의 경우 후대의 훼손으로 인해 확인할 수 없다. 지대석에 각형이나 호형의 몰딩이 없어 갑석도 같은 형식이었을 것으로 추정된다. 반면에 구층목탑은 단층의 가구식기단으로 이의 외곽에는 상하 2단의 대지기단[184]이 축조되어 있다. 특히 이러한 기단 형식은 이전의 건축유적에서 확인된 바 없는 독특한 것으로 구층목탑의 주요 특성 중 하나로 파악할 수 있다. 다만 현재 남아 있는 구층목탑 지대석의 경우 각형 몰딩의 유무, 그리고 탱주나 우주를 세우기 위한 촉구멍의 유무에 따라 대략 세 가지 형식으로 구분되어 후대의 기단 보수를 판단케 하고 있다.[185]

■ 경주 황룡사지의 가구식기단

◆ 경주 황룡사지 중금당지 이중기단(상층이 가구식기단)

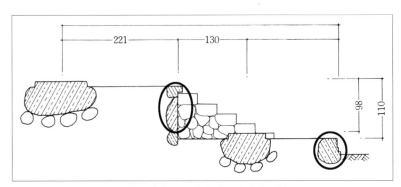

도 434. 고신라시기 경주 황룡사지 중금당지 가구식기단 복원도(○ 내부는 복원된 것)

---

184) 이에 대해 보고서에는 탑의 외곽시설이라는 의미에서 '탑구(塔區)'라 쓰여 있다. 그러나 목탑의 가구식기단보다 층위상 이들 유구가 선축되었다는 점, 그리고 목탑 조성을 위한 별도의 대지를 조성하였다는 측면에서 탑구라는 표현보다는 '대지기단'이라는 용어가 적합할 것으로 판단된다.
文化財管理局 文化財研究所, 1984, 『皇龍寺 遺蹟發掘調査報告書』 Ⅰ, 57쪽.
조원창, 2018, 『건축유적의 발굴과 해석』, 서경문화사, 313~316쪽.

185) 조원창, 2018, 「百濟 泗沘期 木塔 築造技術의 對外傳播」 『先史와 古代』 55권 1호.

◆ 경주 황룡사지 목탑지 단층 가구식기단

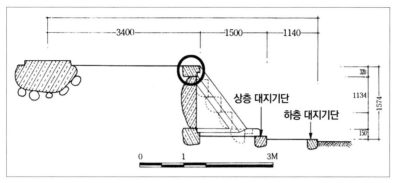

도 435. 고신라시기 경주 황룡사지 목탑지 가구식기단 복원도(○ 내부는 복원된 것)

　삼국시기에 비해 통일신라시기에는 보다 많은 유적에서 가구식기단을 볼 수 있고, 이중 대
다수를 차지하는 것이 바로 불교건축물이다. 즉 경주 사천왕사지 당탑지를 비롯한 감은사지
금당지ㆍ강당지ㆍ회랑지, 창림사지 회랑지,186) 불국사 대웅전ㆍ극락전ㆍ무설전ㆍ비로전ㆍ관
음전, 구례 화엄사 대웅전ㆍ각황전ㆍ원통전, 양산 통도사 대웅전ㆍ극락보전, 대구 동화사 극
락전, 김천 수도암 대적광전, 남원 실상사 금당지, 보령 성주사지 금당지, 공주 서혈사지 금
당지, 여주 고달사지 등 적지 않은 사찰(지) 유적에서 가구식기단을 볼 수 있다. 이들 유적은
대부분 단층으로 조성되어 있으나 사천왕사지 당탑지 및 감은사지 금당지의 경우는 이중기
단의 상층에 가구식기단이 축조되어 있다. 한편 가구식기단은 사찰(지)뿐만 아니라 태자가 거
주하는 동궁에서도 볼 수 있어 당시 지배계층과 밀접한 기단 형식이었음을 파악할 수 있다.
그러나 이중기단이 아닌 단층으로만 조성되어 사지보다는 단출한 형태를 보이고 있다.
　이상에서 살핀 통일신라시기 목조건축물의 가구식기단은 지대석과 면석, 갑석 등으로 조
합되어 있으나 구례 화엄사 원통전과 같이 9세기 후반 이후가 되면 지복석187)이 등장하여
가구식기단의 일대 변화를 일으키고 있다. 그리고 지대석과 갑석의 각형ㆍ호형 몰딩과 턱, 탱

---

186) 금당지도 당연히 가구식기단으로 조성되었을 것으로 생각되나 유구가 멸실되어 현재 그 형적을
　　 살필 수 없다.

187) 가구식기단에서의 지복석은 지대석 아래에 놓이는 1매의 장대석을 말한다. 지대석과 달리 각형
　　 이나 호형의 몰딩이 없고, 층위상 생활면(구지표면)에 노출되어 있다. 기단에 비해 가구식계단에
　　 서 많이 볼 수 있다.

주 및 우주의 벽선, 그리고 면석에서의 조각과 새로운 부재(전돌)의 첨가 등은 삼국시기의 가구식기단과는 확실한 차이를 보여준다. 아울러 기단에 부설되는 가구식계단의 경우도 삼국시기에 비해 다양성을 엿볼 수 있다. 따라서 여기에서는 이들 내용을 중심으로 통일신라시기 가구식기단의 다양성과 조형성 등을 살펴보고자 한다.

1) 지대석과 갑석의 각형 턱

통일신라시기 가구식기단에서 볼 수 있는 턱은 대부분이 각형이고 일부에서 호형을 살필 수 있다. 이러한 각형이나 호형의 턱은 지대석이나 갑석에서 검출되는 것으로 삼국시기의 가구식기단에서는 확인할 수 없는 특징적인 요소이다. 따라서 이는 통일신라시기에 접어들면서 새롭게 등장한 치석기법으로 파악할 수 있다. 그리고 불국사 극락전의 각형 턱(도 436)과 양산 통도사 대웅전(도 437) 및 김천 수도암 대적광전의 각형 턱(도 438)을 서로 비교해 보면 후자의 것이 형식화되었음을 살필 수 있다. 이는 8세기에서 9세기로 넘어가며 나타나는 건축기단 치석기법의 변화로 이해할 수 있다.

■ 가구식기단 각형 턱의 시기적 변화
　◆ 경주 불국사 극락전 : 8세기 중반

도 436. 통일신라시기(8세기 중반) 경주 불국사 극락전 가구식기단의 각형 턱

◆ 양산 통도사 대웅전 : 9세기 후반

도 437. 통일신라시기(9세기 후반) 양산 통도사 대웅전 가구식기단의 각형 턱

◆ 김천 수도암 대적광전 : 9세기 후반

도 438. 통일신라시기(9세기 후반) 김천 수도암 대적광전 가구식기단의 각형 턱

통일신라시기 건축기단에서 각형의 턱이 최초로 등장한 유적은 경주 동궁(1·16호 건물지, 도 439)[188]과 사천왕사 당탑(도 440)[189]이다. 두 유적 모두 679년 무렵에 축조된 것으로 지대석과 갑석에서 1단의 각형 턱을 볼 수 있다. 기단에서 보이는 각형 턱은 한편으로 가구식계단에서도 살필 수 있어 기단과 계단이 같은 치석기법으로 제작되었음을 판단할 수 있다.

■ 가구식기단의 각형 턱
◆ 경주 동궁 1호 건물지와 사천왕사지 당탑지 : 7세기 후반

도 439. 통일신라시기 경주 동궁 1호 건물지 지대석. 가구식계단 지대석과 더불어 상단 외연에 각형의 턱이 있다.

도 440. 통일신라시기 경주 사천왕사지 서탑지 지대석. 상단 외연에 각형의 턱이 있다.

이후 지대석이나 갑석에서의 각형 턱은 경주 감은사지 금당지와 강당지·회랑지, 고선사지 금당지, 망덕사지 목탑지, 보문동사지 금당지, 황룡사지 목탑지[190]와 종루지·경루지, 불국사 대웅전과 극락전·무설전·비로전·관음전, 대구 동화사 극락전 및 부인사지 금당지, 김천 수도암 대적광전, 양산 통도사 대웅전, 합천 영암사지 금당지와 영당지의 주건물지, 구례 화엄사 대웅전과 각황전, 여주 고달사지 불전지(나-1건물지) 등에서도 찾아볼 수 있다.[191]

188) 국립경주문화재연구소, 2014, 『慶州 東宮과 月池 발굴조사보고서』 II, 58쪽 사진 22 상.
189) 국립경주문화재연구소, 2013, 『四天王寺 回廊內廓 발굴조사보고서』 II, 81쪽 사진 53.
190) 文化財管理局 文化財研究所, 1982, 『皇龍寺 遺蹟發掘調査報告書(圖版編)』 I, 도판 32-1 및 도판 34-1.
191) 이에 대해선 다음의 자료를 참조.

그런데 경주 감은사지 금당지의 갑석 윗면(도 441)과 구례 화엄사의 원통전 지대석(도 442),
보령 성주사지 강당지 남면 가구식계단 지대석(도 443) 등을 보면 각형-호형-각형으로 몰딩
이 이루어졌음을 살필 수 있다. 그리고 경주 보문동사지 금당지(도 444) 및 김천 수도암 대적
광전(도 445)의 지대석에도 호형-각형의 몰딩이 장식되어 있다. 특히 수도암 대적광전의 경
우는 앞에서 살핀 여느 가구식기단과 달리 지대석과 면석이 통돌로 조성되어 있고, 갑석에만
각형의 턱이 있어 이질적 특성을 보여주고 있다.

김천 수도암 대적광전과 같이 지대석과 면석이 통돌로 제작되고, 호형-각형 등의 몰딩이
장식된 가구식기단은 11세기 후반의 원주 법천사지 탑비전지(영당지) 북건물지 남면 하층기
단192)(도 446)에서도 확인된다. 이로 보아 통일신라시기의 축조기법과 치석기술이 고려시기
에까지 전파되었음을 파악케 한다.

■ 가구식기단(계단)의 몰딩
　◆ 각형-호형-각형의 몰딩
　　◈ 경주 감은사지 금당지의 가구식기단 갑석

도 441. 통일신라시기 경주 감은사지 금당지 가구식기단 갑석 윗면의 몰딩

국립문화재연구소, 2012·2013, 『한국 고대건축의 기단』 Ⅰ·Ⅱ.
조원창, 2014, 「寺刹建築으로 본 架構基壇의 變遷 硏究」 『백제 사원유적 탐색』, 서경문화사.
192) 하층기단은 통돌로 만들어졌고, 지대석 윗면에 호형-각형의 몰딩이 있다.
原州郡, 1992, 『法泉寺址 石物實測 및 地表調査 報告書』, 42쪽 도면 참조.

◆ 구례 화엄사 원통전 가구식기단의 지대석

도 442. 통일신라시기 구례
　　　　화엄사 원통전
　　　　가구식기단 지대석
　　　　의 몰딩

◆ 보령 성주사지 강당지 남면 가구식계단의 지대석

도 443. 통일신라시기 보령 성주사지 강당지 남면 가구식계단 지대석의 몰딩

◆ 호형-각형의 몰딩

 ◈ 경주 보문사지 금당지 가구식기단의 지대석

도 444. 통일신라시기 경주 보문동사지 금당지 가구식기단 지대석의 몰딩

 ◈ 김천 수도암 대적광전 가구식기단의 지대석

도 445. 통일신라시기 김천 수도암 대적광전 가구식기단 지대석의 몰딩

◆ 원주 법천사지 탑비전지 북건물지 하층 가구식기단 지대석의 몰딩

   : 고려시기(11세기 후반)

도 446. 고려시기 원주 법천사지 탑비전지 북건물지 하층기단 지대석의 호형-각형 몰딩

    한편, 가구식기단에서 보이는 각형-호형-각형의 몰딩은 왕릉으로 추정되는 경주 구황동 왕릉(도 447)을 비롯한 전 경덕왕릉, 전 원성왕릉, 전 흥덕왕릉, 전 진덕여왕릉, 전 김유신 묘 등의 지대석에서도 확인되고 있다.[193] 그리고 석탑의 기단갑석(도 448) 및 석등(도 449),[194] 불대좌(도 450)[195] 등에서도 흔히 살필 수 있다. 아울러 호형-각형의 몰딩도 구황동왕릉의 갑석(도 451)에서 보이고 있어 치석기술이 유적 간 상호 교류되었음을 파악할 수 있다.

193) 이에 대해선 후술하고자 한다.
194) 장흥 가지산 보림사 대적광전 앞 석등 지대석 위에서 볼 수 있다.
195) 여주 고달사지 나-1건물지(불전지) 내부의 석조대좌에서도 볼 수 있다.

◆ 각형-호형-각형의 몰딩

　◈ 경주 구황동왕릉 가구식기단의 지대석

도 447. 통일신라시기 경주 구황동왕릉 가구식기단 지대석의 몰딩

　◈ 기타 석조물

도 448. 통일신라시기 보령 성주사지 중앙 삼층석
　　　탑 기단갑석의 몰딩

도 449. 통일신라시기 장흥 보림사 대적광전 앞 석
　　　등 지대석 윗면의 몰딩

도 450. 통일신라시기 여주 고달사지 나-1건물지(불전지) 내부 불대좌의 몰딩

◆ 호형-각형의 몰딩

　◈ 경주 구황동왕릉 가구식기단의 갑석

도 451. 통일신라시기 경주 구황동왕릉 가구식기단의 갑석. 호형-각형으로 치석되어 있다.

지금까지 건축기단에서 확인된 각형-호형-각형 등의 몰딩은 석탑이나 왕릉과 비교하면 아주 적은 수에서 발견되고 있다. 또한, 특징적이면서 장식적인 몰딩을 여러 유적에서 공통으로 살필 수 있다는 것은 석탑을 만드는 장인이나 왕릉 호석을 만드는 석공, 그리고 사원의 건축기단을 다루는 석공들이 유적의 성격 별로 세분되지 않고, 한 사람이 여러 석물 작업을 동시에 병행하였음을 짐작케 한다.[196] 이러한 작업 공정은 한편으로 요즈음의 석공들에게서도 살필 수 있어 충분히 공감할 수 있으리라 생각된다.

통일신라시기 가구식기단에서 살필 수 있는 또 하나의 특징으로는 모서리에 놓인 갑석(귀틀석)에서의 우동을 들 수 있다. 이는 앞에서 알아본 바와 같이 익산 미륵사지의 강당지 갑석에서 처음 등장한 것으로 경주 감은사지 금당지의 하층기단 지대석(隅石, 도 452·452-1)[197]과 서회랑지(도 453), 불국사 관음전(도 454)[198] 등의 갑석에서 찾아볼 수 있다. 그리고 건물지 기단은 아니지만 감은사지 동·서삼층석탑의 탑구 모서리돌(隅石, 도 455)에서도 우동이 확인되고 있다.

■ 통일신라시기 가구식기단 지대석 및 갑석(귀틀석)에서의 우동

◆ 경주 감은사지 금당지 하층기단 지대석(우석)

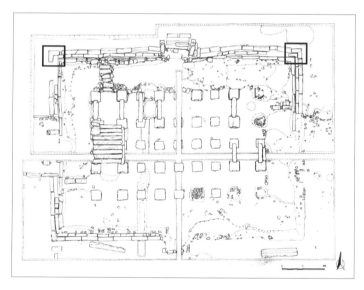

도 452. 통일신라시기 경주 감은사지 금당지 하층기단 지대석 (우석)의 우동

196) 즉 한 명의 석공이 석탑뿐만 아니라 건축기단, 호석 등 여러 석물을 제작하였음을 의미한다.
197) 國立慶州文化財研究所·慶州市, 1997, 『感恩寺 發掘調査報告書』, 85쪽 삽도 18.
198) 불국사 관음전의 사례로 보아 창건 시에는 대웅전, 극락전, 무설전, 비로전의 가구식기단 갑석에도 우동이 장식되었을 것으로 판단된다.

도 452-1. 통일신라시기 경주 감은사지 금당지 하층기단 지대석(우석)의 우동 세부

◆ 경주 감은사지 서회랑지 가구식기단 갑석(귀틀석)

도 453. 통일신라시기 경주 감은사지 서회랑지 가구식기단 갑석(귀틀석)의 우동

◆ 경주 불국사 관음전 가구식기단 갑석(귀틀석)

도 454. 통일신라시기 경주 불국사 관음전 가구식기단 갑석(귀틀석)의 우동

◆ 경주 감은사지 東 삼층석탑 탑구 우석(隅石)

도 455. 통일신라시기 경주 감은사지 東 삼층석탑 탑구 우석의 우동

아울러 익산 미륵사지 석등의 연화하대석(도 456)에서 보이는 양각대 또한 경주 사천왕사지 단석지의 초석(도 457)[199]과 울산 영축사지 석탑의 탑구 우석(도 458) 등에서 찾아져 백제 치석기술의 통일신라 전파를 확인케 한다.[200]

■ 석조물에서 보이는 양각대
　◆ 익산 미륵사지 석등 연화하대석

도 456. 백제 사비기 익산 미륵사지 석등 연화하대석의 양각대

199) 국립경주문화재연구소, 2012, 『四天王寺 金堂址 발굴조사보고서』 I, 83쪽 사진 77.
200) 조원창, 2019, 「統一新羅期 石造物에 보이는 百濟 石塔의 治石과 結構技術」 『백제건축 치석과 결구를 보다』, 서경문화사, 249~252쪽.

◆ 경주 사천왕사지 西 단석지 초석

도 457. 통일신라시기 경주 사천왕사지 西 단석지 초석의 양각대

◆ 울산 영축사지 동탑 탑구 우석

도 458. 통일신라시기 울산 영축사지 동탑 탑구 우석의 양각대

한편, 통일신라시기 건물지, 무덤, 탑파 등에서 공통적으로 검출된 각형-호형-각형의 몰딩은 고려 초기 유적인 천안 천흥사지 금당지의 지대석(도 459·460)에서도 확인되고 있다. 그동안 서산 보원사지를 비롯한 공주 구룡사지, 예산 가야사지, 충주 숭선사지, 원주 거돈사지, 파주 혜음원지 등의 많은 고려사지가 발굴조사 되었음에도 불구하고 이러한 각형-호형-각형의 기단석은 거의 확인된 바 없다. 이처럼 몰딩과 건물의 장엄은 불가분의 관계에 있었음을 알 수 있고, 또한 기술적 계통을 엿볼 수 있다는 점에서 통일신라시기 치석기법에 관한 연구도 한층 심화되어야 할 것으로 생각된다.

■ 천안 천흥사지 금당지 지대석의 몰딩

도 459. 고려 초기 천안 천흥사지 금당지 동면(정면)기단의 지복석과 지대석. 정면이 동쪽을 향하고 있다.

도 460. 고려 초기 천안 천흥사지 금당지 지대석의 몰딩. 각형-호형-각형으로 치석되어 있다.

2) 지대석과 면석, 우주, 탱주의 결구

가구식기단에서의 지대석은 기본적으로 지면에 놓이면서 위로는 면석과 우주, 탱주 등을 받치고 있다. 면석을 비롯한 우주와 탱주는 구조적으로 기단석 내부의 기단토 토압에 밀리지 않아야 한다. 이러한 기능적 측면을 고려하여 지대석 윗면에 턱(A형식)을 만들어 놓거나 면석이 놓이는 부분에 턱과 함께 홈을 굴착하는 방법(B형식), 그리고 마지막으로 우주와 탱주가 설치되는 부분에만 홈이나 턱을 굴착하는 방법(C형식) 등이 있다.

A형식은 백제 사비기 부여 금강사지 금당지와 목탑지를 비롯한 능산리사지 금당지와 목탑지, 익산 미륵사지 당탑지ㆍ강당지ㆍ회랑지 등의 가구식기단(도 461~463)과 계단 지대석(도 464), 그리고 익산 왕궁리유적의 계단 지대석(도 465) 등에서 확인되는 것으로 보아 고식의 결구기법임을 파악할 수 있다. 통일신라시기에는 불국사의 대웅전(도 466)이나 극락전, 무설전, 비로전, 관음전(도 467) 등에서 살필 수 있고, 양산 통도사 대웅전 및 극락보전, 구례 화엄사 각황전 및 원통전, 보령 성주사지 금당지 등에서도 찾아볼 수 있다. 위의 유적 사례로 볼 때 A형식은 삼국시기 이후 통일신라시기인 8세기 중반에 들어서면서부터 크게 유행하였음을 알 수 있다.

■ 백제 사비기 가구식기단에서 보이는 턱 결구

◆ 익산 미륵사지 서원 금당지 북회랑지의 가구식기단 지대석

도 461. 백제 사비기 익산 미륵사지 서원 금당지 북회랑지 가구식기단의 지대석. 윗면
에 턱이 있다.

◆ 익산 미륵사지 강당지 우주

도 462. 백제 사비기 익산 미륵사지 강당지 가구식기
단 우주의 턱. 면석이 걸치도록 하였다.

도 463. 백제 사비기 익산 미륵사지 강당지 가구식
기단의 우주와 면석의 턱 결구

◆ 익산 미륵사지 동원 금당지 가구식계단 지대석

도 464. 백제 사비기 익산 미륵사지 동원 금당지 가구식계단 지대석의 턱. 계단 갑석이 밀리지 않도록 지대석 윗면에 턱이 굴착되어 있다.

◆ 익산 왕궁리유적 금당지 가구식계단 지대석

도 465. 백제 사비기 익산 왕궁리유적 금당지 가구식계단 지대석의 턱

■ 통일신라시기 가구식기단에서 보이는 턱 결구

◆ 경주 불국사 대웅전 면석과 탱주의 턱 결구

면석 탱주

도 466. 통일신라시기 경주
불국사 대웅전. 탱주
의 양쪽 측면에 턱이 있
어 면석을 끼울 수 있다.

◆ 경주 불국사 관음전 가구식기단 지대석과 면석의 턱 결구

지대석 윗면 안쪽의 턱

도 467. 통일신라시기 경주 불국사 관음전. 지대석 윗면에 턱이 있어 면석을 걸치도록 하였다.

B형식은 통일신라시기의 가구식기단 지대석에서 흔히 볼 수 없는 결구기법이다. 그러나 백제 사비기의 부여 왕흥사지 강당지(도 468)와 익산 미륵사지 서원 금당지 회랑지(도 469), 그리고 고려 초기의 예산 가야사지 추정 금당지(도 470) 지대석 등에서 이러한 치석기법이 검출되는 것으로 보아 통일신라시기의 유적에서도 확인될 가능성이 매우 높다.[201]

■ 백제 사비기 가구식기단에서 보이는 홈과 턱 결구
 ◆ 부여 왕흥사지 강당지

도 468. 백제 사비기 부여 왕흥사지 강당지 가구식기단의 지대석. 윗면 안쪽에서 홈과 턱을 볼 수 있다.

---

201) 가구식기단이 양호하게 남아 있을 경우 지대석 윗면에서 이러한 치석기법을 확인하기란 쉽지 않다. 따라서 통일신라시기의 가구식기단에서 B형식의 지대석이 확인될 가능성은 매우 높다고 생각된다.

◆ 익산 미륵사지 서원 금당지 북회랑지

도 469. 백제 사비기 익산
미륵사지 서원 금당
지 북회랑지의 가구
식기단 지대석에서
보이는 홈과 턱

■ 고려시기 가구식기단 지대석에서 보이는 홈과 턱 결구

도 470. 고려시기 예산 가야사지 추정 금당지 가구식기단의 지대석. 면석을 결구하기 위
한 홈과 턱이 굴착되어 있다.

C형식은 경주 사천왕사지 금당지와 목탑지의 지대석(우석 포함) 윗면에서 확인되고 있다. 우주가 놓이는 지대석(우석)에는 장부(촉)를 꽂을 수 있도록 원형(도 471)[202]이나 방형(도 472)[203]의 홈이 파여 있고, 탱주가 설치되는 부분에는 이것이 밀리지 않도록 말굽 형태의 턱을 굴착해 놓았다. 이는 삼국시기 뿐만 아니라 통일신라시기의 여느 유적에서도 사례를 찾아보기 힘든 희귀한 결구기법에 해당되고 있다. C형식은 사천왕사의 창건 기사로 보아 679년 무렵에 등장하였음을 알 수 있다.

■ 통일신라시기 가구식기단 중 지대석에 장부(촉) 홈이 있는 사례

◆ 경주 사천왕사지 금당지 지대석 1

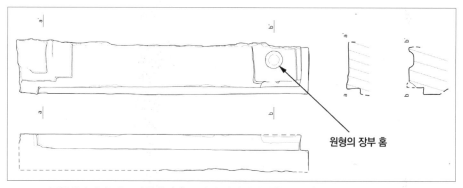

원형의 장부 홈

도 471. 통일신라시기 경주 사천왕사지 금당지 지대석의 원형 장부 홈. 위로 우주가 세워지게 된다.

---

202) 국립경주문화재연구소, 2012, 『四天王寺 金堂址 발굴조사보고서』 I, 163쪽 도면 39-4.
203) 국립경주문화재연구소, 2012, 『四天王寺 金堂址 발굴조사보고서』 I, 166쪽 도면 42-11.

◆ 경주 사천왕사지 금당지 지대석 2

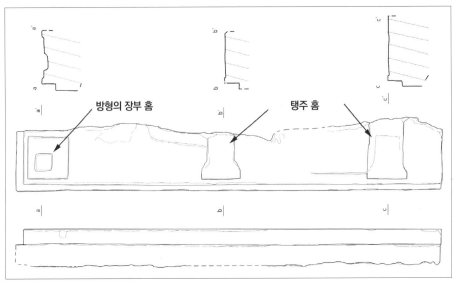

도 472. 통일신라시기 경주 사천왕사지 금당지 지대석의 방형 장부 홈과 탱주 홈

　한편, 경주 감은사지 금당지(도 473)[204]나 강당지, 서회랑지(도 474)와 경주 황룡사지 종·
경루지, 합천 영암사지 금당지 및 영당지 주건물지(도 475), 삼척 흥전리사지 서원가람의 주
불전지(도 476), 구례 화엄사 대웅전, 여주 고달사지 나-1건물지(불전지) 등과 같이 지대석 윗
면에 턱이나 홈을 조성하지 않는 경우도 찾아볼 수 있다. 이러한 형식은 삼국시기의 가구식
기단 지대석에서는 거의 볼 수 없는 것으로 통일신라시기에 이르러 유행한 치석(결구)기법으
로 이해된다.

204) 國立慶州文化財研究所·慶州市, 1997, 『感恩寺 發掘調查報告書』, 92쪽 삽도 24 중.

■ 통일신라시기 가구식기단 중 지대석 윗면에 턱이나 홈이 없는 사례

　◆ 경주 감은사지 금당지와 회랑지

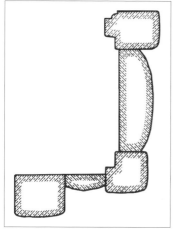

도 473. 통일신라시기 경주 감은사
　　　　지 금당지 가구식기단

도 474. 통일신라시기 경주 감은사지 서회랑지

　◆ 합천 영암사지 영당지 주건물지

도 475. 통일신라시기 합천 영암사지 영당지 주건물지

◆ 삼척 흥전리사지 서원가람의 주불전지

도 476. 통일신라시기 삼척 흥전리사지 주불전지 가구식기단의 지대석. 면석과 갑석이
유실되었다.

　　또한 9세기 이후가 되면 김천 수도암 대적광전(도 477)이나 여주 고달사지 나-1건물지(불전지, 도 478)와 같이 우주가 면석의 끝단이 아닌 약간 안쪽에 형식적으로 양각되어 있음도 살필수 있다. 이는 7세기 말 이후 통일신라시기 가구식기단에서 확인되는 우주의 조성과 확연한 차이를 보여준다. 아울러 여주 고달사지 나-1건물지(불전지)의 동일 기단에서는 면석의 끝단을 우주처럼 치석(도 479)하여 석탑의 기단면석[205]이나 지대석[206] 등과 같은 방법으로 결구한 사례도 확인할 수 있다. 이는 해당 건물지의 치석과 결구가 8세기 중반의 제작기법에 비해 형식화되었음을 나타낸다. 그런 점에서 김천 수도암 대적광전과 여주 고달사지 나-1건물지(불전지)의 가구식기단은 9세기 후반 이후의 치석과 결구기술이 반영된 결과물로 생각된다.

----

205) 국립문화재연구소, 2006, 『전라남도의 석탑』 II, 302쪽 상단 도면.
206) 국립문화재연구소, 2006, 『전라남도의 석탑』 II, 70쪽 상단 도면.

■ 통일신라시기 가구식기단 중 형식화된 우주의 사례

◆ 김천 수도암 대적광전

도 477. 통일신라시기 김천 수도암 대적광전의 가구식기단. 우주가 모서리에 조각되어 있지 않다.

◆ 여주 고달사지 나-1건물지(불전지)

도 478. 통일신라시기 여주 고달사지 나-1건물지(불전지)의 가구식기단 1. 우주가 모서리에 조각되어 있지 않다.

도 479. 통일신라시기 여주 고달사지 나-1건물지(불전지)의 가구식기단 2.
다른 방향의 면석 끝부분이 우주를 형성하고 있다.

한편, 김천 수도암 대적광전의 가구식기단은 지대석과 면석이 통돌이라는 특징을 가지고 있다. 삼국시기 이후 거의 대부분의 가구식기단이 지대석과 면석, 갑석 등의 별석으로 이루어진 것과 큰 차이를 보인다. 이는 9세기대 이후 신라 건축사에 새롭게 등장한 기단형식으로 이해할 수 있다.

김천 수도암 대적광전(도 480)과 같이 지대석과 면석이 통돌로 제작된 가구식기단은 수도암과 인접한 칠곡 송림사 오층전탑의 대지기단(도 481)에서도 볼 수 있다. 전체적인 수법에서 같은 계통의 석공에 의해 제작되었음을 추정할 수 있다. 아울러 고려시기[207] 산청 단속사지의 강당지(도 482) 및 이의 동·서편 건물지(도 483~485)에서도 지대석과 면석이 통돌인 가구식기단을 찾아볼 수 있다. 호형 등의 몰딩을 살필 수는 없지만 탱주가 면석에 모각되어 있다는 점에서 같은 계통임을 확인할 수 있다.

207) 이러한 편년은 기단 아래 층위에서 수습된 어골문 암키와를 통해 알 수 있다. 다만, 강당지 서편 건물지의 북면기단을 보면 탱주가 모각된 면석을 서로 붙여놓았음을 볼 수 있다. 그런데 이처럼 탱주가 서로 접해 있는 가구식기단이 지금까지 거의 알려지지 않았다는 점에서 이의 재사용이 확실시 된다. 아울러 강당지의 경우 여러 형태의 석재가 결구되어 기단을 형성하였다는 점에서도 의문시된다. 이와 같은 사실을 전제로 금당지의 기단이 완전히 유실되었다는 점은 시사하는 바가 크다. 아마도 고려시기 들어 금당지의 기단을 재사용하여 강당지 및 동·서편 건물지 등에 재사용하였음을 판단할 수 있다. 그런 점에서 산청 단속사지 강당지 및 동·서편 건물지에서 보이는 통돌형의 지대석과 면석은 제작 시기가 고려보다는 통일신라(9세기 중반 이후)일 가능성이 적지 않겠다.

■ 지대석과 면석이 통돌인 통일신라~고려시기의 가구식기단

◆ 김천 수도암 대적광전

도 480. 통일신라시기 김천 수도암 대적광전 남면의 통돌(지대석+면석) 기단

◆ 칠곡 송림사 오층전탑 대지기단

도 481. 통일신라시기 칠곡 송림사 오층전탑의 대지기단. 지대석과 면석이 통돌로 제작되었다.

◆ 고려시기 산청 단속사지 강당지 및 동·서편 건물지

◈ 산청 단속사지 강당지

도 482. 고려시기 산청 단속사지 강당지 서면의 통돌(지대석+면석) 기단

◈ 산청 단속사지 강당지 동편 건물지

도 483. 고려시기 산청 단속사지 강당지 동편 건물지 남면의 통돌(지대석+면석) 기단

도 484. 고려시기 산청 단속사지 강당지 동편 건물지 북면의 통돌(지대석+면석) 기단

◆ 산청 단속사지 강당지 서편 건물지

도 485. 고려시기 산청 단속사지 강당지 서편 건물지 북면의 통돌(지대석+면석) 기단

3) 탱주와 우주의 벽선과 문양

벽선(도 486)은 목조건축물에서 기둥과 벽체 사이에 완충을 위해 세워놓은 나무 부재를 말한다.[208] 가구식기단에서의 벽선은 그 사례가 많지 않으며 간혹 우주 및 탱주와 함께 조각되는 것이 일반적이다.

■ 경주 불국사 관음전의 벽선

도 486. 경주 불국사 관음전 후면. 원형 기둥과 벽체 사이에 벽선이 위치하고 있다.

우주는 가구식기단의 모서리에 세워진 짧은 돌기둥을 말한다. 백제의 경우 6세기 말에 해당되는 부여 금강사지 금당지 및 목탑지에서 우주를 세웠던 홈이 발견된 바 있다. 이후 7세기 초에 창건된 익산 미륵사지의 당탑지 및 강당지(도 487) 등에서 우주의 존재를 확인할 수 있다. 백제시기의 우주는 모두 별석으로 조성되어 통일신라시기의 경주 사천왕사지 당탑지(도 488) 및 9세기 중반경의 보령 성주사지 금당지(도 489) 등에 영향을 미치고 있다.

---

208) 김왕직, 2012, 『알기쉬운 한국건축 용어사전』, 동녘, 208쪽.

■ 가구식기단에서 우주가 별석인 사례

◆ 익산 미륵사지 강당지

갑석

면석

우주

지대석

도 487. 백제 사비기 익산 미륵사지 강당지의 가구식기단. 우주가 별석으로 조성되어 있다.

◆ 경주 사천왕사지 목탑지

우주 자리

도 488. 통일신라시기 경주 사천왕사지 서탑지. 지대석(우석) 위에 별석의 우주를 세울 수 있는 홈이 있다.

◆ 보령 성주사지 금당지

도 489. 통일신라시기 보령 성주사지 금당지 가구식기단의 우주. 별석으로 조성되어 있다.

통일신라시기의 우주는 경주 사천왕사에서 8세기 중반 불국사(도 490)의 단계를 넘어서며 점차 별석이 면석과의 통돌로 변화하고 있음을 살필 수 있다. 이처럼 면석에 모각된 우주는 9세기 이후의 경주 장항리사지 금당지(도 491), 양산 통도사 대웅전·극락전, 김천 수도암 대적광전 등에서도 볼 수 있다.

■ 가구식기단에서 면석과 우주가 통돌인 사례

◆ 경주 불국사 관음전

도 490. 통일신라시기 경주 불국사 관음전 가구식기단의 우주. 면석과 통돌로 제작되어 있다.

◆ 경주 장항리사지 금당지

도 491. 통일신라시기 경주 장항리사지 금당지 가구식기단의 우주와 면석

탱주는 면석과 면석 사이에 설치되는 짧은 돌기둥으로 삼국시기의 부여 정림사지 오층석탑과 익산 미륵사지석탑 기단부 등에서 처음 볼 수 있다. 그러나 건축기단에서의 탱주는 삼국시기의 가구식기단에서 찾아볼 수 없다. 시기적으로 기단에서 볼 수 있는 우리나라 최초의 탱주는 경주 사천왕사지 금당지와 목탑지를 들 수 있다. 여기서의 탱주는 면석과 면석 사이에 별석으로 설치되었고, 이것이 밖으로 밀려나지 않도록 지대석 윗면에 홈을 파놓았다. 그러나 8세기 중반에 조영된 불국사의 대웅전과 극락전, 무설전, 비로전 등의 유적을 보면 대부분의 우주가 통돌(도 492)의 면석에 모각되어 있음을 볼 수 있다.[209] 그런데 대웅전의 일부 탱주는 면석과의 통돌이 아닌 별석(도 494)으로 조성되었음을 확인할 수 있다. 이로 보아 불국사 대웅전의 가구식기단은 보축과정에서 별석이 통돌로 변화하였음을 판단할 수 있다. 통일신라시기 별석의 탱주는 삼척 흥전리사지 불전지로 보아 9세기 말 이후까지도 존재하였으며 이후 고려시기 유적에 영향을 미치게 된다.

■ 가구식기단에서 면석과 탱주가 통돌인 사례
　◆ 경주 불국사 비로전

도 492. 통일신라시기 경주 불국사 비로전의 가구식기단. 탱주와 면석이 통돌로 만들어졌다.

209) 그리고 이러한 통돌로의 조성은 9세기 이후의 양산 통도사(도 493)에도 영향을 미치고 있다.

◆ 양산 통도사 대웅전

도 493. 통일신라시기 양산 통도사 대웅전의 가구식기단. 탱주와 면석이 통돌이다.

■ 가구식기단에서 면석과 탱주가 별석인 사례

◆ 경주 불국사 대웅전

도 494. 통일신라시기 경주 불국사 대웅전의 가구식기단. 탱주가 별석으로 만들어졌다.

하지만 9세기 이후가 되면 김천 수도암 대적광전이나 여주 고달사지 나-1건물지(불전지) 등과 같이 면석의 통돌에 탱주가 조각되는 것이 일반적이다. 그리고 9세기 후반 이후가 되면 양산 통도사의 대웅전(도 495) 및 극락보전(도 496) 등과 같이 탱주의 좌우에 벽선이 표현된 것도 살필 수 있다. 탱주에 비해 한 단 낮게 치석하여 목조건축물의 기둥과 벽선을 사실적으로 재현해 놓고 있다.

■ 가구식기단의 탱주 좌우에 벽선이 조각된 사례
 ◆ 양산 통도사 대웅전 가구식기단의 탱주와 벽선

도 495. 통일신라시기 양산 통도사 대웅전의 가구식기단. 탱주 좌우에 벽선이 조각되어 있다.

◆ 양산 통도사 극락보전 가구식기단의 탱주와 벽선

도 496. 통일신라시기 양산 통도사 극락보전 가구식기단의 벽선

　　가구식기단의 벽선이 탱주나 우주와 함께 등장한다는 점에서 이것들이 설치되지 않은 감
은사지에서는 벽선의 존재를 살필 수 없다. 그리고 탱주와 우주가 설치된 불국사의 대웅전이
나 극락전, 무설전, 비로전 및 구례 화엄사 대웅전과 각황전, 원통전 등에서도 벽선을 찾아볼
수 없다. 그런 점에서 이는 통일신라시기 가구식기단을 구성하는 희귀한 문양 요소로 파악되
는 한편, 목조건축물을 모방하고 싶은 통일신라시기 석공의 창의성으로 이해할 수 있다.

　　한편, 통도사 극락보전의 우주에는 여러 개의 종선대(도 497)가 문양을 이루고 있음을 볼
수 있다. 이러한 문양대는 통일신라시기의 건축기단에서는 거의 볼 수 없는 것으로 고려시기
의 우주나 탱주 등에서 간헐적으로 확인되고 있다. 즉 10세기 후반의 원주 법천사지 부도전
지 북건물지(도 498)를 비롯한 안동 봉정사 극락전(도 499), 공주 마곡사 오층석탑, 양주 회암
사지 보광전지 월대 기단(도 500), 여주 신륵사 보제존자석종 및 다층전탑 등에서도 살필 수
있어 그 조형성이 고려시기의 목조건축뿐만 아니라 탑파, 승탑 등에 이르기까지 널리 파급되
었음을 살필 수 있다.[210]

210) 조원창, 2016, 「麻谷寺 5層石塔의 系統과 中國 喇嘛塔」『고려사지와 건축고고』, 서경문화사, 199~
　　　200쪽.

■ 가구식기단의 우주에 종선대가 조각된 사례

　◆ 양산 통도사 극락보전

도 497. 통일신라시기 양산 통도사 극락보전 가구식기단 우주의 종선대 문양

　◆ 원주 법천사지 부도전지 북건물지

도 498. 고려시기 원주 법천사지 부도전지의 북건물지 상층기단 우주와 탱주의 종선
　　　 대 문양

◆ 안동 봉정사 극락전

도 499. 고려시기 안동 봉정사 극락전 가구식기단 우주의 종선대 문양

◆ 양주 회암사지 보광전지

도 500. 고려시기 양주 회암사지 보광전지 월대 가구식기단 우주의 종선대 문양

건축기단에서 보이는 벽선은 고려시기의 탑파에서도 일부 확인되고 있다. 우주에 주로 조각되어 있으며 탱주에서는 거의 확인되지 않아 건축기단과 차이를 보이기도 한다. 벽선이 확인된 고려시기의 석탑으로는 공주 마곡사 오층석탑(도 501)과 예산 향천사 구층석탑(도 502), 안성 죽산리석탑 등을 들 수 있다.

■ 벽선이 조각된 고려시기 석탑

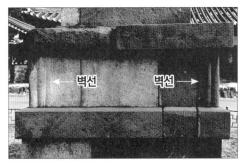 

도 501. 공주 마곡사 오층석탑 기단부의 벽선　　　도 502. 예산 향천사 구층석탑 탑신부의 벽선

　4) 면석

　　면석은 가구식기단의 지대석과 갑석 사이에 놓이는 부재로 흔히 길이가 긴 판석(횡판석)으로 만들어진다. 대부분의 면석에는 문양이 없고, 우주 및 탱주와 함께 조성되기도 한다. 그런데 경주 사천왕사지 목탑지처럼 면석이 석재가 아닌 전돌이거나 양산 통도사 대웅전 및 합천 영암사지 금당지와 같이 면석에 문양이 장식된 사례도 살필 수 있어 이를 중심으로 기술해 보고자 한다.

　　경주 사천왕사지 목탑지(도 503)[211]를 살피면 석재로 만들어진 지대석과 갑석 사이에 녹유사천왕전(도 504) 및 당초문전(도 505)이 탱주 사이에 조성되어 있음을 볼 수 있다. 녹유사천왕전[212]은 불교의 신장인 사천왕을 조각해 놓은 것으로 무기를 들고 생령좌에 앉아 있는 모습으로 표현되어 있다. 사천왕사지 목탑지에서 볼 수 있는 녹유사천왕전과 당초문전은 통일신라시기의 면석이 거의 모두 판석재라는 점에서 완전 이질적인 재료로 이해할 수 있다. 그리고

---

211) 국립경주문화재연구소, 2013, 『四天王寺 Ⅱ 回廊內廓 발굴조사보고서』, 80쪽 도면 6.
212) 삼국시기에 녹유된 건축부재는 연목와에서만 살필 수 있다. 건축기단 부재로 녹유전이 사용된 것은 사천왕사 목탑이 최초이고 유일하다고 볼 수 있다.

최초로 사천왕과 당초문이 조각되어 있다는 점에서 장엄성과 장식성 또한 엿볼 수 있다. 이러한 이질적인 재료가 사용된 가구식기단은 고려시기의 합천 죽죽리사지 금당지(건물지A, 도 506)[213]에서도 보이고 있어 좋은 비교 자료가 되고 있다. 다만, 죽죽리사지 금당지의 경우 문양이 없이 오각형전돌과 탱주로만 이루어졌다는 점에서 장엄성과 장식성은 찾아보기 어렵다.

■ 가구식기단의 면석 자리에 전돌이 사용된 사례
◆ 경주 사천왕사지 서탑지

도 503. 통일신라시기 경주 사천왕사지 서탑지의 기단 모식도. 탱주 사이에 녹유사천왕전과 당초문전이 조성되어 있다.

도 504. 통일신라시기 경주 사천왕사 목탑에 사용된 녹유사천왕전(복원)

도 505. 통일신라시기 경주 사천왕사 목탑에 사용된 당초문전

213) 慶尙南道·國立晉州博物館, 1986, 『陜川竹竹里廢寺址』, 31쪽 그림 10.

◆ 합천 죽죽리사지 금당지

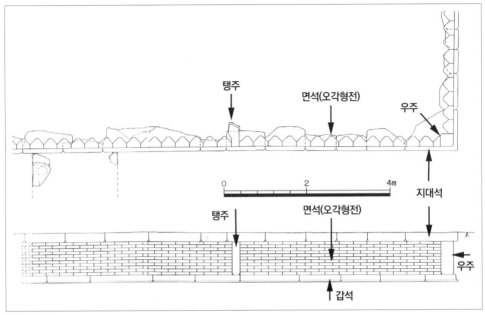

탱주　　　　면석(오각형전)　　　　우주

0　　　　　2　　　　　4m

탱주　　　　면석(오각형전)　　　　지대석

우주

갑석

도 506. 고려시기 합천 죽죽리사지 금당지(건물지A)의 전석혼축기단

　　양산 통도사 대웅전의 가구식기단은 면석에 다양한 꽃(도 507~509)이 양각되어 있다. 탱주와 탱주 사이에 꽃 한 송이씩을 배치하여 기단의 장식성을 돋보이게 하고 있다. 이처럼 가구식기단의 면석에 꽃이 조각된 사례는 우리나라의 기단에서 아직까지 확인된 바 없다. 다만, 중국 돈황석굴의 수·당대 벽화에 꽃이 장식된 가구식기단이 그려 있어 이의 계통이 당(唐)에 있었음을 판단해 볼 수 있다.214)

214) 조원창, 2014, 「사찰건축으로 본 가구기단의 변천 연구」 『백제 사원유적 탐색』, 서경문화사, 345쪽.

■ 가구식기단의 면석에 꽃이 조각된 사례

◆ 양산 통도사 대웅전

도 507. 통일신라시기 양산 통도사 대웅전 가구식기단의 꽃문양 1

도 508. 통일신라시기 양산 통도사 대웅전 가구식기단의 꽃문양 2

도 509. 통일신라시기 양산 통도사 대웅전 가구식기단의 꽃문양 3

한편, 합천 영암사지 금당지의 가구식기단 면석에는 안상(도 510)과 안상 내부에 사자(도 511)가 조각되어 있다. 안상은 석탑의 기단부에서 보는 것과 큰 차이가 없으나 사자는 갈기 및 꼬리 등을 섬세하게 표현하여 조각의 정수를 보여주고 있다. 이는 가구식계단의 면석과 갑석에 조각된 가릉빈가상과 함께 기단의 장식성과 장엄성을 대변해 주고 있다.

■ 가구식기단의 면석에 안상이 조각된 사례

◆ 합천 영암사지 금당지

도 510. 통일신라시기 합천 영암사지 금당지 남면의 가구식기단. 안상이 조각되어 있다.

■ 가구식기단의 면석에 안상과 사자가 조각된 사례

　◆ 합천 영암사지 금당지

도 511. 통일신라시기 합천 영암사지 금당지 남면의 가구식기단. 안상 내부에 사자가 조각되어 있다.

5) 유구 성격에 따른 가구식기단의 규모와 기단 형식의 차이

　통일신라기의 가구식기단은 주로 사찰(사지)에서 확인되고 있다. 그러나 동일 사지라 할지라도 금당지와 목탑지의 가구식기단은 강당지나 회랑지, 종루지, 경루지 등의 가구식기단과 비교해 높이나 규모면에서 확연한 차이를 보여주고 있다. 예컨대 682년 무렵에 창건된 경주 감은사지를 보면 금당지 기단의 높이가 118.5cm(도 512)인 반면, 강당지는 59cm(도 513), 서 회랑지는 50cm(도 514)[215]로 나타나고 있다. 이는 동일 지표면에서 기단이 상대적으로 높은 금당이 그렇지 않은 강당이나 회랑보다 더 장엄하게 보이는 효과를 나타나게 한다.

---

215) 이상의 수치는 지표면에 보이는 면만을 대상으로 한 것이다. 도면은 아래의 보고서를 참조.
　　國立慶州文化財硏究所·慶州市, 1997, 『感恩寺 發掘調査報告書』, 92쪽 삽도 24, 99쪽 삽도 31, 114쪽 삽도 43.

■ 경주 감은사지 가구식기단의 크기 비교 – 격(格)의 차이

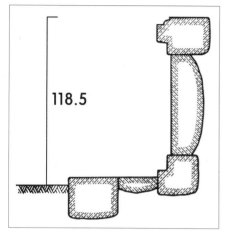

도 512. 통일신라시기 감은사지 금당지 가구
식기단. 이중기단의 상층에 조성되었다.

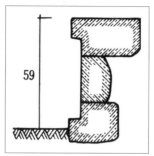

도 513. 통일신라시기 감은사
지 강당지의 단층 가구
식기단

도 514. 통일신라시기 감은
사지 서회랑지의
단층 가구식기단

한편, 사지(사찰)에서 불전과 강당, 기타 건물 간의 격(格) 차이는 기단의 치석 정도나 규모, 기단 형식, 법수 등의 존재를 통해서도 확인할 수 있다. 예컨대 보령 성주사지의 경우 금당지(도 515)가 치석된 석재로 조성된 가구식기단인 반면, 강당지(도 516)는 지대석과 갑석으로만 조합된 결구식기단으로 축조되어 있다. 이러한 기단 형식의 차이는 규모나 기단에 사용된 석재의 치석 정도에 있어서도 금당지와 강당지의 차이를 확인하게 보여주고 있다. 그리고 금당지에는 계단 법수로 사자상(도 517)을 조각해 놓았으나 강당지(도 518)에서는 이러한 법수가 없어 장엄성 측면에서도 차이가 있음을 살필 수 있다.

■ 보령 성주사지의 기단 형식과 치석 비교 – 격(格)의 차이

◆ 보령 성주사지 금당지

도 515. 통일신라시기 보령 성주사지 금당지의 가구식기단. 정교하게 치석된 석재를 사용
하였다.

◆ 보령 성주사지 강당지

도 516. 통일신라시기 보령 성주사지 강당지의 결구식기단. 금당지에 비해 면석의 치석
정도가 거칠다. 통일신라시기 결구식기단은 가구식기단에 비해 격이 낮았다.

■ 보령 성주사지의 가구식계단 비교

◆ 보령 성주사지 금당지

도 517. 통일신라시기 보령 성주사지 금당지의 가구식계단. 입구 좌우에 사자상이 조각되어 있다.

◆ 보령 성주사지 강당지

도 518. 통일신라시기 보령 성주사지 강당지의 가구식계단. 사자상과 같은 법수가 없다.

건물지에서 확인되는 기단의 격의 차이는 한편으로 동 시기의 능묘에서도 찾아볼 수 있다. 예를 들어 경주 전 성덕왕릉 호석의 경우 가구식기단(도 519)으로 조성된 반면, 비각은 결구식기단(도 520)으로 축조되어 앞에서 살핀 보령 성주사지 금당지와 강당지의 사례와 마찬가지임을 알 수 있다. 이는 중심 사역의 금당지나 왕릉 호석의 가구식기단과 비교해 볼 때 확실한 기단 형식의 차이를 보여준다. 또한 동일한 중심 사역이라 할지라도 금당지가 이중기단인 반면, 강당지와 회랑지, 중문지 등은 단층기단으로 조성되어 장엄성과 격의 차이를 뚜렷하게 반영하고 있다.

■ 경주 전 성덕왕릉에서 보이는 기단 형식의 차이
　◆ 왕릉 호석의 가구식기단

도 519. 통일신라시기 경주 전 성덕왕릉의 가구식기단. 지대석, 면석, 갑석으로 결구되어 있다.

◆ 비각의 결구식기단

도 520. 통일신라시기 전 성덕왕릉 비각의 결구식기단. 지대석과 갑석으로만 결구되어
있다.

이러한 차이는 한편으로 몰딩을 통해서도 확인할 수 있다. 즉 감은사지 금당지의 경우가
갑석 윗면에 각형-호형-각형으로 몰딩(도 521) 처리된 반면 강당지나 회랑지(도 522)에서는
이러한 몰딩을 전혀 볼 수 없다. 이는 건물의 성격에 따라 장식과 장엄에 차이를 두었음을 보
여주는 좋은 사례라 할 수 있다.

■ 경주 감은사지에서 보이는 몰딩의 차이

◆ 경주 감은사지 금당지

도 521. 통일신라시기 경주 감은사지 금당지의 가구식기단. 갑석의 윗면에 각형-호형-각형으로 몰딩처리 되었다.

◆ 경주 감은사지 서회랑지

도 522. 통일신라시기 경주 감은사지 서회랑지의 가구식기단. 갑석에 몰딩이 없다.

한 유적 내에서 건물 상호간의 기단 차이는 경주 황룡사지에서도 동일하게 찾아볼 수 있다. 물론 중금당과 목탑이 통일신라시기가 아닌 고신라기에 조성되었다는 점에서 시기적 차이도 존재하겠지만 추정 종·경루와는 기단의 형식이나 규모면에서 확연한 차이를 나타내고 있다.

황룡사지의 중금당지는 이중기단(도 523)[216]으로 조성되었고, 이 중 상층기단이 가구식기단으로 축조되었다. 기단의 전체 높이는 알 수 없으나 상층 가구식기단 만의 높이는 약 110cm로 추정되고 있다. 아울러 목탑지의 경우도 단층의 가구식기단으로 조성되었으나 기단 외곽으로 제 1·2 탑구[217]를 두어 목탑 기단의 격을 한층 높여주고 있다. 가구식기단의 높이는 157cm 정도로 추정된다.[218] 이에 반해 추정 종·경루지의 기단은 가구식기단임에도 불구하고 그 높이가 현저히 낮음을 볼 수 있는데 추정 종루지(도 524)[219]의 경우 대략 78cm 이상으로 파악되고 있다.[220]

■ 경주 황룡사지에서 보이는 가구식기단 단면 형식의 차이

◆ 경주 황룡사지 중금당지-이중기단

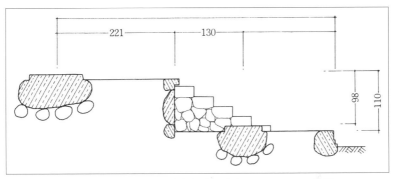

도 523. 신라시기 경주 황룡사지 금당지의 이중기단(상층 가구식기단) 복원도

216) 文化財管理局 文化財研究所, 1984,『皇龍寺 遺蹟發掘調査報告書』I, 54쪽 삽도 6.
217) 탑구는 목탑의 가구식기단 아래에 층단식으로 조성되었다는 점에서 대지기단으로 이해하는 것이 합리적이다.
　　조원창, 2018,『건축유적의 발굴과 해석』, 서경문화사.
218) 文化財管理局 文化財研究所, 1984,『皇龍寺 遺蹟發掘調査報告書』I, 62쪽 삽도 15.
219) 文化財管理局 文化財研究所, 1984,『皇龍寺 遺蹟發掘調査報告書』I, 83쪽 삽도 33.
220) 가구식기단 중 지대석 일부만 남아 있으나 기단토 내부의 초석이나 계단 등을 통해 그 높이를 추정해 볼 수 있다.

◆ 경주 황룡사지 추정 종루지 - 단층기단

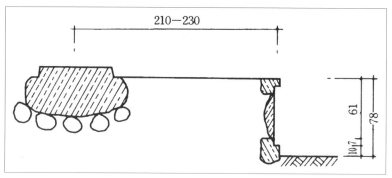

도 524. 통일신라시기 경주 황룡사지 추정 종루지의 가구식기단 복원도

이처럼 가구식기단은 삼국시기와 달리 통일신라시기에 이르면 한 사찰 내에서도 여러 건물에 사용되었음을 볼 수 있다. 그러나 건물의 격(格), 곧 상징성에 따라 부처님을 모시는 금당이나 목탑을 강당이나 종·경루, 회랑보다 훨씬 더 규모가 크고 장식적, 장엄적으로 조성하였음은 부인할 수 없겠다.

3. 건축유적에 조성된 가구식계단과 법수

대부분의 가구식기단은 앞에서 살펴본 대로 그 높이가 대략 60cm 이상이어서 이것이 시설된 건물에 들어가기 위해선 계단의 설치가 필요하였다. 가구식기단에 부설되는 계단은 기단과 마찬가지로 지대석, 면석, 갑석 등 가구식으로 조성되는 것이 일반적이다. 그런데 통일신라시기의 가구식계단을 보면 별석으로 조성된 것이 있는 반면, 전체 부재가 통돌로 제작된 것도 살필 수 있다. 그리고 경주 불국사 비로전의 계단처럼 지대석은 별석이고, 면석과 갑석은 통돌로 제작하는 절충형도 찾아볼 수 있다.

따라서 여기에서는 통일신라시기의 가구식계단을 별석형, 절충형, 통돌형 등 크게 세 가지로 구분하여 각각의 사례 및 조성시기 등을 살펴보고자 한다. 그리고 계단 아래에 설치되는 법수석의 형태 및 치석기법 등에 대해서도 알아보도록 하겠다.

1) 가구식계단

(1) 별석형

경주 황룡사지를 비롯한 사천왕사지, 감은사지, 고선사지, 망덕사지, 동궁 1호 건물지, 구례 화엄사 대웅전 등의 계단에서 살필 수 있다. 여기에서는 잔존 상태가 양호한 경주 황룡사지 목탑지 및 추정 경루지, 사천왕사지 서탑지, 감은사지 금당지, 동궁 1호 건물지 등의 계단을 중심으로 살펴보고자 한다.

경주 황룡사지 목탑지의 가구식계단은 지대석만 확인되었고, 면석과 갑석은 유실되었다. 지대석의 전면에는 원형의 법수 구멍이 있다. 지대석의 상단 외연에 각형의 턱이 표현되지 않은 것으로 보아 가구식계단의 초기 형태임을 알 수 있다. 계단은 별석형으로 파악되고, 계단의 조성 시기는 7세기 후반 무렵으로 추정된다.

추정 경루지의 가구식계단은 목탑지 계단에 비해 장식성이 가미되었음을 볼 수 있다. 즉 지대석 전면부의 석재 모서리를 귀접이하여 경사지게 치석해 놓았다. 이와 같이 지대석의 앞부분을 치석해 놓은 사례는 불국사 연화교에서도 찾아볼 수 있다. 황룡사지 추정 경루지 가구식계단의 조성 시기는 불국사 연화교와의 비교를 통해 8세기 중반으로 판단된다.

■ 별석형 가구식계단
　◆ 경주 황룡사지의 별석형 가구식계단
　　◆ 경주 황룡사 목탑지의 별석형 가구식계단(도 525~531)

도 525. 통일신라시기 경주 황룡사지 목탑지 남면의 별석형 가구식계단. 면석과 갑석은 유실되었다.

도 526. 통일신라시기 경주 황룡사지 목탑지 남면
　　　 가구식계단 지대석 1

도 527. 통일신라시기 경주 황룡사지 목탑지 남면
　　　 가구식계단 지대석 2

도 528. 통일신라시기 경주 황룡사지 목탑지 남면
　　　 가구식계단 지대석 1의 법수 구멍

도 529. 통일신라시기 경주 황룡사지 목탑지 남면
　　　 가구식계단 지대석 2의 측면

도 530. 통일신라시기 경주 황룡사지 목탑지 남면 가
구식계단 지대석 1 세부. 원형의 법수 구멍 뒤로
갑석을 놓기 위해 거칠게 그랭이질 되어 있다.

도 531. 통일신라시기 경주 황룡사지 목탑지 남면
가구식계단 지대석 2 세부. 원형의 법수 구멍
뒤로 갑석이 밀리지 않도록 턱이 져 있다.

◆ 경주 황룡사지 추정 경루지의 별석형 가구식계단(도 532~534)

도 532. 통일신라시기 경주 황룡사지 추정 경루지 북면의 별석형 가구식계단

도 533. 통일신라시기 경주 황룡사지 추정 경루지　도 534. 통일신라시기 경주 황룡사지 추정 경루지 북
　　　　북면 가구식계단 지대석의 원형 법수 구멍　　　　　면 가구식계단 지대석 전면부의 치석 상태

　　사천왕사지 서탑지의 경우 서면에서 별석형 가구식계단(도 535)[221]의 세부 형태를 살필 수
있다. 지대석과 직각이등변삼각형 모양의 면석, 갑석 등이 별석으로 조성되어 있다. 지대석
의 바깥 면에는 1단의 각형 턱이 있고, 앞부분은 직각으로 절석되어 있다.[222] 윗면은 면석이
밀려나지 않도록 길이 방향으로 턱이 마련되어 있고, 갑석이 놓이는 부분에도 장부(도 536~
537)[223]를 끼울 수 있는 장방형의 홈이 파여 있다. 이러한 홈은 다른 유적의 가구식계단 지대
석에서 볼 수 없는 사천왕사지 계단만의 특징으로 이해할 수 있다. 지대석의 맨 앞부분에는
법수를 꽂기 위한 지름 14cm의 원형 구멍이 뚫려 있다. 지대석과 면석, 갑석을 복원한 결과
갑석은 법수 구멍까지 미치지 않고, 턱에서 마무리되었음을 볼 수 있다. 갑석은 사선 형태를
이루고 있다. 한편, 계단이 설치되는 끝부분에 기단 면석이나 지대석 등이 확인되지 않는 것
으로 보아 해당 부분의 기단은 처음부터 축조되지 않았음을 살필 수 있다. 계단의 축조 시기
는 사천왕사의 창건 기사로 보아 679년 무렵으로 추정된다.

221) 국립경주문화재연구소, 2013, 『四天王寺 回廊內廓 발굴조사보고서』 II, 99쪽 도면 13 및 97쪽
　　사진 96.
222) 이처럼 지대석의 몰딩 앞부분이 직각으로 절석된 것은 경주 망덕사지 동탑지에서도 볼 수 있다.
　　국립경주문화재연구소, 2015, 『경주 망덕사지 발굴조사보고서(69 · 70년 발굴조사)』, 41쪽 사진 41.
223) 국립경주문화재연구소, 2013, 『四天王寺 回廊內廓 발굴조사보고시』 II, 98쪽 사진 102.

◆ 경주 사천왕사지 서탑지의 별석형 가구식계단

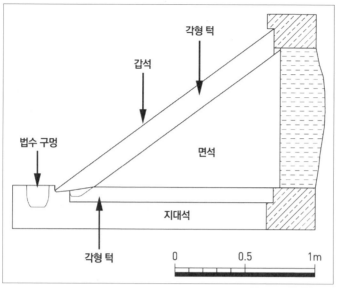

도 535. 통일신라시기 경주 사천왕사지 서탑지의 별석형 가구식계단 복원도

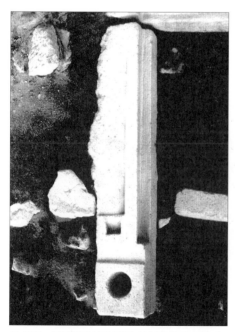

도 536. 통일신라시기 경주 사천왕사지 서탑지
의 별석형 가구식계단 지대석. 전면에 법
수 구멍이 있다.

도 537. 통일신라시기 경주 사천왕사지 서탑지의 별석
형 가구식계단 갑석 세부. 지대석과 맞닿는 부분
에 장부가 있다.

경주 감은사지 가구식계단(도 538~539)은 지대석과 면석, 갑석 등이 모두 별석이고, 지대석의 상단과 갑석의 하단에 1단의 각형 턱이 있다(도 540).[224] 지대석의 턱 앞부분은 사천왕사지 당탑지와 달리 사선 방향으로 절석되어 있고, 이러한 이질성은 법수가 꽂히는 구멍(도 541)까지 갑석이 이어진 것으로도 파악할 수 있다. 갑석은 경사 방향으로 치석되어 있다. 가구식기단과 가구식계단이 결구되는 중심부에는 기단 면석 높이의 동자주(도 542)[225]가 하나 세워져 있다. 가구식기단의 지대석 상단에는 1단의 각형 턱이 있고, 계단의 지대석과는 반턱 결구로 이루어져 있다. 계단 갑석은 기단부의 동자주까지 이어져 기단부 갑석과 같은 높이였을 것으로 추정된다. 한편, 계단과 접하는 기단부에서 면석이나 갑석 등이 확인되지 않는 것으로 보아 기단석은 처음부터 축조되지 않았음을 알 수 있다. 법수 구멍은 지대석 위 갑석의 끝부분에 굴착되어 있다. 지름 17cm의 원형으로 보아 당시 법수의 장부(촉)가 단면 원형이었음을 알 수 있다. 다만, 법수의 장부와 신부의 경우 단면 형태가 일치하지 않아 신부의 정확한 형상은 알 수 없다. 계단의 조성 시기는 감은사의 창건 기록으로 보아 682년 무렵으로 추정된다.

◆ 경주 감은사지 금당지의 별석형 가구식계단

도 538. 통일신라시기 경주 감은사지 금당지의 별석형 가구식계단 정면

---

224) 國立慶州文化財研究所·慶州市, 1997, 『感恩寺 發掘調査報告書』, 94쪽 삽도 27.
225) 이를 탱주가 아닌 동자주로 기술한 것은 기단부의 다른 곳에서 탱주의 흔적이 전혀 확인되지 않기 때문이다.

도 539. 통일신라시기 경주 감은사지 금당지의 별석형 가구식계단 측면

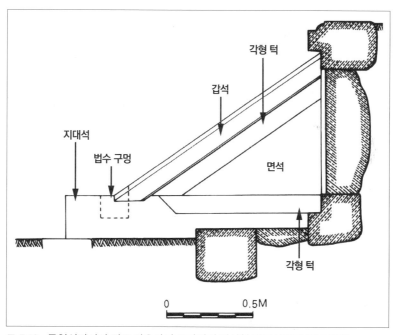

도 540. 통일신라시기 경주 감은사지 금당지의 별석형 가구식계단 세부 명칭

동자주

갑석

법수 구멍

지대석

도 541. 통일신라시기 경주 감은사지
　　　　금당지 별석형 가구식계단의
　　　　법수 구멍

동자주

가구식계단
면석

가구식기단
면석

도 542. 통일신라시기 경주 감은사지
　　　　금당지 별석형 가구식계단의
　　　　동자주

동궁 1호 건물지(도 543)[226]는 지대석과 답석 일부만 남아 있을 뿐, 면석과 갑석은 유실되었다. 지대석의 경우 바깥 면에 1단의 각형 턱이 있고, 앞부분은 불국사 비로전(8세기 중반)의 가구식계단 지대석과 같이 곡선 형태(도 544)[227]로 치석되어 있다. 지대석 윗면에는 면석이 밖으로 밀리는 것을 막기 위한 턱이 없고, 법수 구멍 또한 뚫려있지 않다. 계단과 접하는 기단석은 사천왕사지나 감은사지와 마찬가지로 조성되지 않았다. 이 건물지는 궁 내부의 전각으로 추정되었으며, 조성 시기는 7세기 후반으로 편년되었다.[228]

◆ 경주 동궁 1호 건물지의 별석형 가구식계단

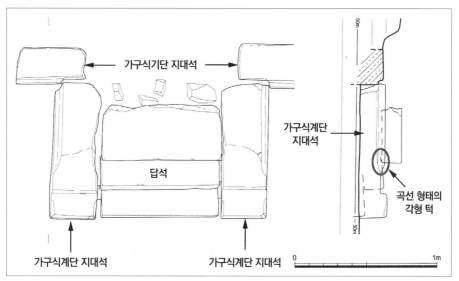

도 543. 통일신라시기 경주 동궁 1호 건물지의 별석형 가구식계단. 면석과 갑석은 유실되었다.

---

226) 국립경주문화재연구소, 2012,『慶州 東宮과 月池 발굴조사보고서』I, 51쪽 도면 7.
227) 국립경주문화재연구소, 2014,『慶州 東宮과 月池 발굴조사보고서』II, 58쪽 사진 22 중.
228) 국립경주문화재연구소, 2012,『慶州 東宮과 月池 발굴조사보고서』I, 56쪽.
  동궁에서는 '의봉사년개토(儀鳳四年皆土)'명 기와가 수습되었는데 이를 동궁 창건와로 파악하고 있다.
  朴洪國, 1986,「三國末 統一期新羅 瓦塼에 대한 考察」, 동국대학교 대학원 미술사학과 석사학위논문.
  趙成允, 2013,「新羅 東宮創建瓦塼 硏究」, 경주대학교 대학원 문화재학과 박사학위논문.
  이렇게 볼 때 동궁의 창건은 적어도 679년(문무왕 19) 무렵에 이루어졌음을 알 수 있다.

도 544. 통일신라시기 경주 동궁 1호 건물지의 가구식계단 지대석. 몰딩의 앞부분이 곡
　　　선 형태를 이루고 있다.

　　이상의 유적 외에 통일신라시기의 별석형 가구식계단은 경주 망덕사지 당탑지(도 545) 및
불국사 다보탑(도 546) 등에서도 볼 수 있다. 그리고 규모가 대형인 불국사의 연화교·백운교
(도 547) 및 구례 화엄사 각황전 앞 계단(도 548)[229] 등에서도 별석형의 가구식계단을 살필 수
있다. 이 형식의 계단은 유적의 창건 연대로 보아 7세기 후반에서 8세기 중반 무렵에 주로
조성되었음을 알 수 있다. 그러나 지대석, 면석, 갑석 등 각각의 부재를 치석하고 결구하기가
쉽지 않다는 점에서 8세기 중반 이후 점차 절충형으로 변화하였던 것으로 판단된다.

---

229) 불국사 백운교 계단 면석부가 세로 부재 및 가로 부재 등이 적절히 결구된 반면, 화엄사 각황전
　　앞 계단의 경우는 가로 부재를 위주로 하여 결구기법의 퇴보를 보여주고 있다. 후자의 계단 조성
　　시기는 전자와 비교하여 8세기 후반 무렵으로 추정된다.

■ 기타 통일신라시기의 별석형 가구식계단

◆ 경주 망덕사지 동탑지의 별석형 가구식계단

도 545. 통일신라시기 경주 망덕사지 동탑지의 별석형 가구식계단. 지대석만 남아 있다.

◆ 경주 불국사의 별석형 가구식계단

◈ 경주 불국사 다보탑의 별석형 가구식계단

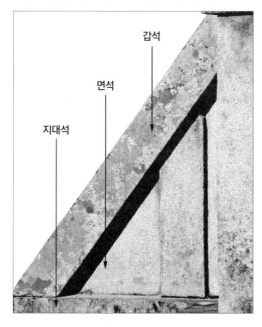

갑석

면석

지대석

도 546. 통일신라시기 경주
불국사 다보탑의
별석형 가구식계단

◆ 경주 불국사 백운교의 별석형 가구식계단

도 547. 통일신라시기 경주 불국사 백운교의 별석형 가구식계단

◆ 구례 화엄사 각황전 전면의 별석형 가구식계단

도 548. 통일신라시기 구례 화엄사 각황전 전면의 별석형 가구식계단. 지대석 아래에 지복석이 있다.

(2) 절충형

경주 불국사 비로전을 비롯한 구례 화엄사 각황전·원통전, 합천 영암사지 금당지, 보령 성주사지 금당지 등의 가구식계단에서 볼 수 있다. 이 형식은 지대석과 면석, 갑석, 그리고 지대석 아래의 지복석 등 각각의 제작 방법에 따라 크게 네 가지로 세분할 수 있다.

첫 번째는 지대석이 별석이고, 면석과 갑석이 통돌인 경우이다(I형식). 두 번째는 지복석과 지대석이 별석이고, 면석과 갑석이 통돌인 사례(II형식)이다. 세 번째는 1~2단의 지복석이 별석이고 지대석, 면석, 갑석이 통돌인 경우(III형식)이다. 마지막으로 네 번째는 지대석과 면석이 통돌이고, 갑석만 별석으로 제작하는 사례(IV형식)이다.[230]

먼저 I형식은 경주 불국사 비로전(도 549) 및 구례 화엄사 각황전 등의 가구식계단에서 볼 수 있다. 전자의 경우 지대석에 1단의 각형 턱이 있고, 앞부분이 곡선 형태(도 550)로 치석되어 선축된 동궁 1호 건물지의 영향을 받은 것으로 판단된다. 계단과 기단의 결구는 기단부의 갑석을 계단 갑석이 놓이는 너비만큼 절석하여 계단 갑석이 끼워지도록 하였다(도 551). 기단 갑석을 완전 절석하였다는 점에서 많은 노동력과 시간이 소요되었을 것으로 보이나 별석형에 비해 계단 갑석이 좌우로 밀려나지 않는다는 측면에서 효과적이라 할 수 있다. 계단과 접하는 기단부에는 면석이나 갑석 등이 조성되지 않았다. 비로전의 축조 시기로 보아 가구식계단 역시 8세기 중반으로 편년할 수 있다.

---

230) 이 외에도 세부적 형식이 더 있을 수 있으나 필자의 실견 부족으로 인해 이번 지면에 실을 수 없었다. 향후 점진적인 보완을 하고자 한다.

■ 절충형 가구식계단

　◆ 경주 불국사의 절충형 가구식계단

　　◈ 경주 불국사 비로전의 절충형 가구식계단

도 549. 통일신라시기 경주 불국사 비로전 Ⅰ형식의 절충형 가구식계단

도 550. 통일신라시기 경주 불국사 비로전 Ⅰ형식의 절충형 가구식계단 지대석의 각
　　　형 턱. 앞부분이 곡선화 되어 있다(○ 내부).

도 551. 통일신라시기 경주 불국사 비로전 Ⅰ형식의 절충형 가구식계단 갑석과 가구
식기단 갑석의 결구 모습. 가구식기단 갑석을 절석해 놓았다.

구례 화엄사 각황전 계단은 불국사 비로전의 가구식계단과 유사하나 지대석 앞부분의 몰딩 형태와 기단과 계단의 결구기법 등에서 차이를 보이고 있다. 먼저 전자인 경우는 앞부분을 곡선 형태가 아닌 각형으로 치석하여 사천왕사지와 동일 계통임을 확인케 한다. 계단과 기단의 결구에 있어서는 계단 갑석을 기단 형태로 절석하여 조립하였다. 계단과 접하는 기단부에서 갑석의 형태가 보이는 것으로 보아 지대석과 면석이 각각 조성되었음을 알 수 있다. 계단의 축조 시기는 지대석과 갑석에서 보이는 별석의 지대석과 통돌인 면석과 갑석, 그리고 가구식계단과 가구식기단의 결구기법을 통해 8세기 후반으로 추정할 수 있다.

다음으로 Ⅱ형식은 구례 화엄사 원통전(도 552~553) 남면의 가구식계단에서 살필 수 있다. 계단은 1단의 무문양 지복석 위에 각형-호형-각형이 몰딩된 지대석(도 554)을 올려놓고, 마지막으로 통돌인 면석과 갑석을 설치해 놓았다. 면석과 갑석은 구분이 뚜렷하지 않으나 윗면을 곡선 처리하여 갑석을 겸하였음을 알 수 있다. 한편, 원통전의 계단 위로는 각형-호형-각형(도 555)으로 몰딩된 장대석이 기단 면석 위에 걸쳐져 있는데 이는 계단 갑석을 시설하기 위한 지대석으로 추정된다. 원통전 계단의 조성 시기는 갑석의 곡선 형태와 면석과 갑석의 형식화 등으로 보아 9세기 후반 이후로 추정된다.

◆ 구례 화엄사 원통전의 절충형 가구식계단

도 552. 통일신라시기 구례 화엄사 원통전 남면 Ⅱ형식의 절충형 가구식계단

면석 겸 갑석

지대석

지복석

도 553. 통일신라시기 구례 화엄사 원통전 남면 Ⅱ형식의 절충형 가구식계단 측면. 갑석이 곡선 형태이다.

도 554. 통일신라시기 구례 화엄사 원통전 남면 Ⅱ형식의 절충형 가구식계단. 지대석이 각형-호형-각형으로 몰딩처리 되었다.

도 555. 통일신라시기 구례 화엄사 원통전 Ⅱ형식의 절충형 가구식계단 추정 지대석. 가구식기단의 면석 위에 올려 있다.

Ⅲ형식은 보령 성주사지 금당지 및 합천 영암사지 금당지의 가구식계단에서 볼 수 있다. 전자는 남면 및 서면, 북면 등에서 가구식계단을 살필 수 있는데 통돌형인 북면을 제외한 남면과 서면이 Ⅲ형식을 취하고 있다.

먼저 남면 계단(도 556)을 알아 보면 별석인 상하 2단의 지복석 위에 지대석, 면석, 갑석 등이 통돌로 제작되어 있다. 면석의 사방으로는 각형의 턱이 조출되어 있다. 가구식계단과 가구식기단의 결구는 기단 갑석의 하단부를 계단 갑석의 너비만큼 절석(折石)하여 끼워 넣었다(도 557). 이러한 기법은 8세기 중반의 불국사 비로전에서 살핀 결구기법과 유사하나 기단 갑석 전체를 절석하는 것이 아닌 갑석 하단 일부만을 잘라냈다는 점에서 좀 더 효과적인 결구기법이라 생각된다. 갑석은 곡선 형태로 윗면에 3조의 호형 돌대가 장식되어 있고, 갑석이 끝나는 지대석 윗면에 사자상(도 558)을 조각해 놓았다.

◆ 보령 성주사지 금당지의 절충형 가구식계단
  ◇ 보령 성주사지 금당지 남면의 절충형 가구식계단

도 556. 통일신라시기 보령 성주사지 금당지 남면 Ⅲ형식의 절충형 가구식계단(복원)

도 557. 통일신라시기 보령 성주사지 금당지 남면 Ⅲ형식의 절충형 가구식계단 갑석
과 가구식기단 갑석의 결구 모습

도 558. 통일신라시기 보령 성
주사지 금당지 남면 Ⅲ
형식의 절충형 가구식
계단 사자상(복원)

이에 비해 서면 계단(도 559)은 별석 2단의 지복석만 동일할 뿐, 완전 다른 형태를 취하고 있다. 먼저 갑석이 사선 형태로 제작되었고, 윗면에서의 문양은 살필 수 없다. 그리고 결구에 있어서도 계단 갑석을 기단 갑석 아래로 밀어 넣음으로써 아주 단순한 방법을 따르고 있다. 아울러 지대석 위에 사자상 등의 조각이 없어 남면 계단에 비해 장식성이나 장엄성이 떨어짐을 볼 수 있다. 성주사가 847년 무렵 낭혜화상 무염에 의해 창건되었음을 볼 때 곡선 형태의 갑석이나 사자상 등의 조각 역시도 같은 시기에 조성되었음을 판단할 수 있다.

◈ 보령 성주사지 금당지 서면의 절충형 가구식계단

도 559. 통일신라시기 보령 성주사지 금당지 서면 Ⅲ형식의 절충형 가구식계단(복원)

합천 영암사지 금당지의 가구식계단은 남면과 동면에서 살필 수 있다. 남면(도 560)은 계단 갑석 사이에 중앙분리석(도 561)이 있을 정도로 규모면에서 동면(도 562) 계단보다 크게 조성되었다. 계단은 1단의 지복석 위에 통돌로 제작된 지대석과 면석, 갑석 등을 올려놓았다. 특히 면석의 경우는 판석형이 아닌 불교의 가릉빈가상(도 563~564)을 조각해 놓아 여느 것들과 큰 차이를 보여주고 있다. 갑석은 유실되어 확인할 수 없으나 남면 계단의 중앙 분리석으로 보아 곡선 형태일 것으로 추정된다. 계단과 기단의 결구는 8세기 중반경의 경주 불국사 비로전이나 대웅전, 무설전 등과 같이 계단 갑석의 너비만큼 기단 갑석을 절석하여 끼울 수 있도록 하였다(도 565). 영암사지 금당지의 가구식계단은 다른 유구에서 볼 수 없는 가릉빈가상이나 곡선 형태의 중앙분리석으로 보아 9세기 후반 이후에 축조되었을 것으로 추정된다.

◆ 합천 영암사지 금당지의 절충형 가구식계단
　◈ 합천 영암사지 금당지 남면의 절충형 가구식계단

도 560. 통일신라시기 합천 영암사지 금당지 남면 Ⅲ형식의 절충형 가구식계단. 갑석이 훼손되어 있다.

도 561. 통일신라시기 합천 영암사지 금당지 남면 III형식의 절충형 가구식계단. 분리석의 상부가 곡선 형태이다.

◈ 합천 영암사지 금당지 동면의 절충형 가구식계단

도 562. 통일신라시기 합천 영암사지 금당지 동면 III형식의 절충형 가구식계단

도 563. 통일신라시기 합천 영암사지 금당지 동면 III형식의 절충형 가구식계단 측면

도 564. 통일신라시기 합천 영암사지 금당지 동면 III형식의 절충형 가구식계단에 조
각된 가릉빈가상

도 565. 통일신라시기 합천 영암사지 금당지 동면 Ⅲ형식의 절충형 가구식기단 갑석.
가구식계단과 결구하기 위해 절석하였다. 불국사 가구식계단의 결구기법을 따르고 있다.

 마지막으로 Ⅳ형식은 지대석과 면석이 통돌이고, 갑석만이 별석인 경우이다(도 566). 이러한 사례는 경주 황룡사지에서 출토된 바 있어 간략히 기술해 보고자 한다. 계단은 현재 황룡사역사문화관 주변의 야외전시장에 자리하고 있다. 지대석과 면석 일부만 남아 있으며 대부분은 훼손되어 살필 수 없다. 지대석 상단에는 1단의 각형 턱이 있고, 앞부분은 동궁 1호 건물지나 불국사 비로전 등과 같이 곡선 형태로 치석되어 있다. 지대석의 아랫면은 지면에 노출되는 부분만 정교하게 치석되어 있고, 땅 속에 묻히는 부분은 거칠게 다듬어져 있다. 지대석 윗면에 원형 구멍이 없는 것으로 보아 법수는 설치되지 않았음을 알 수 있다. 계단의 조성 시기는 통돌형 이전인 8세기 후반 무렵으로 추정된다.

◆ 경주 황룡사지의 절충형 가구식계단

도 566. 통일신라시기 경주 황룡사지 출토 Ⅳ형식의 절충형 가구식계단.
지대석과 면석이 통돌이다.

절충형은 지대석과 면석, 갑석이 모두 별석으로 조성된 7세기 말경의 가구식계단과 비교해 지복석이 늘어나거나 면석과 갑석이 통돌로 축조되는 등 시기적 차이를 보여주고 있다. 그리고 곡선 형태의 갑석이나 호형 몰딩 및 조각상(법수)의 등장, 기단 동자주의 소멸 등 세부적 측면에서도 많은 변화가 발견되고 있다. 시기적으로 8세기 중반 무렵부터 통일신라 말까지 조성되었던 것으로 생각된다.

(3) 통돌형 가구식계단

계단을 구성하는 지대석과 면석, 갑석 등을 한 매의 석재로 제작하는 경우이다. 경주 불국사 대웅전(도 567)과 극락전(도 568),[231] 분황사지(도 569), 김천 수도암 대적광전(도 570), 합천 영암사지 영당지 주건물지(도 571), 여주 고달사지 나-1건물지(도 572), 보령 성주사지 금당지 북면(도 573) 및 강당지 남면(도 574) 등에서 통돌형의 가구식계단을 볼 수 있다. 여기에서는 치석과 결구기법의 차이에 대해 기술해 보고자 한다.

---

231) 불국사 대웅전과 극락전의 계단 형태는 절충형인 불국사 비로전의 그것과 비교해 치석 및 결구기법 등에서 동일함을 볼 수 있다. 즉 지대석 각형 몰딩 앞부분을 곡선 형태로 치석한 점, 그리고 계단과 기단을 결구하기 위해 기단 갑석을 계단 갑석의 너비만큼 절석한 점 등은 동일하다. 그러나 지대석과 면석, 갑석을 통돌로 제작한 점은 비로전과 큰 차이를 보이는 것이다. 따라서 대웅전과 극락전의 통돌형 가구식계단은 절충형인 비로전의 계단을 모방하여 8세기 말~9세기 초반에 조성하였을 것으로 추정된다.

◆ 경주 불국사의 통돌형 가구식계단

　◈ 경주 불국사 대웅전의 통돌형 가구식계단

도 567. 통일신라시기 경주 불국사 대웅전 서면의 통돌형 가구식계단

　◈ 경주 불국사 극락전의 통돌형 가구식계단

도 568. 통일신라시기 경주 불국사 극락전 북면이 통돌형 가구식계단

◆ 경주 분황사지의 통돌형 가구식계단

도 569. 통일신라시기 경주 분황사지 출토 통돌형 가구식계단

◆ 김천 수도암 대적광전의 통돌형 가구식계단

도 570. 통일신라시기 김천 수도암 대적광전 남면의 통돌형 가구식계단

◆ 합천 영암사지 영당지 주건물지의 통돌형 가구식계단

도 571. 통일신라시기 합천 영암사지 영당지 주건물지 남면의 통돌형 가구식계단

◆ 여주 고달사지 나-1건물지(불전지)의 통돌형 가구식계단

도 572. 통일신라시기 여주 고달사지 나-1건물지(불전지)의 통돌형 가구식계단

◆ 보령 성주사지의 통돌형 가구식계단

　◈ 보령 성주사지 금당지의 통돌형 가구식계단

도 573. 통일신라시기 보령 성주사지 금당지 북면의 통돌형 가구식계단

　◈ 보령 성주사지 강당지의 통돌형 가구식계단

도 574. 통일신라시기 보령 성주사지 강당지 남면의 통돌형 가구식계단

먼저 각형의 턱과 관련하여 치석기법을 살피면 8세기 중반의 불국사 비로전(도 575)의 지대석과 갑석은 턱이 깊고 아주 정교하게 치석되어 있다. 반면, 9세기 전반 무렵의 경주 분황사지와 9세기 후반 이후의 김천 수도암 대적광전(도 576), 합천 영암사지 영당지 주건물지232) 등의 가구식계단 턱을 보면 각형이 깊지 않고 형식화되었음을 살필 수 있다.

■ 가구식계단의 각형 턱 비교
　◆ 경주 불국사 비로전 가구식계단의 턱

도 575. 통일신라시기 경주 불국사 비로전 가구식계단 갑석의 각형 턱

232) 이 계단을 통돌형으로 보는 이유는 지대석 측면이 곱게 치석된 면과 거칠게 치석된 면으로 양분되기 때문이다. 즉 생활면(구지표면)을 기준으로 땅에 묻히는 부분을 거칠게 치석하는 것은 탑파나 승탑, 석등 등의 기단석에서도 살필 수 있다.

◆ 김천 수도암 대적광전 가구식계단의 턱

가구식계단
갑석

각형턱

도 576. 통일신라시기 김천 수도암 대적광전 가구식계단 갑석의 각형 턱

아울러 지대석 턱의 앞부분(선단부)을 치석함에 있어서도 불국사 대웅전(도 577)과 극락전
이 곡선 형태로 부드럽게 꺾어 올라간 반면, 보령 성주사지 금당지(도 578)를 비롯한 대부분
의 지대석 턱은 삼각형 형태로 예각을 이루어 차이를 보이고 있다. 전자와 같은 곡선[233] 형태
는 별석형인 동궁 1호 건물지가 679년 무렵으로 가장 이르고, 절충형인 불국사 비로전이 8
세기 중반, 황룡사지 출토품이 8세기 후반, 그리고 통돌형인 불국사 대웅전과 극락전이 8세
기 말~9세기 초반이어서 오랜 기간 동안 통용되었음을 볼 수 있다. 이러한 지대석 앞부분의
곡선 형태는 경주 사천왕사지 및 망덕사지의 각형(도 579), 감은사지 금당지의 사선 형태(도
580)와 비슷한 시기에 등장하였음을 살필 수 있다. 그러나 사선 형태의 경우 경주 감은사지
금당지를 제외한 다른 유적에서 거의 확인되지 않고 있어 8세기를 넘어서며 점차 곡선 형태
로 통일되었음을 추정할 수 있다.

---

233) 이는 곡절, 버선코 모양의 곡선 등으로 불리기도 한다.
남창근·김태영, 2012, 「백제계 및 신라계 가구식 기단과 계단의 시기별 변화 특성」 『건축역사연
구』 80, 108~109쪽.

■ 가구식계단 지대석 앞부분(선단부)의 턱 비교

◆ 경주 불국사 대웅전 가구식계단 지대석의 턱

도 577. 통일신라시기 경주 불국사 대웅전 서면 가구식계단 지대석 앞부분의 턱.
곡선 형태를 이루고 있다.

◆ 보령 성주사지 금당지 가구식계단 지대석의 턱

도 578. 통일신라시기 보령 성주사지 금당지 북면 가구식계단 지대석 앞부분의 턱.
예각 형태를 이루고 있다.

◆ 경주 망덕사지 동탑지 가구식계단 지대석의 턱

도 579. 통일신라시기 경주 망덕사지 동탑지 가구식계단 지대석 앞부분의 턱. 직각 형태를 이루고 있다.

◆ 경주 감은사지 금당지 가구식계단 지대석의 턱

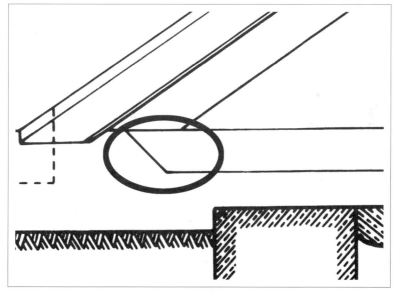

도 580. 통일신라시기 경주 감은사지 금당지 가구식계단 지대석 앞부분의 턱. 사선 형태를 이루고 있다.

한편, 통돌형의 가구식계단과 기단을 결구하는 방법은 크게 세 가지로 나눌 수 있다. 첫 번째는 8세기 중반의 비로전과 8세기 말~9세기 초반의 불국사 대웅전(도 581)·극락전, 9세기 후반 이후의 합천 영암사지 금당지 동면(도 582) 등과 같이 계단 갑석의 너비만큼 기단 갑석을 완전 절석하고 결구하는 방식이다.

■ 가구식계단 갑석과 가구식기단 갑석의 결구기법
　◆ 가구식기단 갑석의 절석
　　◈ 경주 불국사 대웅전, 비로전, 극락전, 무설전, 관음전의 가구식기단 갑석 절석

도 581. 통일신라시기 경주 불국사 대웅전의 가구식기단과 가구식계단의 결구 모습.
가구식기단 갑석을 완전 절석하였다.

◆ 합천 영암사지 금당지의 가구식기단 갑석 절석

도 582. 통일신라시기 합천 영암사지 금당지의 가구식기단과 가구식계단의 결구 모습.
앞의 불국사 대웅전과 같은 사례를 보이고 있다.

두 번째는 9세기 중반 무렵의 보령 성주사지 금당지 북면 가구식계단과 같이 계단 갑석만 절석하고 가구식기단의 갑석에 결구하는 방법이다(도 583). 이러한 기법은 여주 고달사지 나-1건물지(불전지)에서도 살필 수 있다.

◆ 가구식계단 갑석의 절석
◆ 보령 성주사지 금당지의 가구식계단 갑석 절석

도 583. 통일신라시기 보령 성주사지 금당지 북면 가구식계단. 갑석의 윗부분만을 절석해 놓았다.

마지막으로 세 번째는 보령 성주사지 강당지처럼 가구식계단 갑석과 가구식기단 갑석 모두를 절석하여 결구하는 방법이다(도 584). 양쪽 모두를 절석하였다는 점에서 두 번째 방법보다는 안정적이었을 것으로 생각된다. 보령 성주사가 847년 무렵에 창건되었음을 볼 때 두번째 및 세 번째의 결구방식은 9세기 중반 무렵 이후에 주로 등장하였음을 알 수 있다.

◆ 가구식기단 갑석과 가구식계단 갑석의 절석

　◈ 보령 성주사지 강당지

도 584. 통일신라시기 보령 성주사지 강당지 남면 가구식계단. 가구식기단 갑석과 가구
　　　식계단 갑석을 함께 절석하였다.

　이상에서와 같이 통일신라시기의 가구식계단에 대해 살펴보았다. 주로 사찰(지)에 남아 있는것을 중심으로 하였기 때문에 이 보다 더 다양한 가구식계단이 존재함은 당연할 것이다. 여기에서는 계단의 잔존 상태가 양호한 것을 중심으로 시기별 형식과 특징을 살펴보고자 한다.

■ 통일신라시기 가구식계단의 시기별 형식과 특징

시기 구분	유적 사례	형식	특징
7세기 후반	경주 황룡사지 목탑지	별석형 추정 (지대석만 잔존)	• 지대석의 외연에 각형 턱 없음 • 법수 有
7세기 후반	경주 사천왕사지 당탑지(679년), 감은사지 금당지(682년), 망덕사지 당탑지(684년) 등	별석형	• 가구식계단과 일부 동자주(혹은 탱주)와의 결구 • 갑석은 사선 형태 • 지대석에 각형 턱이 있으며, 앞부분은 사선 혹은 각형 • 법수 有
7세기 후반	동궁 1호 건물지 (679년 무렵)	별석형 추정 (지대석만 잔존)	• 지대석 각형 턱의 앞부분은 곡선 형태 • 법수 無
8세기 중반	경주 황룡사지 추정 경루지, 불국사 다보탑 · 비로전 · 연화교 · 백운교 등	별석형, 절충형	• 기단 갑석을 절석하여 계단과 결구 • 갑석은 사선 형태 • 지대석 각형 턱의 앞부분은 곡선 및 예각 형태 • 법수 有 · 無
8세기 후반	경주 황룡사지 출토품, 구례 화엄사 각황전	절충형	• 계단 갑석을 절석하여 기단과 결구 • 갑석은 사선 형태 • 지대석 각형 턱의 앞부분은 곡선 형태 및 예각형 • 법수 無
8세기 말~ 9세기 초반	경주 불국사 대웅전 · 극락전 등	통돌형	• 기단 갑석을 절석하여 계단과 결구 • 갑석은 사선 형태 • 지대석 각형 턱의 앞부분은 곡선 형태 • 법수 有 · 無
9세기 전반	경주 분황사지	통돌형	• 갑석은 사선 형태 • 지대석 각형 턱의 앞부분은 예각 형태 • 법수 有
9세기 중반	보령 성주사지 금당지 · 강당지 (847년 무렵) 등	절충형, 통돌형	• 기단이나 계단의 갑석 일부를 절석하여 결구 • 갑석은 사선 및 곡선 형태 • 지대석 각형 턱의 앞부분은 예각 형태 • 법수 사자상 등장
9세기 후반 이후	합천 영암사지 금당지 및 영당지 주건물지, 김천 수도암 대적광전, 구례 화엄사 원통전, 여주 고달사지 나−1건물지 등	절충형, 통돌형	• 기단이나 계단의 갑석을 절석하여 결구 • 합천 영암사지 금당지는 기단갑석을 절석하여 계단과 결구 • 갑석은 사선 및 곡선 형태 • 지대석 각형 턱의 앞부분은 예각 형태 • 법수 無 • 면석에 가릉빈가상 조각

■ 통일신라시기 가구식계단 지대석 앞부분(선단부)의 턱 형태 변화

시기 구분	해당 유적	선단부의 형태	비고
679년 무렵	경주 동궁 1호 건물지		곡선 형태
	경주 사천왕사지 서탑지		직각 형태
682년 무렵	경주 감은사지 금당지		사선 형태
684년 무렵	경주 망덕사지 동탑지		직각 형태
8세기 중반	경주 불국사 비로전		곡선 형태
8세기 말~ 9세기 초반	경주 불국사 대웅전		곡선 형태
9세기 전반	경주 분황사지 출토품		예각 형태
9세기 후반 이후	합천 영암사지 영당지 주건물지		예각 형태

2) 법수

통일신라시기 사찰(사지)의 금당지[161]나 탑(지),[162] 불국사의 연화교(도 586)·칠보교·청운교·백운교(도 587) 및 월정교(도 588),[163] 구례 화엄사 각황전[164](도 589) 등의 가구식계단 전면 좌우를 보면 돌기둥이나 지대석 끝단에 원형 구멍이 뚫려 있는 것을 볼 수 있다. 아울러 보령 성주사지 금당지처럼 사자상이 놓여있는 것도 볼 수 있다. 여기서 돌기둥과 사자상은 흔히 '법수'[165]라 불리는 것으로 구멍은 법수의 장부가 꽂히는 부분에 해당된다.

법수는 부처님에 다다르기 위한 계단 입구에 세워 있다는 점에서 일종의 수호신과 같은 역할, 혹은 신성한 장소임을 의미하는 상징물로 파악할 수 있다.

법수 구멍의 형태는 원형(도 590)이 대부분이나 분황사지 출토 계단석과 같이 원형의 틀에 방형의 구멍(도 591)이 뚫려 있는 것도 볼 수 있다. 이럴 경우 법수의 아랫부분이 원형이고, 장부는 방형이었음을 알 수 있다.

---

161) 경주 사천왕사지, 감은사지, 고선사지 등에서 법수를 꽂았던 구멍을 볼 수 있다.

162) 경주 황룡사지·사천왕사지·망덕사지 목탑지와 불국사 다보탑(도 585) 등에서 법수 및 이를 꽂았던 구멍을 살필 수 있다.

163) 문천(蚊川) 위에 조성된 다리로 남쪽에는 남산, 북쪽으로는 황룡사가 위치하고 있다. 남산과 황룡사는 신라의 대표적인 불교유적이면서 성소(聖所)로 파악할 수 있다. 따라서 월정교는 성소를 진입하기 위한 관문으로 이해할 수 있다.

164) 서 삼층석탑에서 각황전으로 올라가는 계단 입구 좌우에 세워져 있다. 오른쪽 석주 윗면에 반원형의 구멍이 있는 것으로 보아 난간 기둥으로 볼 수도 있으나 이와 연결된 계단 갑석에서 난간과 관련된 구멍이 전혀 확인되지 않는 것으로 보아 난간 기둥보다는 법수로 파악하는 것이 합리적이라 생각된다. 그런 점에서 불국사 연화교 등의 법수와 비교해 보면 좋을 듯 싶다.

165) 법수는 다리(교량)의 계단이나 불전 앞의 계단에서도 볼 수 있지만 대부분 가구식기단에 부설된 가구식계단에서 볼 수 있다. 아울러 이는 생김새와 기능에 따라 신부와 장부로 구분할 수 있다. 전자의 경우 단면 사각형을 이루며, 위로 올라갈수록 두께가 점차 얇아지면서 각형으로 모아지고 있다. 장부는 단면 원형으로 지대석의 구멍에 꽂을 수 있도록 얇고 정교하게 치석되어 있다.

◆ 경주 불국사의 법수

◈ 경주 불국사 다보탑 가구식계단의 법수

도 585. 통일신라시기 경주 불국사
다보탑 가구식계단의 법수.
후면에 난간과 관련된 구멍이 뚫
려 있다.

◈ 경주 불국사 연화교 가구식계단의 법수

도 586. 통일신라시기 경주 불국사 안
양문 아래 연화교 가구식계단
의 법수

◆ 경주 불국사 백운교 가구식계단의 법수

도 587. 통일신라시기 경주 불국사 자하문 아래 백운교 가구식계단의 법수

◆ 경주 월정교 가구식계단의 법수

도 588. 통일신라시기 경주 월정교 가구식계단의 법수

◆ 구례 화엄사 각황전 전면 가구식계단의 법수

도 589. 통일신라시기 구례 화엄사 각황전 전면 가구식계단의 법수

◆ 경주 감은사지 가구식계단의 법수 장부 구멍

도 590. 통일신라시기 경주 감은사지 금당지 가구식계단의 법수 장부 구멍

◆ 경주 분황사지 가구식계단의 법수 장부 구멍

도 591. 통일신라시기 경주 분황사지 출토 가구식계단의 법수 장부 구멍

최근까지 법수 조성과 관련한 사상적 배경이나 문화적 계통, 그리고 이에 대한 세부 연구
가 미흡하여 자세한 내용은 알 수 없다. 다만 삼국시기의 계단(도 592~593)에서 아직까지 이
러한 형적이 전혀 확인되지 않았다는 점에서 통일신라시기에 새롭게 등장한 석조문화였음은
확실하다고 할 수 있다.

◆ 법수가 없는 백제 사비기 익산 미륵사지 금당지와 석탑의 가구식계단

도 592. 백제 사비기 익산 미륵사지 동원 금당지의
　　　　가구식계단. 법수 구멍이 없다.

도 593. 백제 사비기 익산 미륵사지석탑의 가구식
　　　　계단. 법수 구멍이 없다.

법수는 7세기 말~9세기 전반까지에는 대부분 돌기둥(石柱) 형태로 세워지나 8세기 중반 이후가 되면 월정교의 법수와 같이 정상부에 사자상(도 594)이 조각되기도 한다. 그리고 9세기에 접어들면 돌기둥이 없이 보령 성주사지 금당지처럼 단독 사자상(도 595)으로 바뀌기도 한다.

◆ 사자상이 조각된 법수
 ◈ 경주 월정교 가구식계단의 사자상 법수

도 594. 통일신라시기 경주
　　　　월정교 가구식계단
　　　　법수의 사자상(복원)

◈ 보령 성주사지 금당지 가구식계단의 사자상 법수

도 595. 통일신라시기 보령 성주사지 금당지 남면 가구식계단의 법수(복
　　　　원). 사자상이 조각되어 있다.

현재 남아있는 법수는 거의 대부분 석주형(石柱形)이나 머리 형태 및 단면, 지대석의 몰딩 등에서 다양성을 보여주고 있다. 즉 머리 형태의 경우 불국사 연화교 계단의 법수(도 596)는 네 면을 모두 둥글게 치석하여 앞에서 볼 때 돔 천정을 연상시키는 반면, 다보탑 계단의 법수(도 597)는 두 면만을 치석하여 마치 터널을 떠올리게 한다. 이에 반해 구례 화엄사 각황전 앞 계단 법수(도 598)는 머리에 난간석을 설치하기 위한 반원형의 홈이 있어 앞의 사례들과 차이를 보이나 머리 형태만을 놓고 볼 때는 다보탑과 같은 계통으로 파악할 수 있다. 다만, 각황전 앞 계단 법수의 경우 머리 아래에 상하 2조의 돌대가 장식되어 있다는 점에서 다보탑 및 연화교 등의 법수와는 확연한 차이를 보인다. 각황전 앞 계단 법수는 후술하겠지만 캄보디아 및 라오스 등의 앙코르유적에서 보이는 돌기둥(石柱)과 아주 흡사하여 같은 계통으로 추정되기도 한다.

◆ 석주형 법수의 다양한 형태

도 596. 통일신라시기 경주 불국사 연화교의 가구식계단 법수

도 597. 통일신라시기 경주 불국사 다보탑의 가구식계단 법수

도 598. 통일신라시기 구례 화엄사 각황전 앞의 가구식계단 법수

법수는 단면 형태에 있어서도 차이를 보이는데 불국사 연화교의 것이 상하 두께가 같은 장대석형인 반면, 다보탑과 화엄사 각황전 앞 계단 법수는 아래가 넓고, 위가 좁아 마치 이집트의 오벨리스크를 연상시킨다. 다만 불국사 연화교와 다보탑이 8세기 중반 무렵에 조성되었다는 점에서 시기적 차이보다는 조각의 다양성을 판단케 한다. 그리고 구례 화엄사 각황전 계단 앞 법수의 경우는 문양이나 머리에 난간석을 두었다는 점에서 기능적 차이를 엿볼 수 있다. 그런 점에서 경주 불국사 법수에 후행하는 8세기 후반기의 것으로 추정해 볼 수 있다.

한편, 보령 성주사지 금당지에서 살필 수 있는 사자상의 법수는 이후 조선시기의 천안 광덕사 대웅전(도 599)과 순천 송광사 조계문(일주문, 도 600) 등의 계단에서도 볼 수 있어 그 계통이 오랜 기간 유지되었음을 확인할 수 있다.[166]

◆ 사자상이 조각된 조선시기의 법수

 ◈ 천안 광덕사 대웅전 계단의 사자상 법수

도 599. 천안 광덕사 대웅전 계단의 사자상 법수. 계단은 후대에 보수되었다.

---

166) 조선시기의 법수로는 흔히 용이나 태극문양 등을 볼 수 있다.

◈ 순천 송광사 조계문 계단의 사자상 법수

도 600. 순천 송광사 조계문(일주문) 계단의 사자상 법수

법수의 조성 방법은 크게 두 가지로 나눌 수 있다. 첫 번째는 황룡사지 목탑지(도 601)[167]나 경루지, 사천왕사지 당탑지, 감은사지 금당지, 망덕사 당탑지, 분황사지, 불국사 연화교·청운교·백운교 등의 계단과 같이 법수의 장부를 이용하여 별석의 지대석에 꽂는 것이고, 두 번째는 불국사의 다보탑처럼 별도의 장부 없이 법수와 지대석을 통돌로 조성하는 방식이다 (도 602). 불국사 다보탑이 신라 석탑 중 이형석탑에 속하는 것처럼 법수의 조성 방법도 이형적인 사례로 분류할 수 있다.

---

167) 경주 황룡사지 목탑지의 가구식계단을 삼국시기가 아닌 통일신라시기로 구분하는 것은 익산 미륵사지 강당지나 탑파 계단과의 비교를 통해서이다. 즉 황룡사 구층목탑을 조성한 아비지의 경우 백제인으로서 그가 신라로 파견되기 전 이미 백제에는 미륵사가 완공된 상태였다. 그런데 이곳 계단에서 법수의 흔적은 전혀 확인할 수 없다. 반면, 7세기 말 이후에 축조된 경주지역의 사천왕사지나 감은사지, 망덕사지, 고선사지 등의 가구식계단과는 친연성을 보이고 있다. 그런 점에서 황룡사지 목탑지에서 보이는 가구식계단의 지대석은 백제양식보다는 신라양식으로 파악해 봄이 타당하다고 생각된다.

◆ 법수의 조성 방법

 ◈ 경주 황룡사지 목탑지-법수와 가구식계단 지대석이 별석

도 601. 통일신라시기 경주
황룡사지 목탑지
남면의 가구식계단
법수 구멍

 ◈ 경주 불국사 다보탑-법수와 가구식계단 지대석이 통돌

도 602. 통일신라시기 경주 불국사 다보탑의 법수. 법수의 신부와 지대석이 통돌로 제작되
어 있다.

법수는 또한 조성 방법뿐만 아니라 설치되는 지대석에 있어서도 차이를 보이고 있다. 예컨대 682년 무렵에 조성된 경주 감은사지 금당지(도 603) 및 황룡사지(도 604) 출토의 가구식 계단을 보면 갑석과 지대석이 만나는 지점에 원형의 구멍을 굴착하여 법수를 세우고 있다. 이럴 경우 원형 구멍은 갑석과 지대석 공히 1/2씩 차지하게 된다. 그런데 679년 무렵의 경주 사천왕사지 서탑지나 8세기 중반의 경주 황룡사지 추정 경루지(도 605) 및 불국사 연화교·백운교(도 606), 구례 화엄사 각황전 앞 계단 등을 보면 법수 구멍이 전자와 달리 갑석 및 지대석과 중복되지 않고 떨어져 있음을 볼 수 있다.[168] 이는 법수의 머리 형태나 단면 형태에서 본 것과 마찬가지로 시기성보다는 법수를 제작한 석공들의 기술적 계통과 밀접한 관련이 있을 것으로 생각된다.

◆ 법수의 조성 위치
　◈ 지대석과 갑석이 만나는 부분에 법수 위치

도 603. 통일신라시기 경주 감은사지 금당지 북면의 가구식계단. 법수 구멍은 갑석과 지대석 부분의 1/2 정도씩을 차지하고 있다.

도 604. 통일신라시기 경주 황룡사지 출토품. 면석과 갑석이 유실되었지만 법수 구멍은 감은사지 금당지의 것과 큰 차이가 없다.

168) 이는 경주 망덕사지 동탑지 지대석에서도 볼 수 있다.

◈ 갑석이 놓이는 끝부분에 법수 위치

도 605. 통일신라시기 경주 황룡사지 추정 경루지의 법수 구멍

◈ 지대석 앞부분에 법수 위치

도 606. 통일신라시기 경주
불국사 백운교의 법수

마지막으로 법수가 설치되는 지대석 측면의 치석기법에서도 차이가 발견되고 있다. 즉 사천왕사지 당탑지나 감은사지 금당지, 황룡사지 목탑지(도 607), 망덕사지 동탑지(도 608) 등의 경우는 몰딩 없이 거의 평평하게 치석된 반면, 황룡사지 추정 경루지(도 609)나 불국사 연화교(도 610) 등의 지대석은 사선이나 호형으로 치석하여 장식성을 가미하고 있다. 이러한 세부적 변화는 한편으로 법수가 설치된 가구식계단의 지대석이 7세기 말에서 8세기 중반을 거치며 시기성을 반영하는 것으로 이해할 수 있다.

◆ 법수가 세워지는 가구식계단 지대석의 몰딩 유무
  ◈ 몰딩 無
    ◉ 경주 황룡사지 목탑지의 가구식계단 지대석

도 607. 통일신라시기 경주 황룡사지 목탑지 가구식계단의 지대석

◉ 경주 망덕사지 동탑지의 가구식계단 지대석

도 608. 통일신라시기 경주 망덕사지 동탑지 가구식계단의 지대석

◆ 몰딩 有

◉ 경주 황룡사지 추정 경루지의 가구식계단 지대석

도 609. 통일신라시기 경주 황룡사지 추정 경루지 북면 가구식계단의 지대석.
측면이 사선 방향으로 치석되어 있다.

◉ 경주 불국사 연화교의 가구식계단 지대석

도 610. 통일신라시기 경주 불국사 연화교의 법수. 측면에서 호형의 몰딩을
볼 수 있다.

법수는 지역성과 시기성을 반영한다는 측면에서 통일신라시기 건축 유구의 특성으로 이해
할 수 있다. 그리고 법수가 경주의 월성이나 동궁, 관청건물 그리고 여타의 기와집 등에서 거
의 검출되지 않았음을 볼 때 정치성보다는 종교성(불교)과 밀접한 관계가 있었음을 알 수 있
다. 특히 신라의 건축 문화에 영향을 미쳤던 당나라[169]에서조차 이러한 유구가 확인되지 않
았다는 점은 법수가 대륙문화 보다는 바다를 통한 인도 문화의 영향으로 조성되었음을 추정
케 한다. 그런 측면에서 주목해 볼 수 있는 것이 바로 스리랑카 폴론나루와(Polonnaruwa) 유
적의 바타다게(Vatadage, 도 611)다.

바타다게 유적은 7세기에 건축된 원형 사원으로 3층의 구조를 갖추고 있다. 3층 중앙에
Dagoba(스투파)가 있고, 이의 사방으로는 선정인을 한 석가모니상이 앉아 있다. 2층과 3층
사이에는 가구식계단(도 612)이 사방에 조성되어 있고, 이의 입구 좌우에 법수(도 613)가 별석
으로 세워져 있다. 법수는 정면과 측면에 조각이 이루어졌는데 정면의 경우 보살 혹은 신장
으로 추정되는 한 구의 상이 7마리의 나가(Naga)를 머리에 둔 채 성물과 꽃가지를 파지하고
서 있다. 그리고 측면에는 석주 위에 황소 한 마리를 조각(도 614)해 놓아 아소카석주[170]의 축
소판을 연상케 하고 있다.

....

169) 당나라의 건축문화가 벽화로 그려진 돈황석굴을 비롯해 황제릉, 건물지, 사지 등에서 법수의 흔
    적을 찾아볼 수 없다.
170) 석주 위에는 황소 외에 사자가 조각되기도 한다. 이러한 모습은 현재 경주 월정교 앞에 복원된 석
    주(도 616)와 큰 차이가 없다.

■ 스리랑카 폴론나루와(Polonnaruwa) 유적

◆ 바타다게(Vatadage) 유적의 불전(佛殿)

도 611. 스리랑카 폴론나루와(Polonnaruwa) 바타다게(Vatadage) 유적의 불전

◆ 바타다게(Vatadage) 유적 불전의 가구식계단

도 612. 스리랑카 폴론나루와 유적의 바타다게(Vatadage). 불전의 사방에 가구식계단이
조성되어 있다. 7세기대 유적이다.

도 613. 스리랑카 바타다게(Vatadage) 유적 불전의 가구식계단과 법수. 가구식계단의 면석과 갑석은 통돌로 이루어졌다. 지대석 아래에 지복석이 놓여 있다.

◆ 바타다게(Vatadage) 유적 불전의 가구식계단 법수

도 614. 스리랑카 바타다게 (Vatadage) 유적 불전의 법수 세부 모습. 석주 위에 황소가 조각되어 있다.

도 615. 스리랑카 바타다게(Vatadage) 유적의 가구식계단과 법수

◆ 경주 월정교 계단 전면의 석주

도 616. 경주 월정교 계단
전면의 석주. 법수
로 판단된다.

이러한 조형성은 한편으로 스리랑카 바타다게 유적의 조각 계통이 인도에 있었음을 판단케 한다. 물론 인도나 스리랑카의 계단을 통일신라시기의 계단과 직접 비교할 수는 없다. 그러나 이들 국가 모두 불교를 국교로 삼은 바 있고, 통일신라시기에 이미 인도의 불교문화가 신라 사회에 유입되었음을 볼 때 이를 마냥 배제하기도 쉽지 않다. 예컨대『삼국사기』신라본기 제7 문무왕 하편 유조(遺詔)에 흥미로운 기사가 있어 적기해 보고자 한다.

> … 죽고 나서 10일이 지나면 곧 고문 바깥의 뜰에서 서국(西國)의 의식에 따라 화장(火葬)하라. …171)

이는 생전 문무왕의 유언으로 자신이 죽고 10일이 지나면 서국(인도)의 불교의식에 따라 화장(火葬)을 거행하라는 내용이다. 불교의 다비식으로서 이의 종주국인 인도식으로 화장하라는 뜻인데 현재 기록이 없어 구체적인 다비의 절차나 참석 인원, 게송(偈頌)되었던 불경 등에 대해선 전혀 알 수 없다. 다만, 불교의 장제에 해당되는 화장 문화가 문무왕대에 유입되었다는 것은 물질(건축)문화에 해당되는 인도의 건축 문화 또한 신라 사회에 유입되었을 가능성이 높다는 사실을 주지케 한다.

이러한 필자의 논지가 무리가 없다면 통일신라시기 경주지역에서 확인되는 계단의 법수는 인도에서 전파되었을 가능성이 높고, 경로는 중국을 통한 육로보다는 해로로 이동하였을 것으로 생각된다. 아울러 법수가 스리랑카 바타나게(Vatadage) 유적의 사례를 통해 부처님을 모신 불전 앞 계단에 위치해 있었다는 점에서 성소(聖所)로 진입하기 위한 관문의 성격으로 이해된다.

한편, 성소의 입구에 석주가 세워진 경우는 라오스나 캄보디아 등에 남아 있는 앙코르유적에서도 쉽게 찾아볼 수 있다. 예컨대 라오스의 밧푸 사원(도 617~619)이나 홍낭시다 사원(도 620~621), 그리고 캄보디아의 반데쓰레이 사원(도 622~623), 쁘레아칸 사원(도 624~625), 프레아꼬 사원(도 626), 쁘레룹 사원(도 627~628) 등 성소(聖所)의 초입부에서 석주를 살필 수 있다. 이들은 열주(列柱) 형태로 통행로의 좌우에 배치되어 있으며, 생김새는 통일신라시기의 법수와 유사한 형태를 하고 있다. 다만, 이들 사원의 경우 불교사원이 아닌 힌두교사원이라는 점에서 문화상의 차이를 엿볼 수 있다. 그러나 불교 및 힌두교문화가 인도에서 발생하여 스리랑카, 동남아시아로 전파되었음을 볼 때 법수의 발상지로서 인도를 선택한 데에는 큰 무리가

---

171) 鄭求福 외, 1997,『譯註 三國史記 2 번역편』, 韓國精神文化硏究院, 165쪽.
　　 鄭求福 외, 1997,『譯註 三國史記 3 주석편(상)』, 韓國精神文化硏究院, 242쪽.

없을 것이라 판단된다. 아울러 위치상 차이는 있지만 석주가 성소 입구에 세워져 있다는 점에서도 통일신라시기 유적과 앙코르 유적과의 친연성을 서로 비교해 볼 수 있다.

■ 성소 입구에 세워진 앙코르유적의 석주
　◆ 라오스 소재 사원
　　◈ 밧푸 사원

도 617. 라오스 팍세 밧푸 사원의 석주

도 618. 라오스 팍세 밧푸 사원의 석
　　　 주 세부

도 619. 라오스 팍세 밧푸 사원의 석주와 지대석의 결구 모습

◆ 홍낭시다 사원

도 620. 라오스 팍세 홍낭시다 사원의 입구. 대부분의 석주가 유실되었다.

도 621. 라오스 팍세 홍낭
시다 사원의 석주
세부

◆ 캄보디아 소재 사원

 ◆ 반데쓰레이 사원

도 622. 캄보디아 반데쓰레이 사원의 석주 전경

도 623. 캄보디아 반데쓰레이
          사원의 석주 세부

◆ 쁘레아칸 사원

도 624. 캄보디아 쁘레아칸 사원의 석주

도 625. 캄보디아 쁘레아칸
사원의 석주 세부

◆ 프레아꼬 사원

도 626. 캄보디아 프레아꼬
사원의 석주

◆ 쁘레룹 사원

도 627. 캄보디아 쁘레룹 사원의 석주. 대부분이 부러져 훼손되어 있다.

도 628. 캄보디아 쁘레룹
사원의 석주 세부

통일신라시기의 인도 문화 전파는 이후에도 간헐적으로 계속되었던 생각된다. 이는 경덕왕대에 창건된 불국사의 연화교(도 629)를 통해 엿볼 수 있다. 연화교는 안양문으로 진입하는 아랫단의 다리인데 이곳 계단에는 판단 첨형의 단판 연화문(도 630)이 음각되어 있다. 즉, 연꽃을 밟고 안양문을 통과하면 극락세계를 주재하시는 아미타불의 극락전에 다다르게 된다. 이렇게 볼 때 연꽃은 속세의 인간과 부처님을 하나로 연결해 주는 존재인 동시에 인간들이 사후 극락왕생하는데 있어 중요한 매개체 역할을 하고 있음을 알 수 있다.

■ 경주 불국사 연화교

　◆ 연화문이 장식된 답석(踏石)

도 629. 통일신라시기 경주 불국사의 연화교

　◆ 불국사 연화교의 판단첨형(瓣端尖形) 연화문

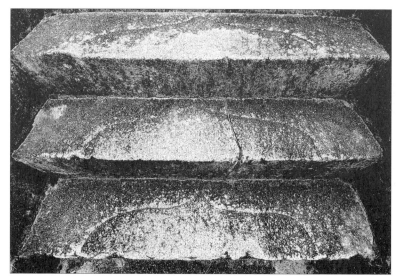

도 630. 통일신라시기 경주 불국사 연화교 계단의 연화문. 연꽃잎의 판단부가 뾰족하게 조각되어 있다.

그런데 불국사 연화교에서 볼 수 있는 연꽃의 성격은 인도 불교문화의 영향을 받은 7세기대 스리랑카 폴론나루와 유적의 바타다게(Vatadage)에서도 살필 수 있다. 즉 부처님이 모셔져 있는 성소 입구의 계단 바로 아래에 문스톤(도 631)이 위치하고 있는데 이곳에는 코끼리와 함께 연꽃(도 632~633)이 조각되어 있다. 문스톤을 밟지 않으면 부처님이 자리하고 있는 성소에 다다를 수 없기에 부처님을 뵙기 위해선 필연적으로 연꽃을 밟을 수밖에 없다. 이는 문스톤과 계단이라는 유적 성격만 다를 뿐 불교에서 의미하는 바는 같다고 볼 수 있다. 스리랑카의 불교문화가 근본적으로 인도의 영향을 받았기에 불국사의 연화교 또한 그 문화의 원류를 인도의 불교문화나 힌두교문화로 보는 것이 합리적일 것이다.

■ 계단 아래의 연화문 장식
　◆ 불교사원
　　◈ 스리랑카 폴론나루와 유적의 바타다게(Vatadage)

도 631. 리랑카 폴론나루와 유적의 바타다게(Vatadage) 문스톤. 연꽃을 밟고 계단을 오르면 부처님을 만날 수 있다.

도 632. 스리랑카 바타다게(Vatadage) 문스톤의 세부 1. 판단삼각돌기식 연화문을 연상시킨다.

도 633. 스리랑카 바타다게(Vatadage) 문스톤의 세부 2. 외부에는 판구곡절식, 내부에는 판단첨형식의 연화문이 조각되어 있다.

한편, 연꽃과 성소(聖所)와의 관계는 인도나 동남아시아의 힌두교 사원에서도 볼 수 있다. 즉 인도의 칸다리야 마하데바 사원(도 634)[172]이나 인도의 영향을 받은 캄보디아 및 라오스, 베트남 등의 앙코르유적(도 635~643)[173]에서 성소 아래의 연꽃을 확인할 수 있다. 이는 인도의 영향을 받은 남방의 소승불교 및 힌두교의 여러 나라에서 공통적으로 나타나고 있다. 반면 같은 시기 중국에서는 이러한 연꽃과 성소와의 관계가 뚜렷하게 밝혀진 것이 없다. 예컨대 중국 위진남북조시기 이후 수당시기에 이르기까지 중국 건축문화의 단상을 볼 수 있는 돈황 막고굴의 방목조건축이나 벽화 등에서 연꽃 계단이나 디딤돌 등은 전혀 찾아볼 수 없다.

■ 계단 아래의 연화문 장식

◆ 힌두교사원

◈ 인도 카주라호의 칸다리야 마하데바 사원

도 634. 인도 카주라호의
칸다리야 마하데바
사원(힌두교)

172) 시바신을 모시고 있는 힌두교 사원이다.
173) 캄보디아의 앙코르 왓, 반데쓰레이 사원, 쁘레아칸 사원, 동(east) 메본 사원, 프레아꼬 사원 등을 포함한 베트남의 미썬유적, 라오스의 밧푸 사원 등에서 찾아볼 수 있다.

◆ 캄보디아

  ◉ 프레아꼬 사원

도 635. 캄보디아 프레
아꼬 사원

도 636. 캄보디아 프레아꼬 사원 계단 아래의 연화문 세부

◉ 바꽁 사원

도 637. 캄보디아 바꽁
사원

도 638. 캄보디아 바꽁 사원 계단 아래의 연화문

● 동메본 사원

도 639. 캄보디아 동메
본 사원

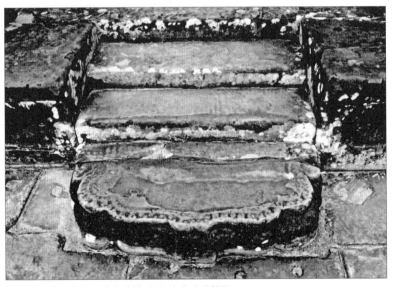

도 640. 캄보디아 동메본 사원 계단 아래이 연화문

◉ 반데쓰레이 사원

도 641. 캄보디아 반데쓰레이 사원의 연화문 세부

◆ 베트남

◉ 미손유적

도 642. 베트남 미손유적의 건축물

도 643. 베트남 미손유적 건축물에서 보이는 계단 아래의 연화문

　이상의 유적 사례에서 볼 때 통일신라시기 경주지역에서 볼 수 있는 연화교나 계단 아래의 법수 등은 인도와 신라의 건축문화가 불가분의 관계에 있었음을 입증하는 것이라 할 수 있다. 결과적으로 통일신라의 문화는 삼국의 전통문화와 당을 통한 대륙문화, 그리고 인도를 통한 해양문화의 융합으로 발전하였음을 확인할 수 있다.

　한편, 법수가 설치된 통일신라시기의 가구식계단은 고려 초기에도 극소수에 불과하지만 그 맥이 계속 이어짐을 볼 수 있다. 즉 개성 고려궁성 내 18호 건물지의 가구식계단(도 644~645)을 보면 지대석 전면부에 방형의 구멍이 투공되어 있음을 살필 수 있다. 이는 구멍의 위치와 형태 등으로 보아 법수의 장부 구멍 외에는 판단하기 어렵다. 하지만 고려궁성 외에 비슷한 시기의 천안 천흥사나 충주 숭선사, 예산 가야사, 서산 보원사 등지에서는 이러한 법수 구멍이 아직까지 확인된 바 없다. 이로 보아 통일신라시기 유행하였던 가구식계단의 법수는 고려 초기를 거치면서 어떠한 연유인지는 알 수 없으나 갑작스럽게 소멸 단계에 접어든 것으로 파악해 볼 수 있다.

■ 법수가 설치된 고려시기의 가구식계단

◆ 고려궁성 내 18호 건물지[174]

도 644. 고려시기 개성 고려궁성 내 18호 건물지. □ 내부가 법수 구멍이 있는 가구식계단

도 645. 고려시기 개성 고려궁성 내 18호 건물지의 가구식계단. 지대석 전면부에 법수를
꽂기 위한 방형의 구멍이 뚫려 있다.

174) 국립문화재연구소, 2009, 『개성 고려궁성』, 46쪽 사진 64 및 47쪽 사진 67.

4. 무덤에 축조된 가구식기단

봉토(封土)를 갖춘 통일신라시기의 무덤 외곽으로는 석축이 조성되어 있다. 이 유구는 삼국시기부터 등장한 것으로 보고자에 따라 호석(외호석), 기단(석), 경계석 등으로 불리고 있다.[175]

석축시설은 기능적으로 석실이나 목곽과 관련된 성토층 및 그 위에 축토되는 봉토가 유실되는 것을 막아주는 역할을 한다. 이는 마치 목조건축물에서 초석이나 적심이 축조되는 기단토의 유실을 방지하기 위해 외곽에 기단을 조성하는 것과 마찬가지로 파악할 수 있다. 그런 점에서 무덤 외곽의 석축렬은 호석(외호석)이나 경계석보다는 기단(석)으로 부르는 것이 좀 더 합리적이지 않을까 생각된다. 그리고 천마총(황남동 155호분)이나 합천 옥전고분 중 M11호분, 창녕 송현동 고분군 중 6호분 등과 같이 석축렬이 봉토 내부에 포함되어 있는 것은 육안에 노출된 석축렬과 분명 기능상 차이가 있다. 그런 점에서 봉토에 덮여 육안으로 관찰되지 않는 석축렬은 토류석(土留石)으로 부르고자 한다.[176]

....

175) 대부분은 호석(護石)으로 불리고 있다.

    김세기는 이를 봉토의 유실을 방지하기 위해 분묘 둘레에 구축한 시설로 이해하였고, 분묘의 범위를 나타내는 경계선으로 파악하기도 하였다. 아울러 이러한 호석은 경주의 적석목곽분을 비롯한 수혈식석실의 봉토분, 횡혈식 석실분의 봉토분에도 설치된 것으로 보았다.

    김세기, 2001, 「三國時代 封土墳의 護石에 대하여 -성주 성산동고분군의 新資料를 중심으로-」 『古文化』 제57호.

    그리고 호석의 축조 시점은 기초성토층을 쌓은 이후 어느 시점, 혹은 동시에 쌓아 올린 것으로 보고 있다.

    金姜男, 2011, 「5~6世紀 琴湖江流域 封土墳의 築造方式과 性格」, 영남대학교 대학원 문화인류학과 고고학전공 석사학위논문, 62쪽.

    이상의 호석과 관련된 시각은 현재에도 학계에서 주류로 통용되고 있다.

176) 석실과 봉토를 동시에 조성할 시 축토된 봉토를 일차적으로 안정시킬 필요가 있다. 이럴 경우 봉토의 유실을 방지하기 위해 봉토와 함께 토류석을 조성한다. 따라서 토류석은 봉토가 완성될 경우 육안에 노출될 수 없다. 그러나 전 선덕여왕릉의 일명 호석(석축렬)과 같은 경우는 봉토의 끝단에 축조되기 때문에 봉토 완료 시 지표면에 노출하게 된다. 이는 가구식으로 조성된 경주 용강동고분이나 전 원성왕릉도 마찬가지이다.

    그러므로 봉토 조성과 관련하여 봉토에 덮여 눈으로 보이지 않는 석축렬과 눈으로 보이는 석축렬은 분리하여 용어를 사용하는 것이 합리적이라 생각된다. 또한 십이지신상이 있는 가구식과 이것이 없는 가구식을 동일하게 호석으로 부르는 것도 듣는 입장에서 혼동될 수밖에 없다. 이와 같은 경우는 큰 틀에서 가구식으로 대분류하고 십이지신상이 있는 가구식 능묘만을 호석으로 별칭

■ 봉토 외곽 석렬에 대한 명칭

◆ 호석으로 기술된 사례(도 646)[177]

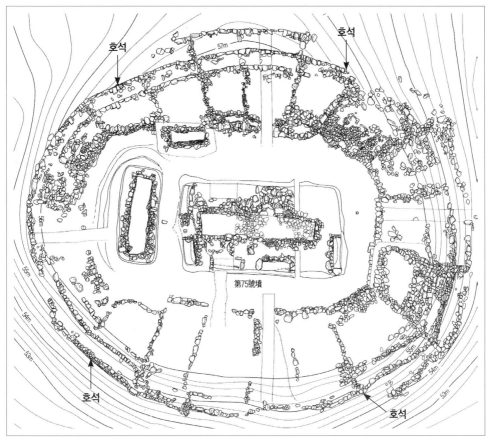

도 646. 가야시기 고령 지산동 제75호분. 화살표 방향에 2~3조의 석렬이 돌아가고 있다. 보고서에는 호석으로 기술되어 있다.

하는 것이 효과적이지 않을까 판단된다.

177) 高靈郡 大加耶博物館 · 大東文化財硏究院, 2012, 『高靈 池山洞 第73~75號墳』, 279쪽 도면 128.

◆ 기단(석)으로 기술된 사례(도 647)[178]

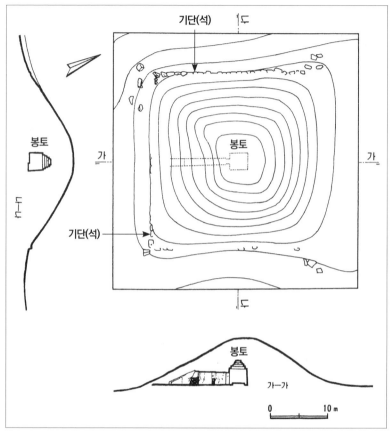

도 647. 고구려 평양성기 평양 토포리대총(기단봉토분)의 봉토와 석실. 화살표 방향에 석
렬이 조성되어 있다. 이 유구는 보고서에 기단으로 기술되어 있다.

178) 박천수 외, 2011,『東아시아 古墳 歷年代 資料集』, 학연문화사, 181쪽.
    文化財管理局 文化財研究所, 1991,『北韓文化遺蹟發掘槪報』, 60쪽.

◆ 경계석으로 기술된 사례(도 648)[179]

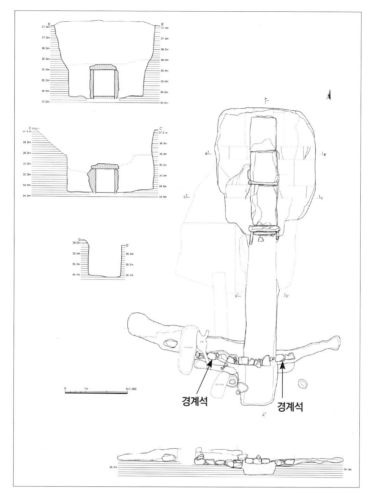

도 648. 백제 사비기 부여 능산리 서고분군의 2호 횡혈식석실분. 화살표 방향
에 석렬이 조성되어 있다. 이 유구는 봉분 외곽의 경계석으로 기술되었다.

179) 한국전통문화대학교 고고학연구소 · 부여군, 2019, 『부여 능산리고분군 Ⅰ 서고분군』, 127쪽 도
면 21.

■ 토류석

◆ 천마총(황남동 155호분, 도 649)[180]

　동편 트렌치의 적석기저부에서 동쪽으로 약 11m 이르는 지점에 수직에 가깝게 쌓아올린 석렬이 확인되었다. 석렬은 높이 0.7m, 폭 1m의 허튼층쌓기식으로 조성되었고, 그 안쪽 전면으로 점토가 판축되어 있다. 그런데 이 석축렬의 경우 봉토조성층 ①에 해당되는 표토에 덮여있다. 이는 기본적으로 표면에 노출되지 않는 석축렬로서 봉토의 기저부 붕괴를 방지하기 위한 목적으로 축조되었음을 알 수 있다. 그런 점에서 이 유구는 기능적으로 외호석이라는 명칭보다는 토류석이라는 용어가 좀 더 적합할 것이라 생각된다.

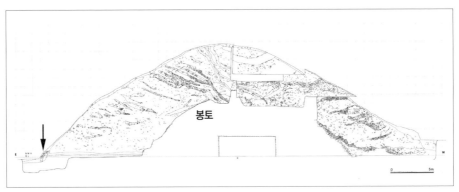

도 649. 신라시기 천마총(황남동 155호분) 동서토층 단면도. 화살표 방향으로 석렬이 돌아가고 있다. 이 유구는 보고서에 외호석(호석)으로 기술되어 있다.

◆ 합천 옥전고분군 M11호분(도 650)[181]

　봉토의 끝단에 호석으로 불리는 석렬이 돌아가고 있다. 그런데 토층도를 보면 이들 석렬이 봉토에 덮여 있음을 볼 수 있다. 따라서 봉토가 완성되었을 경우 이들 석렬은 흙에 덮여 육안으로 살필 수 없게 된다. 그런 점에서 지면에 노출된 기단석보다는 토류석으로 보는 것이 합리적이라 할 수 있다.

180) 보고서에는 외호석으로 기술되어 있다.
　　국립경주문화재연구소, 2019, 『천마총 발굴조사의 기록』, 130쪽 및 134쪽, 299쪽.
181) 慶尙大學校博物館, 1995, 『陜川玉田古墳群-M10·M11·M18號墳 』 V, 21쪽 그림 12.

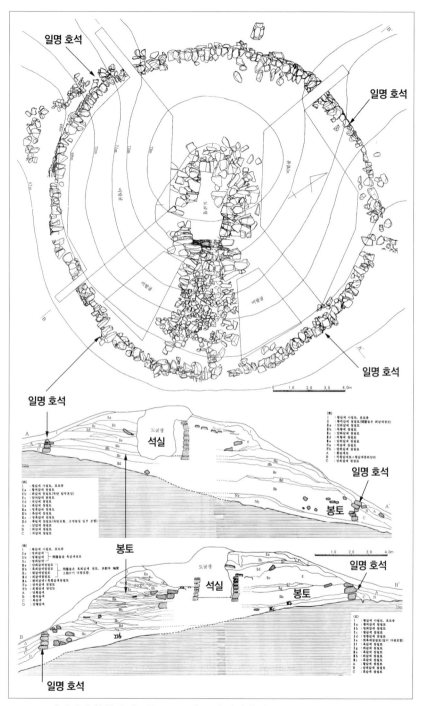

도 650. 가야시기 합천 옥전고분군 M11호분의 일명 호석. 봉토에 덮여 있는 것으로 보아 호석 보다는 토류석으로 보는 것이 타당하다고 생각된다.

◆ 창녕 송현동고분군 6호분(도 651)[182]

전술한 합천 옥전고분군 M11호분의 토층도와 같은 양상을 보이고 있다. 따라서 봉토에 덮인 석렬은 호석보다 토류석으로 파악하는 것이 타당하다고 생각된다.

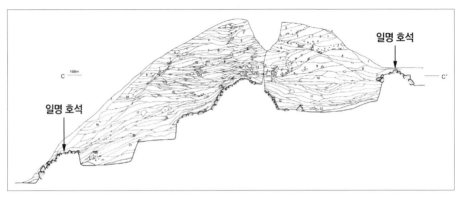

도 651. 가야시기 창녕 송현동고분군 6호분의 일명 호석. 토류석으로 보는 것이 타당하다고 생각된다.

한편, 필자는 호석(도 652)이란 용어에 대해 가구식기단(도 653) 중 탱주에 십이지신상이 조각되거나 전 성덕왕릉과 같이 별석으로 축조된 것만을 한정해서 부르고자 한다. 십이지신상은 불교와 밀접한 신장상으로 악귀를 막아주는 역할을 하고 있다.[183] 그런 점에서 십이지신상은 무덤에 안치된 사자(死者)를 외부의 악귀로부터 보호하고자 하는 바람에서 제작된 것으로 판단된다. 따라서 호석은 봉토가 밖으로 흘러내리는 것을 막아주는 기능적 측면에서의 지토시설(止土施設) 외에 사상적 측면도 가미된 것으로 이해할 수 있다.

----

182) 국립가야문화재연구소·창녕군, 2011, 『창녕 송현동고분군 6·7호분 발굴조사보고 본문·도면』 I.
183) 석탑의 기단부에서 주로 볼 수 있다.

■ 무덤에서의 호석과 가구식기단

◆ 호석 - 가구식기단이면서 십이지신상이 조각

도 652. 통일신라시기 경주 전 경덕왕릉의 호석

◆ 가구식기단 - 십이지신상이 조각되지 않음.

도 653. 통일신라시기 경주 용강동고분의 가구식기단

신라 능묘는 십이지상의 조각수법과 기단석의 형식, 구조, 몰딩 등을 근거로 하여 국내외의 여러 선학들에 의해 연구된 바 있다. 그런데 이들 무덤의 경우 용강동고분 및 전 신문왕릉, 전 민애왕릉처럼 가구식기단으로 축조되었다는 공통점이 있다. 이는 가구식기단이 먼저 사용된 건축기단의 사례와 친연성을 보이는 것으로 이와 비교, 검토가 반드시 필요할 것으로 생각된다. 아울러 가구식기단을 구성하는 탱주의 등장과 지지석의 유무, 지대석과 갑석에서 보이는 몰딩, 그리고 면석 부재의 변화 등은 신라 능묘의 변천을 이해하는 데 큰 도움을 주고 있다.[184] 따라서 여기에서는 신라 능묘의 가구식기단을 치석(몰딩)과 결구기법 등을 중심으로 그 변화상을 살펴보도록 하겠다. 아울러 능묘의 편년 설정에 있어 가구식기단의 치석과 결구기법 외에 탱주에 조각된 십이지신상의 연구[185]도 참고하고자 한다.

1) 면석의 변화, 판석에서 블록석·장대석으로

가구식기단은 삼국시기에 사찰의 금당과 목탑 등에 주로 조성되었다.[186] 이러한 경향은 통일신라시기에 이르러 사천왕사 및 감은사, 불국사, 화엄사 등에도 동일하게 나타나고 있다. 이처럼 사찰의 전유물로 인식되었던 가구식기단은 통일신라시기에 접어들면서 무덤에도 확대 적용되었다. 이는 가구식기단이 사찰에서 신성시 되는 금당과 목탑 등에 주로 사용되고, 기단 중 격이 가장 높다는 인식 하에 왕 및 왕족, 귀족들이 앞 다투어 받아들인 결과로 파악된다. 특히 골품제로 대변되는 신분제사회에서 가구식기단은 사회 최상층만이 향유할 수 있는 석조물로 자리잡게 되었다.

지대석과 면석, 갑석 등으로 조합된 가구식기단에서 가장 많은 부분을 차지하고 있는 것은 바로 면석이다. 이는 삼국시기 이후 판석으로 조성되는 것이 일반적이다. 세로 변(높이)에

---

184) 이러한 연구는 김용성의 논고에서도 살필 수 있다.
　　金龍星, 2012, 「신라 십이지신장상 호석 능묘의 변천」 『한국고대사탐구』 11.
185) 임영애, 2013, 「신라 왕릉 조각의 미술사적 조망과 특수성」 『신라문화』 41.
186) 백제 사비기의 부여 왕흥사지 강당지 및 익산 미륵사지 강당지 등에서 가구식기단을 볼 수 있으나 이는 일반적인 경향이 아니었다.

비해 가로 변(길이)이 약간 긴 횡판석(橫板石)이 주류를 이루지만 익산 미륵사지 동원금당지 면석과 같이 가로 변이 현격하게 긴 횡판석도 찾아볼 수 있다.

통일신라시기 무덤에서 보이는 면석 역시 목조건축물의 그것과 큰 차이가 없다. 이는 용강동고분을 비롯한 전 성덕왕릉, 구황동왕릉, 전 경덕왕릉, 전 원성왕릉, 전 헌덕왕릉, 전 흥덕왕릉, 전 김유신 묘, 전 진덕여왕릉 등의 사례를 통해 살필 수 있다.

그런데 경주지역의 전 신문왕릉[187]이나 전 민애왕릉,[188] 구정동 방형분,[189] 능지탑 등의 면석(다음 표 참조)을 보면 이전의 횡판석과 달리 블록석[190]이나 장대석으로 축조된 것도 확인된다. 예컨대 전 신문왕릉 면석의 경우 블록석을 이용하여 5단으로 조성하였고, 전 민애왕릉과 구정동 방형분은 장대석을 이용하여 3단으로 축조하였다. 이러한 면석 단수의 차이는 아마도 규모면에서 전 신문왕릉이 다른 두 무덤에 비해 월등히 크다는 점이 영향을 미쳤을 것으로 판단된다. 그리고 능지탑은 앞에서 제시한 구정동 방형분과 평면 형태만 동일할 뿐, 면석과 우주의 구조, 갑석의 문양 등에서 많은 차이를 보여주고 있다. 즉 구정동 방형분이 십이지신상이 조각된 탱주를 중심으로 3단의 장대석이 정형적으로 시설된 반면, 능지탑은 탱주 좌우에 2~3단의 장대석이 놓여 비정형성을 보여주고 있다. 또한 우주도 하나의 석주(도 654)가 아닌 2매의 판석(도 655)을 겹쳐 놓아 구정동 방형분과 확연한 차이가 있다. 마지막으로 갑석의 경우도 대부분의 신라 능묘에 각형의 턱(도 656)이 조성된 반면, 전 성덕왕릉이나 전 신문왕릉, 용강동고분, 전 민애왕릉, 구정동 방형분(도 657) 등에는 턱이 조성되지 않았다. 그리고 능지탑에는 단판 복엽의 연화문(앙련, 도 658)이 조각되어 있어 화려한 장식성을 강조하고 있다.

---

187) 면석은 블록석을 이용하여 5단으로 축석하였다. 효소왕릉(효소왕 재위 692~702)으로 추정되기도 한다.

188) 면석은 장대석을 이용하여 3단으로 조성하였다. 애장왕릉으로 추정되고 있다.

189) 면석은 3단의 장대석으로 조성되었다.

190) 장대석보다 길이가 짧은 블록 크기의 치석된 석재를 말한다.

■ 신라 왕릉의 면석 비교

구 분		형 태	비 고
횡판석		 경주 용강동고분	전 성덕왕릉, 구황동왕릉, 전 경덕왕릉, 전 원성왕릉, 전 헌덕왕릉, 전 흥덕왕릉, 전 진덕여왕릉, 전 김유신 묘 등
블록석		 경주 전 신문왕릉	5단으로 조성
장대석	3단	 경주 전 민애왕릉　　경주 구정동 방형분 경주 능지탑	※ 전 민애왕릉의 면석 높이는 일정함 ※ 구정동 방형분의 경우 위단의 장대석 　 높이가 가장 높은 반면, 능지탑은 　 반대로 아랫단의 장대석이 가장 높음
	2단	 경주 능지탑	

■ 신라 왕릉의 우주 비교

◆ 경주 구정동 방형분-석주

도 654. 통일신라시기 경주 구정동 방형분의 우주

◆ 경주 능지탑-판석

도 655. 통일신라시기 경주 능지탑의 우주

■ 신라 왕릉의 갑석 비교

 ◆ 갑석 하단에 각형의 턱이 있는 경우

도 656. 통일신라시기 경주 전 헌덕왕릉의 갑석

 ◆ 갑석 하단에 턱이 없는 경우

도 657. 통일신라시기 경주 구정동 방형분의 갑석

◆ 갑석 하단에 연화문이 장식된 경우

도 658. 통일신라시기 경주 능지탑 갑석의 연화문

　전 신문왕릉은 무덤의 조성 시기가 7세기 말~8세기 초반이라는 점에서 완전 새로운 가구
식기단임을 알 수 있다. 그런데 이러한 면석의 사용이 신문왕 2년(682)에 창건된 경주 감은사
의 강당지 및 회랑지 등에서 살펴지고 있어 기술해 보고자 한다.

　감은사지는 금당지를 비롯한 강당지 및 회랑지 등이 모두 가구식기단으로 조성되었다. 그
런데 강당과 회랑의 면석은 금당지의 횡판석과 달리 장대석으로 제작되었고, 그 높이는 대략
25cm 정도이다. 이는 강당과 회랑의 기단 규모를 금당보다 작게 하기 위한 필연적 조치였다
고 생각된다. 그 결과 삼국시기 이후 가구식기단 면석의 주재료였던 횡판석은 짧은 기간이지
만 블록석[191])으로 바뀌게 되었다.[192])

----

191) 블록석은 장대석보다 길이가 짧은 것을 의미한다.

192) 가구식기단에서 면석이 횡판석이 아닌 장대석으로 바뀐 사례는 이후 황룡사의 추정 종·경루지
　　에서도 볼 수 있다.

전 신문왕릉은 감은사가 창건된 이후 조성되었다는 점에서 가구식기단의 새로운 변화를 받아들였던 것으로 생각된다. 이 무덤은 원분으로 봉분의 지름이 29.3m에 이를 정도로 대형에 속하고 있다. 따라서 가구식기단의 규모도 자연스럽게 대형일 수밖에 없었다. 그런데 문제는 지름 29.3m, 봉분 높이 7.6m 정도를 감당해 낼 가구식기단의 축조가 당시의 건축기술로는 쉽지 않았을 것이다. 왜냐하면 전 신문왕릉의 봉토에서 발생되는 토압은 여느 건물의 기단토에서 생기는 그것과 비교도 되지 않았을 것이기 때문이다. 따라서 전 신문왕릉의 기단석을 조성하는 장인들은 봉토의 토압을 지탱할 수 있는 새로운 공법의 가구식기단 제작이 요구되었다. 그리고 이러한 필요성에 따라 5단의 블록형 면석과 44개의 지지석이 등장하였을 것으로 생각된다.

　　그렇다면 감은사지 강당이나 회랑과 같은 장대석이 아닌 길이가 짧은 블록석을 사용한 이유는 무엇이었을까? 그것은 바로 전 신문왕릉의 평면이 방형이 아닌 원형이었기 때문이다. 즉 원형을 이루기 위해선 길이가 긴 장대석보다는 길이가 짧은 블록석이 훨씬 더 유리하였을 것이다. 그러나 1매의 횡판석을 만드는 것보다 동일 크기에 해당하는 여러 블록석을 제작하는 것은 경제적으로나 시간적으로 훨씬 더 많은 것을 요구하였기 때문에 이러한 면석은 유행하기 어려웠다. 그리고 조그마한 크기의 블록석은 돌못 형태의 탱주 턱을 활용한 횡판석보다 봉토의 토압에 훨씬 더 취약하였을 것으로 판단된다. 결과적으로 이상의 사례는 무덤의 안전성 측면에서 매우 중요한 부분에 해당되었다. 그렇기 때문에 탱주가 없는 면석을 사용한 전 신문왕릉이나 용강동고분과 같은 가구식기단은 통일신라시기에 큰 유행을 보지 못했던 것으로 생각된다.

　　전 신문왕릉 이후 면석에 사용된 블록석은 한동안 그 자취를 감추게 되었고, 그 자리는 횡판석이 차지하게 되었다. 이후 9세기 무렵에 조성된 전 민애왕릉 및 구정동 방형분에서 장대석 면석을 다시 볼 수 있는데 후자의 경우 원형분이 아닌 방형분이라는 점에서 가구식기단의 새로운 형식으로 파악할 수 있다. 즉 기존의 왕릉은 가구식기단을 조성함에 있어 지대석과 면석, 갑석 모두를 곡면으로 치석해야만 했다. 그리고 구황동왕릉, 전 경덕왕릉, 전 진덕여왕릉 등에서 확인된 바와 같이 갑석과 갑석은 장부나 턱, 은장 등을 이용해 결구하였다. 이는 석재를 가공함에 있어 많은 공력을 요구할 수밖에 없었다. 그런 점에서 구정동 방형분의 가구식기단은 곡선의 부재 대신 직선의 부재를 사용하였다는 점에서 전 민애왕릉보다는 효율적이고 경제적인 기단 형식으로 이해할 수 있다. 결과적으로 구정동 방형분에서 보이는 가구식기단은 원형분에서 보이는 가구식기단보다 축조하기 쉽고, 석재의 가공도 그만큼 용이하였던 것이다.

전 민애왕릉은 전 신문왕릉의 복고풍이라는 점에서 의미가 있다. 즉, 장대석 혹은 블록석을 이용하여 3단의 면석을 조성하고, 기단 전면으로 지지석을 설치해 놓았다. 그리고 탱주가 없고, 지대석과 갑석에 턱이나 몰딩이 표현되지 않았다는 점에서 두 무덤의 친연성을 살필 수 있다.

구정동 방형분의 가구식기단에서 보이는 면석(장대석)은 고려시기를 거치면서 약간의 구조적 변화가 일어났고, 해당 시기 사원의 건축기단에도 적지 않은 영향을 미치게 되었다. 즉 충주 숭선사지 서회랑지(도 659)를 비롯한 원주 법천사지 부도전지 동·서건물지(도 660), 안동 봉정사 극락전(도 661), 양주 회암사 보광전지 월대 기단(도 662) 등에 영향을 주고 있는데 이들 건물 (지)은 면석이 상하 2단으로 정형화 되어 있다.[193] 이는 숭선사지 금당지나 남원 만복사지 금당지, 그리고 영주 부석사 무량수전의 면석이 횡판석인 것과는 확연한 차이를 보여준다.

■ 신라 가구식기단 면석 형식의 고려 전파
◆ 충주 숭선사지 서회랑지

도 659. 고려시기 충주 숭선사지 서회랑지 가구식기단의 2단 면석

---

193) 이러한 건축기단을 필자는 숭선사계 가구기단으로 표현한 바 있다.
조원창, 2016, 「高麗 崇善寺系 架構基壇의 時期的 變遷과 位相 變化」『고려사지와 건축고고』, 서경문화사.

◆ 원주 법천사지 부도전지 서건물지

도 660. 고려시기 원주 법천사지 부도전지 서건물지 가구식기단의 2단 면석

◆ 안동 봉정사 극락전

도 661. 고려시기 안동 봉정사 극락전 가구식기단의 2단 면석

◆ 양주 회암사지 보광전지 월대

도 662. 고려시기 양주 회암사지 보광전지 월대 가구식기단의 2단 면석

2) 탱주와 십이지신상의 조각

탱주는 가구식기단에서 면석과 면석 사이에 놓인 돌기둥을 말한다. 통일신라시기 건물지 중 탱주가 설치된 최초의 사례는 679년 무렵에 창건된 경주 사천왕사를 들 수 있다. 사천왕사지의 경우 금당지와 동·서목탑지가 모두 가구식기단으로 조성되었고, 여기에 탱주가 설치되어 있다. 탱주는 별석으로 조성되었으며 단면 형태는 사각형에 가깝다. 이들 탱주는 지대석 윗면의 턱에 결구하도록 되어 있고, 양 측면에는 턱이 있어 면석을 걸칠 수 있게 하였다. 이처럼 탱주의 턱을 이용한 면석의 결구는 일찍이 익산 미륵사지 당탑이나 강당지(도 663~664) 등에서도 볼 수 있어 그 기술적 계통이 백제에 있었음을 짐작케 한다.

■ 익산 미륵사지 강당지의 우주와 면석 결구 모습

도 663. 백제 사비기 익산 미륵사지 강당지 가구식기
단 우주의 측면 턱

도 664. 백제 사비기 익산 미륵사지 강당지 우주와
면석의 결구 모습

그런데 신라 왕릉, 즉 구황동왕릉과 전 김유신 묘의 탱주 형태를 보면 익산 미륵서지석탑
의 그것과는 완전 구별되고 있음을 확인할 수 있다. 예컨대 김유신 묘의 탱주는 경주 남산신
성이나 감은사지 축대 혹은 월정교 및 춘양교의 교대 출토 돌못과 같이 일자형에 가깝고,[194]
두부와 턱, 경부, 신부, 단부 등으로 이루어져 있다. 이에 반해 구황동왕릉의 탱주는 일자형
이 있는 반면, 사선형으로 꺾인 것도 발견되어 신부의 변화를 보여주고 있다.

탱주는 전체 길이가 약 120cm 이상으로 육안에 노출되는 부분은 약 10cm를 넘지 않는
다. 면석이 결구되는 턱과 경부를 제외한 대부분이 신부를 구성하고 있고, 이 부분은 기단석
과 석실 사이의 성토(혹은 판축)층에 놓이게 된다. 이 층위는 기단석 중앙의 석실이 붕괴되지
않도록 성토나 판축 후에 달고질을 하기 때문에 대체로 견고한 층을 유지하게 된다. 이러한

---

194) 이는 일부 발굴된 것만을 보고 논고를 진행한 것이기 때문에 향후 발굴조사가 진행된다면 본고
의 내용과 다를 수 있음을 밝혀둔다.

축토층(築土層)은 마치 적심과도 같아 탱주의 신부를 단단히 잡아주게 된다.[195] 이렇게 볼 때 무덤에서의 탱주는 십이지신상을 조각하기 위해 등장한 것이 아닌 봉토의 지토시설(止土施設)인 면석이 밖으로 밀려나는 것을 막아주기 위해 출현하였음을 알 수 있다. 그리고 이러한 건축공법은 통일신라시기의 축대 및 교대에서 이미 공학적으로 검증되었기 때문에 왕릉 규모의 대형화에 발맞추어 자연스럽게 받아들여졌을 것으로 생각된다.

7세기 말~8세기 초반에 조성된 것으로 추정되는 용강동고분은 가구식기단으로 이루어졌다. 그런데 이 무덤에는 탱주가 없다. 이는 봉토의 토압을 면석이 직접적으로 받았음을 의미한다. 즉 면석이 밖으로 밀려나는 것을 잡아줄 탱주가 없고, 전 신문왕릉과 같은 지지석도 설치되지 않았다. 이러한 가구식기단은 격(格)[196]만을 고려하여 건축물의 기단을 단순 차용한 것이기 때문에 거대한 봉토를 지탱하기에는 적합지 않은 구조였다. 따라서 탱주나 지지석이 없는 가구식기단은 이후 신라 왕릉에서 소멸되는 과정을 거치게 되었다.

용강동고분에서 취약했던 구조는 전 신문왕릉에서 보이는 44개의 지지석으로 가구식기단의 붕괴는 어느 정도 해소하였을 것으로 생각된다.[197] 그러나 한 매의 횡판석이 아닌 많은 블록석의 사용은 경제적으로나 시간적으로 많은 공력을 필요로 하였기 때문에 전 성덕왕릉과 같은 횡판석과 탱주가 있는 무덤으로 또다시 변화하였을 것으로 판단된다. 전 성덕왕릉의 탱주는 신라 왕릉 중에서도 처음으로 시도된 것이기 때문에 장인들조차 이것이 과연 면석을 잡아줄 수 있을지 확신치 못하였던 것 같다. 이러한 필자의 생각은 지지석의 존재를 통해서도 확인할 수 있다. 즉 탱주가 설치된 능묘 중 지지석이 시설된 것은 전 성덕왕릉 외에 다른 전 경덕왕릉이나 전 원성왕릉, 전 헌덕왕릉, 전 흥덕왕릉, 전 진덕여왕릉, 전 김유신 묘, 구정동 방형분 등에서 살필 수 없기 때문이다.

신부를 길게 제작한 탱주의 등장은 신라 왕릉의 간소화를 불러일으켰다. 이는 앞에서 살펴본 바와 같이 탱주가 설치된 왕릉에서는 봉토의 토압에 따른 안전성이 어느 정도 담보되었기에 지지석이 더 이상 필요치 않았던 것이다. 이는 탱주가 없는 전 민애왕릉에 지지석이 사

---

195) 이처럼 적심을 활용한 탱주의 고정은 석굴암 후실의 지붕 구조에서도 확인할 수 있다.

196) 권위나 장엄성의 표현으로 이해할 수 있다.

197) 신라 왕릉에서 탱주가 없는 가구식기단은 봉토의 토압에 상대적으로 취약하였기 때문에 지지석의 존재가 필요하였을 것으로 생각된다. 그런 점에서 전 민애왕릉의 지지석은 충분히 공감할 수 있는 건축공법이라 생각된다.

용된 것과 좋은 비교가 될 수 있다.

한편, 전 성덕왕릉에는 이전에 볼 수 없었던 십이지신상이 별석(환조)으로 세워져 있음을 살필 수 있다.[198] 이는 8세기 전반에 이르러 불교의 영향으로 십이지신이 무덤을 지켜줄 것이라는 믿음이 비로소 생겨났음을 의미한다. 하지만 별석의 십이지신상은 하나하나 조각하기도 어렵고, 또 가구식기단과 난간 사이에 설치하기도 곤란하였기 때문에 구황동왕릉이나 전 경덕왕릉, 전 흥덕왕릉 등과 같이 탱주에 직접 조각하였을 것으로 생각된다. 이렇게 볼 때 전 성덕왕릉은 용강동고분에서 구황동왕릉과 전 경덕왕릉으로 넘어가는 과도기의 무덤 구조로 평가해 볼 수 있다.

이러한 필자의 판단에 무리가 없다면 신라 왕릉에서 보이는 가구식기단의 구조적 완성은 구황동왕릉이라 생각된다. 이는 탱주를 통한 면석의 고정과 지대석·갑석의 장식화, 그리고 불교신앙[199]을 통한 무덤의 수호라는 정신적 측면까지 고루 갖춘 석조물로 이해할 수 있기 때문이다.

최근에 가구식기단으로 조성된 신라 왕릉의 발굴조사는 거의 진행된 바 없다. 따라서 향후 발굴조사 과정에서 새로운 조사 내용과 견해가 얼마든지 등장할 수 있다. 그런 점에서 탱주의 변화에 대한 관심이 필요하다. 이는 문양적 측면이 아닌 무덤의 규모와 탱주의 크기, 특히 이의 대부분을 차지하고 있는 신부와 봉토 적심과의 관계가 밝혀져야 된다고 생각된다. 이는 구황동왕릉 및 전 김유신 묘의 탱주와 구정동 방형분의 탱주가 크기만이 아닌 형태면에서 완전 차이남을 통해 확인할 수 있다. 즉 전자들이 돌못 형태의 탱주인 반면, 후자는 신부가 아주 짧고 뒷면을 반월(半月) 형태로 뭉툭하게 다듬어 놓았다. 이것이 단순히 무덤 규모의 차이에서 오는 결과인지 아니면 8세기에서 9세기대로 넘어가며 탱주가 변화한 것인지에 대한 검토가 향후 뒤따라야 할 것으로 생각된다.

---

198) 金龍星, 2012, 「신라 십이지신장상 호석 능묘의 변천」 『한국고대사탐구』 11, 125쪽.

199) 현재 구황동왕릉에서는 십이지신상의 조각을 살필 수 없다. 그러나 탱주의 전면에 쐐기 흔적이 있는 것으로 보아 이것이 후대에 탈취되었음을 짐작할 수 있다. 구황동왕릉의 십이지신상은 능지탑에 재사용된 것으로 확인되었다.
聖林文化財研究院·경주시, 2020, 『慶州 傳皇福寺址』I, 276~278쪽.

■ 신라 왕릉의 탱주 형태 및 면석과의 결구 모습

구분	형태	비고
돌못 형태		구황동왕릉, 전 김유신 묘 등
반월 형태		구정동 방형분 등

3) 지대석과 갑석의 몰딩 및 결구기법

신라 왕릉은 지대석과 갑석에서 호형이나 각형 등의 몰딩을 살필 수 있다. 그러나 7세기 말 이후 8세기 전반에 해당되는 용강동고분과 전 신문왕릉, 전 성덕왕릉 등에서는 이러한 몰딩을 찾아볼 수 없다. 아울러 9세기대의 전 민애왕릉과 구정동 방형분, 능지탑 등에서도 지대석 및 갑석에서 몰딩을 볼 수 없다.

그런데 8세기 중반 이후 9세기대에 조영된 구황동왕릉, 전 경덕왕릉, 전 원성왕릉, 전 헌덕왕릉, 전 흥덕왕릉, 전 진덕여왕릉, 전 김유신 묘 등을 보면 지대석과 갑석에 몰딩이 이루어졌음을 확인할 수 있다. 다만, 전 진덕여왕릉과 전 김유신 묘의 경우는 다른 무덤들과 달리 지대석에서 몰딩의 차이를 보이고 있다. 즉 두 무덤을 제외한 나머지 유적들은 지대석에 각형-호형-각형의 몰딩이 있다. 그러나 전 진덕여왕릉과 전 김유신 묘의 지대석에는 호형-각형으로만 단출하게 몰딩이 이루어졌다. 이러한 몰딩의 차이는 결과적으로 전 진덕여왕릉이나 전 김유신 묘가 8세기 중반 이후 신라 왕릉에서 주로 보이는 정형성을 탈피하여 좀 더 간략한 방향으로 치석이 이루어졌음을 판단케 한다. 따라서 두 무덤의 조성 시기는 전 흥덕왕릉에 후행하는 9세기 후반 이후로 편년할 수 있다.

신라 왕릉 중 몰딩의 상태를 가장 잘 볼 수 있는 것으로는 구황동왕릉을 들 수 있다. 이는 다른 왕릉의 경우 지대석 높이만큼 박석이 깔려있거나 혹은 후대의 퇴적으로 인해 지대석의 일부가 덮여 있어 몰딩의 치석을 확연하게 살피기가 쉽지 않다.

구황동왕릉의 지대석 상단 외면에는 위로부터 각형-호형-각형(도 665)의 몰딩이 선명하게 조출되어 있다. 이러한 장식성의 3단 몰딩은 삼국시기의 건축물이나 무덤, 탑파에서도 아직까지 확인되지 않은 치석기술로서 경주 감은사지 금당지 갑석(682년, 도 666)과 구례 화엄사 원통전 지대석(9세기 후반, 도 667) 등 약간의 건물유적과 석등, 탑파 등에서 확인되고 있다. 그런 점에서 왕릉에 조각된 3단 몰딩은 감은사지 금당지와 치석기법에서 서로 연계되어 있음을 이해할 수 있다. 따라서 통일신라시기의 건축물이나 탑파에 적용된 3단 몰딩은 8세기 중반 무렵 왕릉(급)에도 전이된 것으로 파악할 수 있다. 이러한 치석기술의 호환은 아마도 3단 몰딩이 불교사원의 금당과 불탑 등에 주로 사용되는 것을 인지하고, 이를 국왕의 사후 유택인 무덤에 적극적으로 활용함으로써 현세 국왕의 권위와 장엄을 대내외적으로 과시하고자 했던 것으로 생각된다.

■ 왕릉과 건물지의 가구식기단(계단)에서 보이는 각형-호형-각형의 몰딩 처리

도 665. 통일신라시기 경주 구황동왕릉 호석(가구식기단) 지대석의 몰딩

도 666. 통일신라시기 경주 감은사지 금당지 가구식기단 갑석의 몰딩

도 667. 통일신라시기 구례 화엄사 원통전 가구식계단 지대석의 몰딩

지대석에서 보이는 3단의 각형-호형-각형의 몰딩은 이후 전 경덕왕릉 및 전 원성왕릉, 전 헌덕왕릉, 전 흥덕왕릉 등에서도 살펴지고 있어 신라 왕릉에 애용된 장식 중 하나였음을 알 수 있다. 다만, 몰딩의 세부적 치석기술과 결구기법 등이 왕릉마다 약간씩 차이가 있어 이에 대한 면밀한 검토가 뒤따라야 할 것으로 생각된다.

구황동왕릉의 갑석은 지대석과 달리 하단 외연에 1단의 각형 턱이 있고, 상단은 호형-각형으로 몰딩처리 되어 있다(도 668). 특히 봉토에 덮이는 갑석 윗면의 경우도 정교하게 다듬어져 있어(도 669), 전 경덕왕릉이나 전 헌덕왕릉의 다듬질과 비교되고 있다. 즉 전 경덕왕릉의 경우는 일부 갑석 윗면을 호형보다는 각형에 가깝게(近 각형) 몰딩하고, 봉토에 덮이는 부분은 쐐기흔적(도 670)[200]이 남아 있을 정도로 거친 다듬으로 치석하여 구황동왕릉[201]과 차이를 보이고 있다. 이처럼 갑석 윗면이 거칠게 처리된 것은 구정동 방형분(도 671)에서도 동일하게 살필 수 있다.

....

200) 채석장에서 돌을 떼어낼 때 사용되는 기법이다. 고대 이집트에서도 볼 수 있다.

201) 경주 구황동왕릉 갑석의 경우 봉토에 덮이는 부분을 정으로 다듬어 놓아 쐐기흔적 등은 전혀 확인할 수 없다.

■ 곱게 치석된 경주 구황동왕릉의 갑석 윗면

도 668. 통일신라시기 경주 구황동왕릉의 갑석.
상단에 호형, 각형의 몰딩이 있다.

도 669. 통일신라시기 경주 구황동왕릉의 갑석 윗면. 비교
적 정교하게 다듬어져 있다.

■ 쐐기홈이 확인되는 경주 전 경덕왕릉의 갑석 윗면

도 670. 통일신라시기 경주 전 경덕왕릉의 갑석 윗면. 몰딩은 호형보다 각형에 가깝고, 봉토가 덮이는
부분에 쐐기홈(□ 내부)이 보이는 등 거칠게 다듬어져 있다.

■ 거칠게 다듬어진 경주 구정동 방형분의 갑석 윗면

도 671. 통일신라시기 경주 구정동 방형분의 갑석 윗면. 봉토에 덮이는 부분은 거칠게 다
듬어져 있다.

　　전 헌덕왕릉의 갑석은 호형과 각형으로 치석된 것이 있는 반면, 각형에 가깝게(近 각형) 치
석된 것도 확인되어 정형성이 없음을 살필 수 있다(도 672). 이러한 치석기법의 차이는 결과적
으로 전 경덕왕릉과 전 헌덕왕릉이 구황동왕릉에 비해 상대적으로 후행하는 무덤이었음을
판단케 하는 중요한 요소로 파악되고 있다.

■ 거칠게 다듬어진 경주 전 헌덕왕릉의 갑석 윗면

도 672. 통일신라시기 경주 전 헌덕왕릉의 갑석 윗면. 近 각형으로 거칠게 다듬어져 있다.

한편, 구황동왕릉의 갑석은 장부(도 673)[202]를 통해 서로가 결구되어 있다. 즉 갑석의 앞뒤에 장부[203]를 설치하거나 혹은 한쪽 방향에 장부를 설치하고, 이들 장부와 겹쳐지는 다른 갑석에는 똑 같은 형태의 홈을 파 서로 결구되도록 하였다. 이러한 결구기법은 전 경덕왕릉의 갑석에서도 보이고 있으나 구황동왕릉과는 약간의 차이가 살펴져 기술해 보고자 한다.

전 경덕왕릉은 갑석 하단 외연에 1단의 각형 턱이 있고, 이의 안쪽으로도 'ㅏ'형태로 절석(도 675)이 이루어졌음을 볼 수 있다. 그리고 절석된 부분이 탱주나 면석의 상단에 걸치도록 하여 갑석이 밖으로 쉽게 밀려나는 것을 막아주고 있다. 이에 반해 구황동왕릉의 갑석(도 676)[204]은 하단 외연에 1단의 각형 턱만 있을 뿐, 전 경덕왕릉과 같은 안쪽의 'ㅏ'형 절석은 살필 수 없다.

■ 장부를 이용한 경주 구황동왕릉의 갑석 결구

도 673. 통일신라시기 경주 구황동왕릉의 갑석. 오른쪽 갑석에는 왼쪽 홈에 끼울 수 있는
　　　　장부가 있다.

---

202) 장호진·강량지, 2020, 「신라 황복사지(皇福寺址) 동편 폐고분지(廢古墳址)의 성격」『MUNHWAJAE』
　　53, 97쪽 표 3.
　　위의 논고 95쪽 〈표 1〉을 참조하면 전 경덕왕릉의 갑석도 장부결구를 통해 이어졌음을 알 수 있
　　는데 이는 구황동왕릉의 결구기법 영향으로 생각된다. 그리고 이러한 장부결구는 경주 감은사지
　　금당지 석조유구(도 674)에서도 찾아볼 수 있다.
203) 장부가 달린 갑석의 형태는 주사기의 아랫부분과 유사하게 생겼다. 이럴 경우 장부가 갑석의 중
　　간 일부에만 만들어지는 것이 아닌 위에서부터 아래 부분까지 길게 만들어져 갑석이 봉토 토압
　　에 의해 밀려나는 것을 막아주고 있다.
204) 聖林文化財研究院·경주시, 2020, 『慶州 傳皇福寺址』Ⅰ, 67쪽 30(갑석).

■ 장부를 이용한 바닥석의 결구

도 674. 통일신라시기 경주 감은사지 금당지 내부 바닥석의 장부결구

■ 장부를 이용한 경주 전 경덕왕릉의 갑석 결구

도 675. 통일신라시기 경주 전 경덕왕릉 갑석의 장부결구. 지대석 외연 하단의 각형 몰딩
안쪽으로 1단의 턱이 있다.

■ 경주 구황동왕릉 갑석의 세부 모습

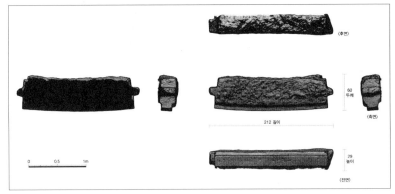

도 676. 통일신라시기 경주 구황동왕릉 갑석의 전 · 측 · 후면

장부를 이용한 결구는 통일신라시기의 건축유적뿐만 아니라 이와 관련된 부재에서도 확인되고 있다. 즉 분황사지에서 수습된 전돌(도 677)[205]을 보면 한쪽에 장부가 있고, 반대쪽에는 장부를 끼울 수 있는 홈이 파여있음을 볼 수 있다. 네 면에 두 조씩 장부와 홈을 배치하여 안전하게 노면에 시설할 수 있도록 하였다.

■ 장부로 결구되는 전돌

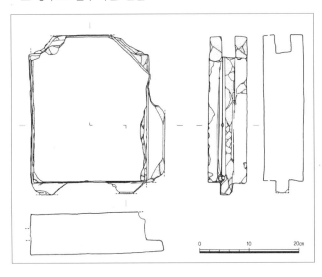

도 677. 통일신라시기 경주 분황
사지에서 수습된 전돌.
장부와 이를 끼울 수 있는
홈이 반대쪽에 있다.

205) 국립경주문화재연구소 · 경주시, 2015,『芬皇寺 發掘調査報告書』II, 1340쪽 도판 474

신라 능묘의 갑석 결구는 시기마다 약간씩의 차이를 보이고 있다. 즉 7세기 말~8세기 전반에 축조된 용강동고분이나 전 성덕왕릉의 경우는 장부나 은장 등을 사용하지 않고 무시설로 갑석을 연결하고 있다. 이는 건축물 대부분의 가구식기단 갑석과 동일한 결구기법으로 이해할 수 있다.[206] 그러나 구황동왕릉과 전 경덕왕릉이 조성되는 8세기 중·후반이 되면 이전과는 달리 갑석의 장부와 홈을 이용해 결구하고 있다. 그리고 전 원성왕릉 이후 단계에서는 전 진덕여왕릉(도 678)과 같이 은장을 사용하여 갑석을 연결하고 있다. 물론 장부결구나 은장을 사용하지 않는 무시설의 결구기법이 고식이기는 하나 9세기 전반의 전 헌덕왕릉에서도 확인되는 것으로 보아 이 형식이 통일신라 전 시기에 걸쳐 사용되었음을 확인할 수 있다.

■ 도투마리은장으로 결구된 경주 전 진덕여왕릉의 호석

도 678. 통일신라시기 경주 전 진덕여왕릉 갑석에서 보이는 평면 원형의 도투마리은
장홈

206) 전 헌덕왕릉을 비롯한 대부분의 왕릉 가구식기단 갑석이 이 형식의 결구기법을 따른다고 한다.
聖林文化財硏究院·경주시, 2020, 『慶州 傳皇福寺址』 I, 270쪽.

구황동왕릉은 최근 발굴조사가 완료되면서 이에 대한 조성 시기도 함께 논의되고 있다. 현재 두 가지 설이 대두되고 있는데 첫 번째는 8세기 전·중반 무렵의 효성왕 무덤으로 보는 것이고,[207] 두 번째는 9세기대의 신라 왕[208]으로 보는 설이다. 이에 대해 필자는 두 가지 설 중 결구기법과 치석기법을 통해 볼 때 전자가 후자보다 좀 더 타당하다고 생각된다. 이에 전 경덕왕릉과 비교·상술해 보고자 한다.

구황동왕릉은 십이지신상이 있는 가구식기단으로 지지석의 존재를 살필 수 없다. 이는 별 석의 십이지신상에 탱주와 지지석이 있는 전 성덕왕릉에 비해 가구식기단의 구조적 측면에 서 발전적인 형식으로 이해할 수 있다. 즉 지지석이 없이 탱주로만 기단 구조를 유지한다는 점에서 이후 조성되는 전 경덕왕릉이나 전 원성왕릉, 전 헌덕왕릉, 전 흥덕왕릉 등의 시원이 되고 있다. 그리고 앞에서 살펴본 대로 봉토에 덮이는 갑석의 상부 안쪽까지 중간 다듬[209]으 로 치석해 놓는 등 정교함을 보여주고 있다. 이에 반해 전 경덕왕릉의 경우는 쐐기흔적이 그 대로 남아 있거나 거친 다듬으로 치석해 놓아 구황동왕릉에 비해 치석의 정도가 많이 떨어짐 을 볼 수 있다. 하지만 노동력이나 시간, 기능적 측면에서 볼 때 굳이 눈에 보이지 않는 부분 까지 치석하는 것은 비경제적이라 생각된다. 그런 점에서 전 경덕왕릉은 구황동왕릉에 비해 경제적이면서 합리적인 치석기법을 따른 것으로 판단할 수 있다. 마지막으로 갑석을 면석이 나 탱주에 결구함에 있어 구황동왕릉의 경우는 아래가 평평한 반면, 전 경덕왕릉은 'ㅡ'형태 로 절석되어 갑석이 면석이나 탱주에 정치(定置)되도록 치석해 놓았다. 이는 갑석이 봉토의 토 압으로 인해 밖으로 밀려나는 것을 막아준다는 점에서 기능적인 발전을 엿볼 수 있다.

이처럼 구황동왕릉과 전 경덕왕릉을 비교해 보면 후자가 전자에 비해 좀 더 경제적이고 기능적인 방법으로 결구하고 치석하였음을 확인할 수 있다. 이는 전 경덕왕릉을 조성함에 있 어 앞서 축조된 구황동왕릉의 장점과 단점을 적절히 취사·보완하였다는 점에서 발전적인 기단 형식으로 파악할 수 있다.

현재 전 경덕왕릉은 8세기 후반,[210] 전 원성왕릉은 8세기 말, 전 헌덕왕릉과 전 흥덕왕릉

---

207) 聖林文化財研究院·경주시, 2020, 『慶州 傳皇福寺址』Ⅰ, 278~279쪽.

208) 장호진·강량지, 2020, 「신라 황복사지(皇福寺址) 동편 폐고분지(廢古墳址)의 성격」 『MUNHWAJAE』 53, 100쪽.

209) 도구를 이용한 다듬의 정도를 표현한 용어로 거칠게 다듬은 것은 거친다듬, 곱게 다듬은 것은 잔 다듬, 이들의 중간 정도는 중간다듬으로 구분하였다.

210) 제39대 소성왕릉으로 추정하고 있다.
　　이근직, 2009, 『韓國考古學專門事典 古墳篇』, 國立文化財研究所, 1115쪽.

은 9세기 전반, 전 진덕여왕릉은 9세기 말경[211]으로 편년되고 있다. 이러한 편년안을 기준으로 할 때 구황동왕릉의 조성 시기는 전 경덕왕릉보다 앞서는 8세기 중반 무렵이 적합할 것으로 생각된다.

최근까지 신라 능묘에 대한 연구는 주로 탱주에 조각된 십이지신상이나 입지를 중심으로 이루어졌다. 그러나 무덤의 중심 구조를 이루는 가구식기단에 대해선 상대적으로 이의 연구가 부족한 실정이다. 특히 무덤의 규모와 기단의 규모, 그리고 지대석과 면석, 갑석의 결구기법, 특히 갑석의 결구 등에 대해선 연구가 거의 전무한 실정이다. 다행히도 최근 전 황복사지에서 구황동왕릉이 발굴조사 됨으로 인해 이의 결구기법에 대한 연구도 활발히 진행될 듯 싶다. 향후 건축기단과 호석으로 일컬어지는 무덤의 가구식기단에 대한 비교 연구도 활성화되기를 기대해 본다.

이상 신라 능묘에서 확인되는 지대석과 갑석의 몰딩 및 갑석의 결구기법 등을 표로 살피면 아래와 같다.

■ 신라 능묘 가구식기단의 지대석과 갑석에서 보이는 몰딩과 각형 턱

구분	몰딩		비고
	지대석	갑석	
경주 용강동고분	몰딩 없음	상단 : 몰딩 없음 하단 : 턱 없음	※ 탱주가 없는 가구식기단
경주 전 신문왕릉	몰딩 없음	상단 : 몰딩 없음 하단 : 턱 없음	※ 블록석으로 조성된 탱주가 없는 가구식기단

211) 이는 능의 규모, 조각의 저부조 등을 통해 편년되었다.
임영애, 2013, 「신라 왕릉조각의 미술사적 조망과 특수성」 『신라문화』 41, 155쪽.

구 분	몰 딩		비고
	지대석	갑석	
경주 전 성덕왕릉	몰딩 없음	상단 : 몰딩 없음 하단 : 턱 없음	※ 면석이 횡판석이고, 탱주가 없는 가구식기단
경주 구황동왕릉	각형-호형-각형	상단 : 호형-각형 하단 : 각형 턱	※ 미완성의 왕릉으로 몰딩이 정교하게 치석되어 있음 ※ 갑석은 장부결구
경주 전 경덕왕릉	각형-호형-각형	상단 : 근(近) 호형-각형 하단 : 각형 턱	※ 봉토에 덮이는 갑석 윗면 안쪽의 경우 쐐기홈이 보이는 등 거칠게 치석됨 ※ 갑석은 장부결구이나 면석과의 결구에서 구황동왕릉과 차이
경주 전 원성왕릉	각형-호형-각형	상단 : 近 호형-각형 하단 : 각형 턱	※ 갑석은 은장결구로 추정됨 ※ 전 경덕왕릉과 같은 계통의 몰딩
경주 전 헌덕왕릉	각형-호형-각형	상단 : 近 호형-각형 하단 : 각형 턱	※ 전 경덕왕릉과 같은 계통의 몰딩

구 분	몰 딩		비고
	지대석	갑석	
경주 전 흥덕왕릉	각형-호형-각형	상단 : 近 호형-각형 하단 : 각형 턱	※ 전 경덕왕릉과 같은 계통의 몰딩
경주 전 민애왕릉	몰딩 없음	상단 : 몰딩 없음 하단 : 턱 없음	※ 장대석으로 조성된 가구식 기단. 탱주가 없는 대신 지 지석이 있음
경주 전 김유신 묘	호형-각형	상단 : 호형-각형 하단 : 각형 턱	※ 지대석은 호형-각형으로만 몰딩되어 이전의 3단 몰딩 과 차이
경주 구정동 방형분	몰딩 없음	상단 : 몰딩 없음 하단 : 턱 없음	※ 갑석 윗면의 치석이 상당히 거침
경주 전 진덕여왕릉	호형-각형	상단 : 확인 어려움 하단 : 각형 턱	※ 전 김유신 묘와 같은 계통 의 몰딩으로 추정

구분	몰딩		비고
	지대석	갑석	
경주 능지탑	몰딩 없음	연화문 조각	※ 면석이나 우주, 갑석 등의 결구나 문양에서 이전의 신라능묘와 확연한 차이를 보임

■ 신라 능묘 가구식기단의 갑석 결구기법

구분	유적 사례	비고
무시설	전 성덕왕릉	8세기 전반 ※ 장부나 은장이 없음
장부결구	구황동왕릉	8세기 중반
	전 경덕왕릉	8세기 후반

구분	유적 사례	비고
도투마리 은장결구	 전 진덕여왕릉	8세기 말 이후 (전 원성왕릉, 전 흥덕왕릉 등) ※ 은장의 머리 형태 원형

4) 지지석²¹²⁾의 사용

무덤에서의 지지석은 이미 삼국시기부터 그 존재가 확인되고 있다. 즉 중국 집안의 고구려 무덤인 장군총(도 679~680)이나 태왕릉, 천추총(千秋塚) 등에서 지지석을 살필 수 있다.²¹³⁾ 이는 할석이나 장대석으로 조성된 무덤의 면석이 붕괴되는 것을 막기 위해 설치된 것으로 파악된다.

■ 고구려 국내성기 집안 장군총의 지지석

도 679. 고구려 국내성기 중국 집안의 장군총   도 680. 고구려 국내성기 집안 장군총의 지지석

212) 이는 받침석으로 부르기도 하고 이의 사례 검토는 이근직의 논고에서도 살필 수 있다.
李根直, 2006,「新羅 王陵의 起源과 變遷」, 영남대학교 대학원 문화인류학과 고고학전공 박사학위논문, 198~210쪽.

213) 吉林省文物考古硏究所·集安市博物館, 2004,『集安高句麗王陵-1990~2003年集安高句麗王陵調査報告-』, 文物出版社.

고구려 무덤에서 보이는 지지석은 백제 한성기의 석촌동 제4호분(도 681~682)에서도 찾아볼 수 있다. 무덤 형식이 계단식 적석총이라는 점, 그리고 무덤의 재료가 '돌'이라는 점에서 유사성을 살필 수 있다. 또한 적석총은 아니지만 할석기단에 지지석을 갖춘 경주 무열왕릉 및 전 효공왕릉 등의 사례로 보아 신라시기의 고총 고분 기단석에도 지지석이 설치되었음을 살필 수 있다.

■ 백제 한성기 서울 석촌동 제4호분의 지지석

도 681. 백제 한성기 서울 석촌동 제4호분의 전경   도 682. 백제 한성기 서울 석촌동 제4호분의 지지석

통일신라시기 무덤의 지지석은 전 신문왕릉(도 683~684)을 비롯한 전 성덕왕릉(도 685~686), 전 민애왕릉(도 687~688), 전 효공왕릉 등에서 볼 수 있다. 이 중 전 신문왕릉과 전 성덕왕릉, 전 민애왕릉 등은 공통적으로 가구식기단을 취하고 있다. 그런데 면석의 경우 세 왕릉이 각기 다른 형태를 취하고 있어 주목된다. 먼저 전 신문왕릉의 경우 면석은 5단의 블록석으로 이루어졌고, 전 성덕왕릉은 판석으로 조성되어 있다. 그리고 전 민애왕릉은 3단의 장대석을 이용하여 면석을 축조하였다. 면석의 차이가 있는 만큼 이들을 지탱하는 지지석의 형태도 각기 달라 서술해 보고자 한다.

■ 경주 전 신문왕릉의 지지석

도 683. 통일신라시기 경주 전 신문왕릉의 지　　도 684. 통일신라시기 경주 전 신문왕릉의 지지석 2
　　　　지석 1

■ 경주 전 성덕왕릉의 지지석

도 685. 통일신라시기 경주 전 성덕왕릉 지지　　도 686. 통일신라시기 경주 전 성덕왕릉 지지석 2
　　　　석 1

■ 경주 전 민애왕릉의 지지석

도 687. 통일신라시기 경주 전 민애왕릉의 지　　　도 688. 통일신라시기 경주 전 민애왕릉의 지
　　지석 1　　　　　　　　　　　　　　　　지석 2

　전 신문왕릉의 지지석은 방형의 석주 윗면을 평평하게 치석하고 사선 방향으로 잘라 면석에 세워두었다. 이 때 지지석의 접촉면이 면석(블록석)의 대부분을 차지하고 있어 안정감을 주고 있다. 반면, 전 성덕왕릉은 지지석을 가구식계단의 소맷돌 형태로 절석한 후 단변을 탱주에 붙이고, 직각변을 지면에 붙여 설치하고 있다. 윗면은 둥글게 치석되었고, 등면에 약하게 능이 형성된 것으로 보아 당초에는 5각형으로 만들어졌음을 알 수 있다. 그 동안 알려진 통일신라시기의 탱주부(撑柱附) 가구식기단 능묘 중 거의 유일하게 지지석이 있다는 점에서 특징적인 축조기법을 보여주고 있다. 왜냐하면 가구식기단의 탱주에는 양 측면에 턱이 있기 때문에 이와 결구되는 면석이 밖으로 밀려나는 것을 막아주고 있다. 전 성덕왕릉의 경우 탱주와 더불어 지지석이 존재한다는 점에서 가구식기단의 과도기적 형태를 보여주고 있다.

　마지막으로 전 민애왕릉의 지지석은 오각형의 석주 형태로 윗면이 둥글게 치석되었고, 사선 방향으로 자른 면을 면석에 붙여 놓았다. 다만, 지지석의 생김새가 소맷돌형이 아닌 석주형이라는 점에서 전 성덕왕릉 보다는 전 신문왕릉과의 유사함이 살펴진다. 하지만 석주와 면석의 접촉면이 전 신문왕릉에 비해 현저히 좁아졌다는 측면에서 구조적 차이가 발견되기도 한다. 이는 무덤의 규모와 기단석을 구성하는 대부분의 면석이 블록석이 아닌 장대석이란 점에서 상대적인 안전성이 담보되었기 때문인 것으로 생각된다.

한편, 이들과 달리 무열왕릉(도 689~690)이나 전 효공왕릉(도 691~692) 등의 지지석은 치석된 것이 아닌 할석으로 조성되어 있다. 이는 기단석이 할석인 경우에는 지지석 또한 할석으로 조성되고, 기단석이 치석된 장대석이나 판석 등을 사용하였을 경우에는 지지석 역시 치석재를 사용하는 원칙을 따랐던 것으로 생각된다. 할석을 사용한 기단석과 지지석이 통일신라기 초기뿐만 아니라 후기에 이르기까지 줄곧 등장한다는 점에서 시기차를 반영하는 것은 아니라고 판단된다.

■ 경주 무열왕릉의 지지석

도 689. 통일신라시기 경주 무열왕릉

도 690. 통일신라시기 경주 무열왕릉의 지지석

■ 경주 전 효공왕릉의 지지석

도 691. 통일신라시기 경주 전 효공왕릉

도 692. 통일신라시기 경주 전 효공왕릉의 지지석

경주지역에서 확인된 왕릉의 지지석은 크게 할석재와 치석재로 구분할 수 있다. 그리고 전자의 경우 생김새에 따라 석주형과 소맷돌형으로 다시 세분할 수 있다. 이럴 경우 통일신라시기 지지석의 변화는 할석에서 치석된 장대석으로, 그리고 치석재인 경우 석주형 → 소맷돌형 → 석주형으로 변화하였음을 살필 수 있다. 여기서 중요한 것은 지지석이 할석조의 평적식기단이나 치석된 가구식기단의 일부에서만 확인될 뿐, 전 정강왕릉이나 전 헌강왕릉 등과 같은 치석재를 사용한 평적식기단에서는 검출되지 않는다는 사실이다. 이것이 후대에 유실되었음을 의미하는 것인지, 아니면 기단 형식의 자체 속성을 반영한 것인지에 대해선 현재 관점에서 정확히 알 수 없다.[214]

그렇다면 신라 왕릉에 지지석이 등장하게 된 배경은 과연 무엇일까? 그것은 아마도 대형 봉토에 대비되는 기단의 왜소화가 가장 큰 원인이었을 것으로 생각된다. 고대 사회에서 봉토의 대형화는 곧 권력의 상징으로 이해되곤 한다. 그런데 봉토를 형성하는 대부분의 토양이 판축보다는 성토공법으로 축토되는 것이 대부분이었기 때문에 우수에 따른 기단석의 붕괴가 초래될 수 있었다. 따라서 이러한 우려를 조금이나마 불식시키기 위해 지지석이 등장하였던 것으로 판단된다.

신라 무덤의 초기 기단석은 가구식보다는 할석으로 조성된 평적식기단이었다. 서로 크기가 다른 석재와 쐐기돌을 이용한 할석기단은 대형 봉토를 감당하기가 쉽지 않았을 것으로 판단된다. 이는 지지석의 등장을 초래하였고, 고구려나 백제의 대형 무덤인 적석총에서 이미 검증된 것이었기 때문에 신라사회에도 큰 거부감 없이 도입되었을 것으로 판단된다.

현재 가구식기단으로 조성된 경주 전 원성왕릉의 경우 면석이 부분적으로 밀려나 있음을 볼 수 있다. 이는 봉토의 토압에 의해 발생한 현상으로 이해된다. 이렇게 볼 때 기단석을 갖춘 대형 봉토분의 경우 처음부터 지지석이 설치되지 않은 것인지, 아니면 후대에 유실된 것인지에 대한 검토도 반드시 뒤따라야 할 것으로 생각된다.

이상으로 신라 능묘의 기단에 대해 살펴보았다. 이를 통해 평적식 및 가구식기단에 대해 알아보았고, 후자 중 십이지신상이 조각된 기단에 대해서만 호석으로 구분하였다. 여기에서는 앞에서 살핀 신라 능묘의 가구식기단을 지대석, 면석, 갑석으로 크게 나누고, 전 신문왕릉 및 전 성덕왕릉, 전 민애왕릉 등에서 보이는 지지석에 대해서도 함께 살펴보았다. 또한 기존

---

214) 이는 단언할 수 없지만 축석(築石) 방식의 차이로 파악할 수 있다. 즉 전 정강왕릉이나 전 헌강왕릉의 경우 위로 올라가면서 면석을 약간씩 안쪽으로 경사지게 쌓아 봉토의 토압을 버텨냈을 것으로 생각된다.

의 논고와 이번에 새롭게 파악된 결구기법과 치석기법을 통해 신라 능묘의 편년에 대해서도 재검토해 보았다.[215]

이상의 내용을 간단히 표로 살피면 아래와 같다.

■ 신라 능묘의 세부 구조와 편년안

구 분	몰 딩, 턱		탱 주			면 석		지지석		비고
	지대석	갑석	有		無	판석	장대석 블록석	有	無	
			십이지신상							
			별석	통돌						
경주 용강동고분	무	무			O	O			O	7C 말~8C 초
경주 전 신문왕릉	무	무			O		블록석 (5단)	O (44개)		8C초 ※ 효소왕릉으로도 추정
경주 전 성덕왕릉	무	무	O			O		O (30개)		8C 전반
경주 구황동왕릉	각형·호형·각형	상단: 호형-각형 하단: 각형 턱	O			O			O	8세기 중반 ※ 효성왕으로 추정
경주 전 경덕왕릉	각형·호형·각형	상단: 근(近) 호형-각형 하단: 각형 턱	O			O			O	8세기 후반 ※ 소성왕릉으로도 추정
경주 전 원성왕릉	각형·호형·각형	상단: 근(近) 호형-각형 하단: 각형 턱	O			O			O	8C 말
경주 전 헌덕왕릉	각형·호형·각형	상단: 근(近) 호형-각형 하단: 각형 턱	O			O			O	9C 전반
경주 전 흥덕왕릉	각형·호형·각형	상단: 근(近) 호형-각형 하단: 각형 턱	O			O			O	9C 전반
경주 전 민애왕릉	무	무			O		장대석 (3단)	O (17개 잔존)		9C 중반
경주 전 김유신묘	호형·각형	상단: 호형-각형 하단: 각형 턱	O			O			O	9C 후반

....

215) 갑석 윗면의 몰딩은 육안으로 보이는 것만을 대상으로 하였기 때문에 실재 治石과는 차이가 있을 수 있다.

구분	몰딩, 턱		탱주			면석		지지석		비고
	지대석	갑석	有		無	판석	장대석 블록석	有	無	
			십이지신상							
			별석	통돌						
경주 구정동 방형분	무	무		0			장대석 (3단)		0	9C 후반
경주 전 진덕여왕릉	호형·각형	상단: ? 하단: 각형 턱		0		0			0	9C 말 이후
경주 능지탑	무	무		0			0		0	9C 말 이후

5. 은장

은장은 치석된 석재간에 서로 벌어지거나 틀어지지 않게 보강해 주는 역할을 한다. 은장을 사용하기 위해선 먼저 두 석재의 연결 부위에 은장에 맞는 홈을 굴착하여야 한다. 그런 다음 홈 내부에 황이나 납을 녹인 물을 넣거나 찹쌀밥[216]을 곱게 으깬 것을 바닥에 깔고 그 위에 철물을 놓아 완료한다.

우리나라에서의 은장 결구는 백제 사비기에 조성된 부여 규암 외리유적 전돌(도 693)[217]이나 부소산사지 출토 동단식와(도 694),[218] 그리고 익산 미륵사지동탑(도 695~696) 등의 사례로 보아 일찍이 삼국시기부터 시작되었음을 알 수 있다.[219] 이러한 은장의 다양성은 한편으로

---

216) 이에 대해선 금강조각연구소 윤태중 소장님의 자문이 있었다. 이 점 지면을 빌어 감사드린다.

217) 전돌의 재질이 흙이고, 은장을 끼울 수 있는 홈이 좁고 넓다는 점에서 자촉결구보다는 판결구로 생각된다. 아울러 유적 조사에서 찰편 등이 확인되지 않은 것으로 보아 판은 나무를 사용하였을 것으로 판단된다.
한편 외리유적에서는 금동관음보살입상을 비롯한 반룡문전, 봉황문전, 연화문전, 와운문전, 산경(수)문전, 산경봉황문전, 귀면문전, 연화귀문전 등 8종의 전돌도 함께 수습되었다.
전돌에 대해선 國立扶餘博物館, 2010,『百濟瓦塼』, 194~201쪽.

218) 申光燮, 1996,「扶蘇山城-廢寺址 發掘調査報告-」『扶蘇山城 發掘調査報告書』, 國立文化財研究所, 45쪽 도면 16.

219) 조원창, 2019,「統一新羅期 石造物에 보이는 百濟 石塔의 治石과 結構技術」『백제 건축 치석과 결구를 보다』, 서경문화사, 255~258쪽.

436 통일신라 건축유적의 치석과 결구

백제 건축에 있어 은장이 폭넓게 사용되었음을 확증하는 동시에 치석된 돌이 사용된 무덤이나 기단, 나아가 축대나 성곽에서도 향후 은장이 발견될 가능성을 높여주고 있다.

■ 백제 사비기 은장의 결구 사례

도 693. 백제 사비기 부여 규암 외리유적의 봉황문전 및 반룡문전. 네 모서리에 나무판 등을 끼울 수 있는 홈이 파여 있다. 은장 형식 중 하나인 자촉결구보다는 나무를 이용한 판결구에 가깝다.

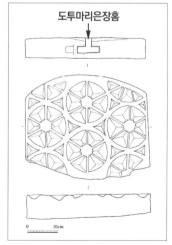

도 694. 백제 사비기 부여 부소산사지 출토 동단식와(7세기)

도 695. 백제 사비기 익산 미륵사지석탑(동탑) 부재. 양 측면에 도투마리 은장홈이 있다.

도 696. 백제 사비기 익산 미륵사지석탑(동탑) 출토 도투마리은장. 머리 형
태는 장방형이다.

    통일신라시기에 이르면 삼국시기에 비해 매우 다양한 유적에서 은장결구가 확인되고 있
다.[220] 예컨대 경주 황룡사나 분황사지, 보문동사지 등을 비롯한 월정교, 춘양교, 오릉교,
석굴암, 석가탑, 고선사지 삼층석탑, 나원리 오층석탑, 장항리사지 석탑, 구황동 모전석탑지
내 탑재석, 전 진덕여왕릉의 호석, 월지 호안석축, 공주 갑사 철당간 등에서 다양한 형태의
은장(홈)을 살필 수 있다. 그런데 이들 유적에서의 은장은 모두 치석된 석재에서만 확인되어
그 사용처가 매우 한정되었음을 엿볼 수 있다.

    은장은 생김새에 따라 나비장결구, 자촉결구, 도투마리은장결구, 판결구[221] 등 크게 네 가
지로 구분할 수 있다.[222] 이 중 통일신라시기의 은장홈을 보면 거의 대부분이 도투마리은장
결구에 해당되고, 경주 황룡사지 출토 추정 지대석에서 나비장의 흔적이 극히 일부 확인되고

---

220) 통일신라시기 은장에 대한 연구는 필자의 논고 외에 김홍남의 것이 있음.
     김홍남, 2019.09, 「統一新羅 前期 石造建築의 隱藏 研究 I」 『美術史學研究』 제303호.
221) 백제 사비기의 부여 규암유적 출토 전돌에서 볼 수 있다. 향후 통일신라시기의 유적에서도 확인
     될 가능성이 높다.
222) 여기에는 꺾쇠도 포함될 수 있으나 그 생김새가 다르고, 삼국시기 이전부터 목조물에 사용되었다
     는 점에서 별도로 후술하고자 한다.

있다. 전자는 머리의 형태에 따라 장방형, 반원형, 제형, 원형 등으로 다시 세분되고 있으며, 이는 어느 정도 시기차를 반영하기도 한다.[223]

통일신라시기 은장홈이 확인된 유적을 결구 형식과 머리 형태, 그리고 등장 시기를 살피면 아래의 표와 같다.

■ 통일신라시기 은장홈이 확인된 유적

	유적	은장결구 형식	두형(頭形)	시기	비고
건축기단	경주 분황사지	도투마리	반원형	8세기 중엽	가구식기단 갑석
	경주 보문동사지	도투마리	반원형	8세기 중엽	이중기단 중 상층 가구식기단 지대석
벽체석상	석굴암	도투마리	반원형	751년 무렵	가구식기단 갑석 및 석상
탑파	경주 감은사지 동·서삼층석탑	도투마리	장방형	682년 무렵	기단부와 3층 옥개석
	경주 고선사지 삼층석탑	도투마리	반원형	686년 무렵	하층기단의 하대저석
	경주 나원리 오층석탑	도투마리	장방형	8세기 초반	상층기단의 우주, 면석
	경주 장항리사지 석탑	도투마리	반원형, 원형	8세기 중반	
	경주 불국사 석가탑	도투마리	반원형	751년 무렵	상·하층기단의 갑석
	경주 구황동사지 추정 모전석탑지 내	도투마리	원형	9세기 무렵	기단갑석
	충주 중원탑	도투마리	장방형, 오각형	8세기 후반	상대갑석의 2층 탑신
	삼척 흥전리사지 삼층석탑	도투마리	반원형, 장방형	8세기 중반 이후	옥개석 등
왕릉기단	전 진덕여왕릉	도투마리	원형	7세기 후반 추정	호석
다리	월정교	도투마리	장방형 등	760년 무렵	물가름석 외
	춘양교	도투마리	장방형, 원형, 반원형, 제형 등	760년 무렵	물가름석 외
	북천	도투마리	제형		귀틀형 석재
못	월지	도투마리	반원형	674년 무렵	
석조물	공주 갑사 철당간	도투마리	장방형	통일신라기	기단석
미상 석물	황룡사지	도투마리	반원형	8세기 중엽	성격 미상
		나비장	삼각형	8세기 중엽	장대석(추정 지대석)
	예산 가야사지	도투마리	반원형	8세기 중엽 이후	성격 미상

223) 조원창, 2019, 「統一新羅期 石造物에 보이는 百濟 石塔의 治石과 結構技術」 『백제 건축 치석과 결구를 보다』, 서경문화사.

위의 자료를 검토해 볼 때 통일신라시기의 은장결구는 목조건축물을 비롯한 석굴암, 석탑, 왕릉, 교량, 못, 당간 등 다양한 곳에 사용되었음을 볼 수 있다. 그런데 은장홈이 확인된 석재를 보면 모두 다 치석된 판석이나 장대석일 뿐 자연석과 같은 할석에서는 은장결구가 사용되지 않았음을 살필 수 있다.

통일신라시기에 사용된 은장결구는 거의 대부분 도투마리가 차지하고 있다. 또한 유적 중에서 은장이 가장 많이 사용된 사례로는 별석의 빈도가 높은 석탑을 들 수 있다. 이는 많은 부재를 서로 조합하여 조성하였기 때문에 은장의 사용도 그 만큼 빈번하였던 것으로 생각된다. 이외에 규모가 크고 많은 석재를 사용한 춘양교와 같은 교량에서도 많은 수의 은장결구를 찾아볼 수 있다.

은장은 유적에 따라 혹은 같은 유적이라 할지라도 머리 형태가 다양함을 볼 수 있는데 이는 유적의 성격과 별개로 시기에 따라 은장의 형태가 변화하였음을 의미한다.[224] 예컨대 682년에 축조된 감은사지 東 삼층석탑에서는 장방형의 도투마리은장결구가 확인되었고, 686년 고선사지 삼층석탑에서는 반원형의 도투마리은장이 사용되었다. 이후 8세기 중반 무렵에 조영된 경주 석굴암과 석가탑, 장항리사지 석탑, 월정교, 춘양교, 그리고 예산 가야사지 (도 697) 등에서는 반원형 및 제형의 도투마리은장이 사용되었다. 아울러 9세기대에 조성된 전 진덕여왕릉의 가구식기단과 구황동 모전석탑지 내 기단갑석 등에서는 원형의 도투마리 은장홈이 발견되었다. 한편, 춘양교의 은장홈을 보면 한 부재에 서로 다른 머리 형태가 굴착되어 있는 것도 볼 수 있는데 이는 후대의 보수 과정에서 생겨난 결과로 이해할 수 있다.

224) 751년 무렵의 석가탑과 석굴암에서는 반원형의 머리 형태만 확인되었다. 이는 동일 유적의 여러 부분에서 동시에 은장결구를 할 경우 같은 형태의 은장을 사용하였음을 알 수 있다. 그런 점에서 760년 무렵에 축조된 춘양교의 장방형, 반원형, 원형, 제형 등의 은장홈은 시기 차를 반영하는 것으로 이해할 수 있다.

■ 예산 가야사지에서 확인된 은장홈

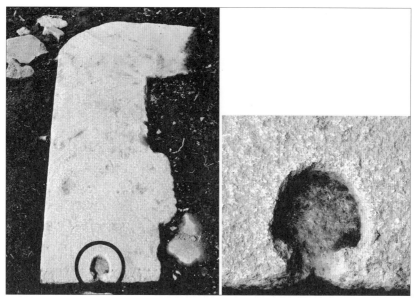

도 697. 통일신라시기 (추정) 예산 가야사지 출토 미상 석물의 반원형 도투마리은장홈

　통일신라시기 이후 고려시기에 접어들어서도 다양한 머리 형태의 은장(홈)을 볼 수 있다. 즉 개성 출토 천문대(도 698)[225]에는 반원형으로 보이는 도투마리은장홈이 있고, 고려 광종대의 논산 관촉사 석조미륵보살입상(도 699)과 고려 전기 무렵에 조성된 부여 무량사 오층석탑(도 700)에는 머리 형태가 오각형 및 장방형인 도투마리은장홈이 있다. 이는 결과적으로 통일신라시기에서 고려시기를 거치며 도투마리은장의 머리 형태가 장방형(682년 무렵 사용) → 반원형(8세기 중엽, 불국사 석가탑, 석굴암 등 사용), 제형(8세기 중엽, 춘양교 사용) → 원형(9세기 이후, 전진덕여왕릉 사용) → 오각형(10세기, 논산 관촉사 석조미륵보살입상)의 형태로 변화하였음을 보여준다(도 701).

----

225) 국립문화재연구소, 2006, 『사진으로 보는 북한 국보유적』, 182쪽. 북한의 국보 제131호로 지정되어 있다.

■ 고려시기의 도투마리은장(홈)

◆ 개성 천문대

도 698. 개성 소재 고려시기 천문대의 도투마리은장홈

◆ 논산 관촉사 석조미륵보살입상

도 699. 고려시기 논산 관촉사 석조미륵보살입상의 도투마리은장. 머리 형태가 오각형
이다.

◆ 부여 무량사 오층석탑

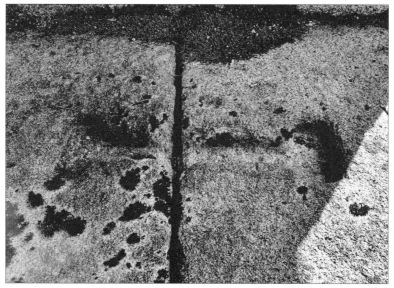

도 700. 고려시기 부여 무량사 오층석탑의 도투마리은장홈. 머리 형태가 장방형이다.

■ 삼국시기 이후 도투마리은장의 머리 형태 변화

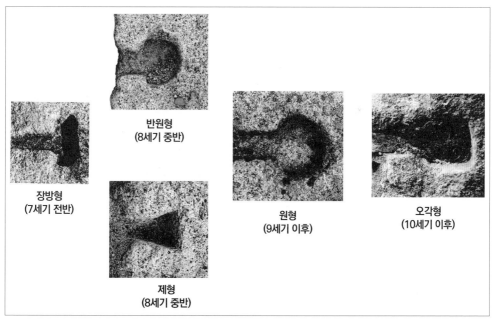

반원형
(8세기 중반)

장방형
(7세기 전반)

제형
(8세기 중반)

원형
(9세기 이후)

오각형
(10세기 이후)

도 701. 삼국~고려시기 도투마리은장의 머리 형태 변화

한편, 도투마리은장결구는 최근까지의 출토 자료들을 검토해 볼 때 백제 사비기 유적인 익산 미륵사지 동탑에서 처음으로 확인되었다. 그런데 기원전 5세기 이전의 이집트 신전이나 사원 등에서 제형의 도투마리은장홈이 발견됨을 볼 때 이의 역사는 훨씬 더 오래되었을 것으로 생각된다.

이집트에서의 은장홈은 하트셉수트 장제전을 비롯한 카르나크 신전, 콤옴보신전(일명 악어신전), 에드푸신전, 이시스(필레)신전 등 많은 유적에서 확인되고 있다. 여기에서는 필자가 실견한 카르나크신전, 콤옴보신전(일명 악어신전), 에드푸신전, 이시스(필레)신전을 중심으로 서술하고자 한다.[226]

먼저 카르나크신전(도 702)의 경우 건축물의 바닥(도 703)에서 은장홈이 확인되었다. 은장홈(도 704~706)이 서로 일치하지 않고, 한쪽에만 은장홈이 있는 것으로 보아 바닥석은 후대에 재사용되었음을 알 수 있다. 신전에 모아놓은 판석 일부에서도 제형의 은장홈(도 707)을 살필수 있다.

■ 이집트 카르나크신전과 은장홈

도 702. 이집트 카르나크신전 입구

---

226) 이는 필자가 실견한 것을 전제로 하였기 때문에 해당 신전의 다른 곳에서 은장홈이 발견될 가능성은 얼마든지 있다.

도 703. 은장홈이 다수 확인된 카르나크신전의 건축물

도 704. 건축물의 바닥석에서 확인되는 도투마리은장홈. 머리 형태가 제형을 하고 있다.
은장홈이 서로 일치하지 않는 것으로 보아 바닥석은 재사용되었음을 알 수 있다.

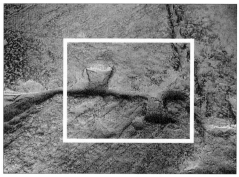

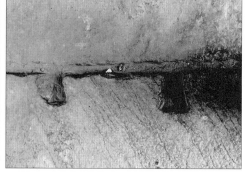

도 705. 이집트 카르나크신전 건물 바닥석의 도투마리은장홈 1

도 706. 이집트 카르나크신전 건물 바닥석의 도투마리은장홈 2

도 707. 이집트 카르나크신전 내 미상 석물의 도투마리은장홈. 머리는 제형에 가깝다.

　　콤옴보신전(도 708)에서는 가장 많은 은장홈을 볼 수 있다. 바닥석(도 709) 뿐만 아니라 벽석(도 710)에도 결구를 위한 제형의 은장홈이 있다. 특히 은장홈(도 711~712)이 마주보는 두 석재에서 공히 확인되고 있어 석재들도 정 위치임을 파악할 수 있다.

■ 이집트 콤옴보신전과 은장홈

도 708. 이집트 콤옴보신전의 입구

도 709. 이집트 콤옴보신전 바닥석의 도투마리은장홈

도 710. 이집트 콤옴보신전 벽석의 도투마리은장홈

도 711. 이집트 콤옴보신전의 도투마리은장홈 세부 1

도 712. 이집트 콤옴보신전의 도투마리은장홈 세부 2

에드푸신전(도 713)은 일명 호루스신전으로도 불리고 있으며, 은장홈은 기둥의 머리(주두) 및 미상 석재 등에서 확인된다. 주두는 흔히 파피루스나 꽃 모양(도 714)을 하고 있는데 두 매의 석재를 하나로 결구할 때 은장(도 715~716)이 사용되었다. 미상 석재(도 717~718)는 표면에 그림이나 문자로 보이는 것이 음각되어 있으나 확실한 용도는 알 수 없다.

■ 이집트 에드푸신전과 은장홈

도 713. 이집트 에드푸신전의 탑문

도 714. 이집트 에드푸신전의 기둥 주두. 꽃으로 장식되어 있다.

도 715. 이집트 에드푸신전에 사용되었던 주두 1.
제형의 도투마리은장홈이 있다.

도 716. 이집트 에드푸신전에 사용되었던 주두 2.
제형의 도투마리은장홈이 있다.

도 717. 이집트 에드푸신전의 미상 석재. 윗면에 제형의 도투마리은장홈이 있다.

도 718. 이집트 에드푸신전 미상 석재의 도투마리은장홈

　　마지막으로 필레신전(도 719)에서는 축대 및 테라스[227] 등에서 꺾쇠 및 도투마리은장홈을 볼 수 있다. 축대는 치석된 블록석을 이용하여 바른층으로 조성하였고, 일부 면석에 꺾쇠홈(도 720)이 남아 있다. 도투마리은장홈은 건물 테라스에서 볼 수 있는데 로마제국 점령기의 것이어서 위의 사례들에 비해 시기적으로 후행함을 알 수 있다. 은장의 머리 형태는 제형이다.

227) 김홍남, 2019.12, 「統一新羅 前期 石造建築의 隱藏 研究Ⅱ」 『美術史學研究』 제304호, 54쪽 도 8.

■ 이집트 필레신전과 꺾쇠홈

도 719. 이집트 필레신전의 건축물

도 720. **이집트 필레신전의 축대.** □에서 꺾쇠홈을 볼 수 있다.

이집트에서 발생한 은장은 그리스와 로마, 페르시아 등을 거쳐 인도, 중국, 한국, 일본 등지에 전파되었음을 알 수 있다.[228] 페르시아의 건축 영향을 받은 인도의 경우 자촉을 이용한 결구가 카주라호 서부 사원군의 칸다리야 마하데바 사원(도 721~722)에서 확인되었다. 이를 통해 기원 전 인도에서의 도투마리은장 사용도 충분히 가능하리라 생각된다.

■ 인도 카주라호 서부 사원군의 칸다리야 마하데바 사원과 은장홈

도 721. 인도 카주라호 서부 사원군의 칸다리야 마하데바 사원(11세기 전반 추정)

도 722. 인도 카주라호 서부 사원군의 칸다리야 마하데바 사원의 자촉을 사용한 은장홈(11세기 전반 추정)

은장의 등장과 전파 등에 대해선 아래의 논고를 참조.
　　김홍남, 2019.12, 「統一新羅 前期 石造建築의 隱藏 研究Ⅱ」『美術史學研究』 제304호.

중국의 경우는 남북조시기의 양 문제(文帝) 무덤에 배치된 석물에서 도투마리은장홈(도 723~724)[229]이 확인되었다. 하지만 가구식기단 및 판석 등이 이미 漢대 이전부터 사용되었음을 볼 때 중국에서의 은장 사용 또한 기원전으로 올라갈 가능성이 높다.

■ 중국 남조 양 문제 무덤에 배치된 석물의 은장홈

도 723. 중국 남조 양 문제 무덤에 배치된 석물의 도투마리은장홈 1

도 724. 중국 남조 양 문제 무덤에 배치된 석물의 도투마리은장홈 2

삼국시기의 은장은 현재까지 익산 미륵사지 동탑의 사례가 유일하다. 하지만 고구려의 경우 국내성시기에 장군총을 비롯한 많은 석총과 토총에서 치석된 장대석이나 판석 등이 사용되었음을 볼 때 은장 사용 역시 충분히 가능하였을 것으로 판단된다. 아울러 백제의 경우도 치석된 석재가 일반화되는 사비천도 후에는 은장이 어느 정도 보급되었을 것으로 판단된다. 따라서 치석된 장대석과 판석이 사용된 가구식기단이나 계단, 무덤 등에 대해 많은 관심을 기울여야 할 것으로 생각된다.

한편, 캄보디아(도 725~726)나 라오스(도 727~728) 등의 인도차이나반도에서도 은장홈이 발견되고 있다. 이는 인도를 통해 은장의 결구문화가 바닷길로 전파되었음을 의미하는 한편, 고대의 석조문화가 발달한 스리랑카나 베트남, 태국 등지에서도 은장이 사용되었음을 판단케 하고 있다. 이는 세계의 거석문화가 은장의 등장과 함께 발전하였음을 보여주는 동시에 지배 계층의 신전이나 신앙물 등이 은장의 사용과 함께 더욱 번성하였음을 살필 수 있는 단적인 사례라 할 수 있다.

229) 사진은 소현숙 선생님께서 제공해 주셨다. 지면을 빌어 감사한 마음을 전한다.

■ 캄보디아 앙코르 왓의 은장

도 725. 캄보디아 앙코르 왓

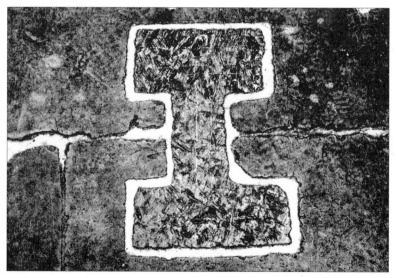

도 726. 캄보디아 앙코르 왓 바닥석의 도투마리은장. 머리 형태가 장방형이다.

■ 라오스 홍낭시다 사원의 은장홈

도 727. 무너진 라오스 홍낭시다 사원의 모습

도 728. 라오스 홍낭시다 사원의 도투마리은장홈. 머리 형태가 장방형이다.

이상에서처럼 통일신라시기의 도투마리 은장결구는 삼국 중 백제에서 그 기술적 계통을 찾아볼 수 있다. 그리고 백제의 기술은 중국 남북조의 영향으로 축적·발전되었음도 확인할 수 있다. 특히 도투마리 은장결구는 이집트를 시작으로 그리스, 로마 및 페르시아 등을 거쳐 동쪽으로 전래되었기에 세계 석축문화의 흐름 속에서 변화, 발전되었음을 엿볼 수 있다. 향후 삼국시기의 건축유적을 통해 좀 더 다양하고, 많은 은장결구가 발견되기를 기원해 본다.

6. 당김석

당김석은 기본적으로 축석(築石)된 석재가 밖으로 밀려나거나 아래로 떨어지는 것을 잡아주는 역할을 한다. 산성이나 축대, 교대, 호안석축, 석실분 등과 같이 수직 선상에 가깝게 축석되거나 돔 천정처럼 곡면상으로 축조되는 곳에 당김석이 주로 사용된다.[230]

당김석은 턱과 경부의 유무에 따라 무악식(無顎式)과 유악식(有顎式)으로 구분할 수 있다. 전자는 생김새에 따라 다시 쐐기형과 장대석형으로 분류할 수 있고, 후자는 돌못형과 첨차형, 장대석형 등으로 세분할 수 있다.

무악식은 삼국시기부터 조선시기에 이르기까지 고분 및 산성, 축대 등에 사용되었고, 유악식은 삼국~통일신라시기의 축대와 교대, 돔 천정 등에 조성되었다. 무악식이 주로 할석으로 조영된 고분의 벽석이나 석성의 면석 등에 사용된 반면, 유악식은 치석된 면석에도 축조되어 형식상의 차이가 엿보인다. 다만 이러한 형식상의 분류와 특징은 일반적인 사항만을 고려한 것이기에 반드시 정형적으로 나타나는 것은 아니다.[231]

한편, 할석으로 조성된 금산 백령성의 경우 유악식의 초보적인 형태가 나타나고 있어 주목된다. 당김석은 다른 성돌(할석)에 비해 크기가 작은 반면, 길이가 길고 위아래에 턱이 있어 이와 접한 성돌이 밖으로 밀려나는 것을 막아주고 있다. 통일신라시기 경주 감은사지 및 전황복사지 등의 돌못형 당김석과 비교해 곱게 치석된 턱이나 경부 등을 확인할 수는 없지만 어느 정도 치석하여 턱을 만들었다는 점에서 유악식 돌못형 당김석의 초보적인 형태로 파악할 수 있다. 당김석은 백령성의 축성 시기로 보아 적어도 6세기 말경[232]에는 등장하였음을 알

---

230) 백제 사비기의 익산 왕궁리유적 궁장과 같이 높게 조성되는 담장의 경우 무악식 당김석이 사용되었을 가능성이 높다. 이는 담장이라는 기능적 측면에서 충분히 고려해 볼 수 있다.

231) 개성 고려궁성은 무악식 장대석형 당김석이 사용되었음에도 불구하고 축대 면석은 치석되어 있다.

232) 최병화, 2021, 「발굴조사를 통해 본 백령성의 구조와 기능」 『금산 백령성 현황과 과제』, 30쪽.

수 있다. 초보적 형태의 돌못형 당김석은 통일신라시기에 이르러 치석과 결구기술이 발전함에 따라 7세기 후반의 턱과 경부를 갖춘 유악식 돌못형 당김석으로 변화하게 되었다.

통일신라시기 여러 유적에서 유악식의 돌못형 및 첨차형 당김석이 검출되었다는 점에서 향후 고려시기의 축대나 교대, 호안석축, 담장 등에서도 장대석형 당김석 외에 돌못형 및 첨차형 당김석이 확인될 가능성이 적지 않다고 생각된다.

1) 무악식 당김석

삼국시기부터 조선시기까지 석실분의 벽석이나 천정석, 산성의 면석, 축대 등에서 무악식 쐐기형 당김석을 볼 수 있다. 삼국시기의 경우 일찍이 백제 한성기 횡혈식석실분(도 729~731)과 고구려 대안리 1호분(도 732)[233] 등에서 살필 수 있다. 이후 6세기대에 이르러 백제의 석성(도 733~734)[234]이 본격적으로 조성됨에 따라 무악식 쐐기형 당김석도 더불어 증가되었음을 볼 수 있다.

무악식의 쐐기형 당김석[235]은 조선시기의 울산 언양읍성 체성부에서도 확인되었다. 남문지 동쪽인 1구역의 체성부 한곳(도 735)[236]과 남문지 서쪽 약 24m 지점에 3기의 당김석(도 736~738)[237]이 조성되어 있다. 여느 면석과 비교하여 세장하다는 측면에서 뚜렷한 차이를 발견할 수 있다. 남문지의 동쪽과 서쪽 모두에서 당김석이 검출되는 것으로 보아 언양읍성에 전체적으로 설치되었음을 추정해 볼 수 있다.

무악식 장대석형 당김석은 경주 원원사지 축대(도 739~741)에서 그 시원적 형태를 살필 수 있다.[238]

강종원, 2021, 「명문와를 통해 본 백령성」 『금산 백령성 현황과 과제』, 60쪽.

233) 文化財管理局 文化財研究所, 1991, 『北韓文化遺蹟發掘槪報』, 198쪽 그림 2.

234) 사진은 심상육 선생님께서 제공해 주셨다. 지면을 빌어 고마운 마음을 전한다.

235) 보고서에는 심석이라 쓰여 있다.
울산발전연구원 문화재센타, 2014, 『언양읍성 남문 영화루 -남문(영화루) 복원사업부지 내 발굴조사 보고서-』, 80쪽.

236) 울산발전연구원 문화재센타, 2016, 『언양읍성 남문 주변 성곽 -언양읍성 남문지 복원사업 추가부지 내 발굴조사 보고서-』, 31쪽 도면 13.

237) 울산발전연구원 문화재센타, 2014, 『언양읍성 남문 영화루 -남문(영화루) 복원사업부지 내 발굴조사 보고서-』, 23쪽 도면 11, 25쪽 도면 12, 80쪽 도판 10-2.
사진은 나동욱 선생님께서 제공해 주셨다. 지면을 빌어 감사한 마음을 전한다.

238) 다만, 장대석형으로 분류하였으나 전면이 정교하게 치석되지 않고 거칠게 다듬어져 있어 향후 면밀한 검토가 요구되기도 한다.

불국사 대웅전 서회랑 아래의 축대 구조와 같이 위아래의 돌기둥 사이에 무악식의 장대석형 당김석이 설치되어 있다. 돌기둥과 돌기둥 사이에는 할석들이 채워져 일종의 적심역할을 하고 있다. 불국사 돌기둥의 경우 수평재와 마찬가지로 정교하게 치석되어 있고, 당김석은 유악식의 돌못형을 이루고 있어 세부적인 형태에서 경주 원원사지의 것과 차이를 보이고 있다. 경주 원원사지의 장대석형 당김석은 불국사의 유악식 돌못형 당김석과의 비교를 통해 8세기 중엽 이후에 조성된 것으로 추정된다.

한편, 통일신라시기의 무악식 장대석형 당김석은 고려시기에도 볼 수 있다. 개성 고려궁성의 축대에는 무악식의 장대석형 당김석(도 742~744)[239]이 등간격으로 배치되어 있다. 경주 원원사지에 비해 전면이 치석되어 있고, 장대석 보다는 오히려 판석의 형태를 갖추고 있다. 고려궁성의 축조 시기로 보아 당김석의 조성은 10세기 전반으로 추정된다.

(1) 무악식 쐐기형 당김석의 사례

삼국시기 이후의 고분 및 산성 등에서 살필 수 있다.

■ 아산시 탕정읍 백제 한성기 횡혈식석실에서 보이는 무악식 쐐기형 당김석
　◆ 전경

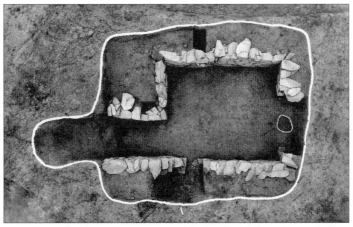

도 729. 무악식 당김석이 사용된 아산시 탕정읍 소재의 백제 한성기 횡혈식석
실분. 고분의 벽석은 할석이다.

---

239) 국립문화재연구소, 2009, 『개성 고려궁성』, 52쪽 사진 81.
　　국립문화재연구소, 2015, 『개성 고려궁성 남북공동 발굴조사보고서』 II, 139쪽 도면 6 및 148쪽 사진 97.

◆ 고분 벽석에서 보이는 무악식 쐐기형 당김석

도 730. 평면상에서 확인되는 무악식 당김석. 부분적으로 결실되었음을 살필 수 있다.

◆ 고분 벽석에서 보이는 무악식 쐐기형 당김석 세부

도 731. 등간격에 가깝게 축석되어 있는 무악식 쌔기형 당김석. 길이 방향과 직교하게 조
성되어 있으며, 고분의 벽석은 할석이다.

■ 고구려 평양성기의 대안리 1호분에서 보이는 추정 무악식 쐐기형 당김석

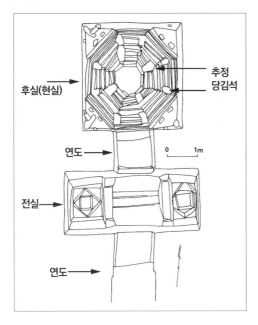

후실(현실)

추정
당김석

연도

0   1m

전실

연도

도 732. 무악식 쐐기형 당김
석이 사용된 것으로
보이는 고구려 평양
성기의 대안리 1호분
(5세기 중엽 추정)

■ 백제 산성에서 보이는 무악식 쐐기형 당김석의 사례

◆ 부여 성흥산성

도 733. 무악식 쐐기형 당김석이 사용된 백제시기 부여 성흥산성

◆ 부여 능산리사지 구간의 동나성

도 734. 백제 사비기 부여 능산리사지 구간의 동나성 성벽. 아래에서 두 번째 성돌이 무악식 쐐기형 당김석이다.

■ 조선시기 울산 언양읍성에서 보이는 무악식 쐐기형 당김석

◆ 울산 언양읍성 남문지 동쪽 성벽

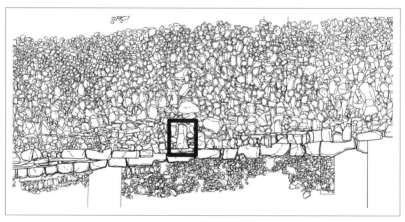

도 735. 조선시기 울산 언양읍성 남문지 동쪽 성벽의 무악식 쐐기형 당김석(□ 내부)

◆ 울산 언양읍성 남문지 서쪽 성벽

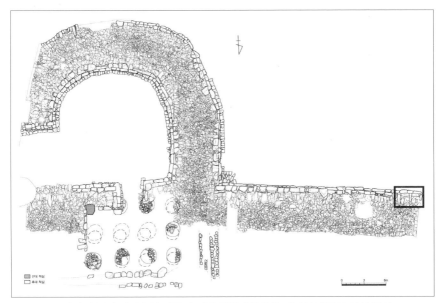

도 736. 조선시기 울산 언양읍성 남문지 서쪽 성벽의 무악식 쐐기형 당김석 설치 위치

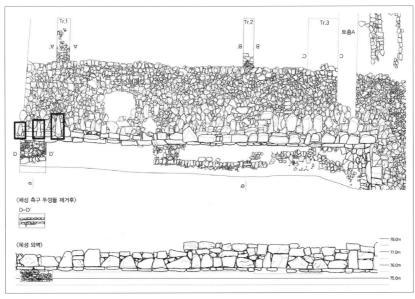

도 737. 조선시기 울산 언양읍성 남문지 서쪽 성벽의 무악식 쐐기형 당김석 세부(도면 왼쪽
□ 내부)

◆ 울산 언양읍성의 무악식 쐐기형 당김석 세부

도 738. 조선시기 울산 언양읍성의 무악식 쐐기형 당김석

(2) 무악식 장대석형 당김석의 사례

■ 통일신라시기 경주 원원사지 가구식축대에서 보이는 무악식 장대석형 당김석

◆ 경주 원원사지의 가구식축대

도 739. 경주 원원사지의 가구식축대. 돌기둥 사이의 돌출된 석재가 무악식 장대석형 당김석이다.

◆ 경주 원원사지 가구식축대의 무악식 장대석형 당김석

도 740. 경주 원원사지 가구식축대의 무악식 장대석형 당김석 세부 1

도 741. 경주 원원사지 가구식축대의 무악식 장대석형 당김석 세부 2

■ 고려시기 개성 고려궁성에서 보이는 무악식 장대석형 당김석

　◆ 개성 고려 궁성의 축대

　　◈ 21호 축대

도 742. 고려시기 개성 고려궁
성 21호 축대의 무악
식 장대석형 당김석

　　◉ 개성 고려궁성 5건물지군 대형계단 2 후면 축대

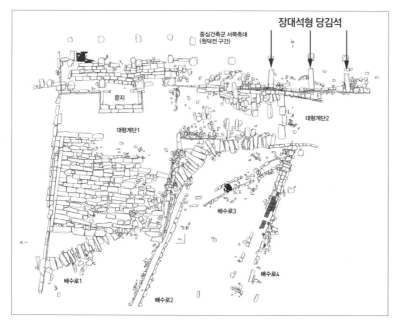

도 743. 고려궁성 5건물지군 대형계단 2 후면 축대의 무악식 장대석형 당김석 1

도 744. 고려궁성 5건물지군 대형계단 2 후면 축대의 무악식 장대석형 당김석 2

◆ 개성 고려궁성의 기단석(도 745)[240]

◈ 21호 건물지

도 745. 개성 고려궁성 21호 건물지 기단석에 조성된 무악식 장대석형 당김석(○ 내부)

240) 국립문화재연구소, 2009, 『개성 고려궁성』, 52쪽 사진 81.

2) 유악식 당김석

(1) 돌못형 당김석

돌못형 당김석(도 746)은 전술하였듯이 백제 사비기(6세기 말)의 금산 백령성(도 747)에서 초보적 형태를 볼 수 있다. 이 시기의 돌못형 당김석은 턱이 만들어져 있으나 경부와 함께 정교하게 치석된 흔적이 없어 밀착된 결구는 기대하기 어려웠을 것으로 보인다.

■ 돌못형 당김석의 형태와 세부 명칭

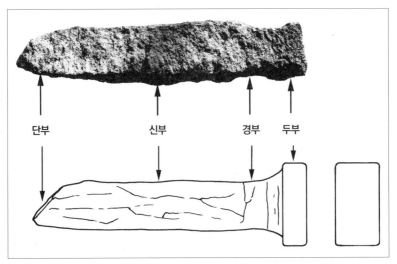

도 746. 돌못형 당김석의 세부 명칭(필자 안)

■ 유악식 돌못형 당김석의 사례

　◆ 금산 백령성 출토 유악식 돌못형 당김석

도 747. 백제 사비기 금산 백령성의 유악식 돌못형 당김석. 가운데 성돌의 위 아래에 턱이 있어 다른 성돌을 잡아주고 있다. 턱이나 경부 등에 정교하게 치석된 흔적이 없어 초보적 형태를 보이고 있다.

　턱과 경부를 정교하게 치석한 유악식의 돌못형 당김석은 통일신라시기의 경주 감은사지 (도 748)[241]를 비롯한 불국사, 전 황복사지, 남산신성, 월정교, 춘양교 및 합천 영암사지 등의 축대와 교대, 그리고 경주 발천의 호안석축 등에서 볼 수 있다. 하지만 치석된 석재를 사용한 축대라 할지라도 극히 일부분에서만 돌못이 확인되어 기능성뿐만 아니라 희귀성까지도 내포하였던 부재라 생각된다. 예컨대 합천 영암사지의 경우 삼층석탑이 조성된 축대를 보면 상하 2단으로 축조되었음을 살필 수 있다. 모두 다듬어진 장대석을 이용하여 축대를 조성하였으나 유악식의 돌못은 상단에만 있고 하단에는 설치되지 않았다.[242] 이는 금당지 서편에 축조된 축대에서도 동일하게 확인되고 있다.

---

241) 國立慶州文化財硏究所·慶州市, 1997, 『感恩寺 發掘調査報告書』, 383쪽 도면 33.

242) 돌못형 당김석은 설치되지 않았지만 축대가 높다는 점, 그리고 축대석이 장대석이라는 사실에서 무악식의 장대석형 당김석이 사용되었을 가능성도 배제할 수 없다.

◆ 경주 감은사지 출토 유악식 돌못형 당김석

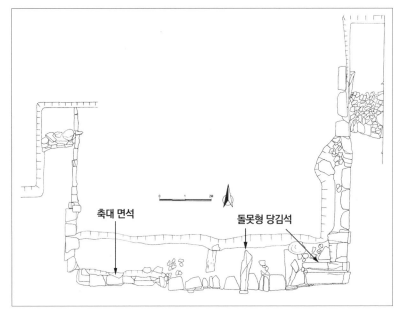

도 748. 통일신라시기 경주 감은사지 돌출형 축대의 돌못형 당김석

돌못은 생김새에 따라 붙여진 이름으로 세부적으로는 두부(頭部, 머리), 경부(頸部, 목), 신부(身部), 단부(端部, 끝머리) 등으로 구분할 수 있다.[243] 두부는 정면에서 볼 때 방형(도 749) 혹은 장방형, 괴형(이상 도 750) 등을 띠고 있으며 표면이 다듬어져 있다. 그리고 경부(도 751)는 머리 안쪽으로 턱(도 752)이 지게 굴착한 평평한 면으로 이 부분에는 축대 면석이 걸쳐지게 된다. 경부는 경주 감은사지(도 753)나 불국사 돌못과 같이 네 면에 조성된 것이 있는 반면, 남산신성이나 경주읍성 주변의 돌못처럼 양 측면(도 754)에만 존재하는 것도 살필 수 있다. 돌못형 당김석이 기능적으로 주변 석재들이 밖으로 밀려나는 것을 방지해 준다는 점에서 전자가 후자보다 좀 더 효과적일 것이라 생각된다. 하지만 하나의 돌못으로 네 개의 부재를 감당하는 것과 두 개의 부재를 감당하는 것은 분명 차이가 있어 이것이 단점으로 작용할 가능성도 배제할 수 없다.

---

243) 도면은 아래의 삽도를 참조.
國立慶州文化財硏究所·慶州市, 1997, 『感恩寺 發掘調査報告書』, 139쪽 삽도 64.
돌못형 당김석의 세부 명칭은 필자가 조어하였다.

■ 유악식 돌못형 당김석의 세부 형태

◆ 두부의 형태

도 749. 방형 돌못(경주읍성 주변 수습)

도 750. 장방형 및 괴형 돌못(통일신라시기 경주 감은사지 축대)

◆ 경부와 턱의 형태

도 751. 유악식 돌못형 당김석의 경부(위에서)

도 752. 유악식 돌못형 당김석의 턱

도 753. 통일신라시기 경주 감은사
지 유악식 돌못형 당김석의
턱과 경부. 네 면에 턱이 있다.

도 754. 경주읍성 주변 석물군 출토 유악
식 돌못형 당김석의 턱과 경부
(위에서). 양 측면에만 턱이 있다.

신부(도 755)는 돌못의 대부분을 차지하는 부분으로 단면 방형 혹은 장방형을 띠고 있다. 두부에서 단부로 내려올수록 점차 얇아지고 있으며, 두부나 경부만큼 잔다듬으로 치석되지 않았다. 기능적으로는 축대의 적심석(土)과 함께 혼축되어 돌못에 걸쳐진 주변 축대석들이 밖으로 밀려나지 않게 잡아주는 역할을 한다. 신부의 길이가 대략 120~160cm 정도 되는 것도 이러한 역학관계를 고려하여 길게 제작한 것으로 판단된다.

◆ 신부의 형태

도 755. 유악식 돌못형 당김석의 신부(경주읍성 주변)

단부는 감은사지나 전 황복사지, 경주읍성 주변 석물군 돌못(도 756)의 경우가 첨형(尖形)으로 치석된 반면 남산신성(도 757)의 돌못형 당김석은 평평하게(平形) 마감하여 차이를 보인다.[244] 또한 전자의 경우도 감은사지의 사례처럼 한쪽 방향만 치석하여 뾰족하게 만든 것이 있는 반면, 경주읍성 주변의 돌못형 당김석처럼 주변을 다듬어 뾰족하게 제작한 것도 살필수 있다. 이는 돌못형 당김석을 제작하는 장인의 치석술에 따라 다양한 방법으로 제작되었음을 보여준다.

---

244) 첨형에 비해 신부와 단부의 경계가 분명치 않다. 다만, 두께에서 단부가 신부에 비해 얇아지는 경향을 보이고 있다.

◆ 단부의 형태

도 756. 유악식 돌못형 당김석의 첨형 단부(경주읍성
　　　　주변)

도 757. 유악식 돌못형 당김석의 평형 단부(통일신라
　　　　시기 경주 남산신성)

　이상에서 살펴본 바와 같이 유악식 돌못형 당김석은 통일신라기기의 경주 감은사지, 전
황복사지(도 758), 남산신성(도 759), 불국사(도 760~761), 월정교(도 762~763) 및 춘양교, 발천,
합천 영암사지(도 764~765) 등에서 확인할 수 있고, 확실한 출토 위치는 알 수 없으나 경주읍
성 주변에서도 그 존재를 찾아볼 수 있다. 향후 이에 대한 관심과 관련 분야에서의 면밀한 검
토가 뒤따라야 할 것으로 판단된다.

■ 유악식 돌못형 당김석의 유적 사례
　◆ 경주 전 황복사지 축대의 유악식 돌못형 당김석

도 758. 통일신라시기 경주 전 황복사지 출토 돌못형 당김석. 황복사지 삼층석탑(구황동
　　　　삼층석탑) 동편의 축대(1호 대석단)에서 출토된 것으로 보인다.

◆ 경주 남산신성 축대의 유악식 돌못형 당김석

도 759. 경주 남산신성 출토 유악식 돌못형 당김석. 발전적인 돌못 형태를 갖추고 있다. 좌
우에 놓인 축대석을 정치할 수 있도록 각형의 턱과 경부가 치석되어 있다.

◆ 경주 불국사 가구식축대의 유악식 돌못형 당김석

도 760. 경주 불국사 가구식축대의 유악식 돌못형 당김석 정면

도 761. 경주 불국사 가구식
축대의 유악식 돌못
형 당김석 측면

◆ 경주 월정교 교대의 유악식 돌못형 당김석

도 762. 경주 월정교 교대의 유악식 돌못형 당김석 정면

도 763. 경주 월정교 교대의 유악식 돌못형 당김석 측면

◆ 합천 영암사지 축대의 유악식 돌못형 당김석

도 764. 합천 영암사지 축대의 유악식 돌못형 당김석

도 765. 합천 영암사지 축대
의 유악식 돌못형
당김석 측면

(2) 유악식 첨차형 당김석

이는 경주 석굴암 후실의 천정[245] 및 불국사 극락전 남회랑의 가구식축대 등에서 볼 수 있다. 석굴암의 유악식 첨차형 당김석[246]은 돔을 형성하는 천정부에서만 확인된다. 천정은 전체 5단의 링(ring) 구조로 이루어졌는데 제1단과 2단의 경우 당김석이 없이 11개 및 13개의 면석으로만 구성되어 있다. 이에 반해 제3·4·5단은 10개의 면석과 10개의 당김석으로 결구되어 제1·2단과 차이를 보이고 있다. 당김석은 천정 중심부를 향해 방사선상으로 설치되어 있으나 서로 엇갈리게 배치하여 안정감을 도모하였다. 면석은 제1단이 가장 크고, 그 다음으로 제2단이 크다. 나머지 3·4·5단은 1·2단의 면석을 합친 높이와 거의 동일하다.

석굴암에서 보이는 첨차형 당김석은 돌못형과 달리 전면을 정교하게 다듬었으며 뾰족한 단부는 살필 수 없다. 생김새와 기능적 차이에 따라 두부와 경부, 신부, 단부 등으로 크게 구분할 수 있다.

---

245) 석굴암 돔 천정의 구조와 담김석의 역할은 아래의 논저를 통해 자세히 살필 수 있다.
　　尹張燮·尹在信, 1998, 『석불사』.
246) 이는 '쐐기돌' 혹은 '감잡이돌', '동틀돌', '팔뚝돌', '주먹돌' 등으로 부르기도 한다
　　尹張燮·尹在信, 1998, 『석불사』, 94쪽.
　　이강근, 2016, 「토함산 석굴에 대한 건축사적 해석」 『강좌미술사』 46호.

두부는 당김석의 선단부를 'ㄴ'자 형태로 귀접이한 후 아랫부분을 둥글게 치석하여 마치 목조건축물의 첨차와 같이 제작하였다. 이는 여느 돔 천정에서 볼 수 없는 특이한 구조로 기능적 균형감과 예술적 장식성이 함축된 결과물로 이해할 수 있다. 두부 안쪽의 경부 양 측면에는 약 30cm 너비로 경사지게 홈이 파여[247] 면석이 결구되도록 하였다. 이러한 경부의 홈은 앞서 살핀 돌못형 당김석의 턱과 비교해 사선방향으로 굴착해 놓았는데 이는 천정을 형성하는 면석과의 정밀한 결구를 위해 적용된 치석공법으로 판단된다.

경부와 이어지는 신부는 당김석의 대부분을 차지하며, 길이는 대략 180cm로 세장한 편이다. 신부의 뒷부분은 2중으로 된 적심석(도 766~767)에 깊게 박혀 쉽게 빠지지 않도록 하였다. 이렇게 볼 때 석굴암 후실의 돔 천정에서 보이는 유악식 첨차형 당김석(도 768)[248]은 경부의 홈을 통해 면석과 결구되고, 신부는 적심석에 깊게 설치되어 결과적으로 면석이 아래로 떨어지는 것을 잡아주는 역할을 하고 있다.

■ 경주 석굴암
　◆ 전경

도 766. 통일신라시기 경주 석굴암 전경. 기와지붕 뒤편으로 적심석이 드러나 있다.

247) 돔 천정은 위로 갈수록 링(ring)의 직경이 축약되기 때문에 당김석에 결구되는 면석의 경사도도 '╲'방향으로 유지되어야 한다. 따라서 면석과 결구되는 당김석 양 측면의 홈 역시도 '╲'방향으로 경사지게 홈이 굴착되어야 한다.
248) 尹張燮·尹在信, 1998, 『서불사』, 98쪽.

◆ 석굴암 외곽 적심석

도 767. 통일신라시기 경주 석굴암 적심석 세부. 적심석은 당김석을 잡아주는 역할을 한다.

◆ 석굴암 후실 천정부의 유악식 첨차형 당김석

유악식 첨차형
당김석

도 768. 통일신라시기 경주 석굴암 후실의 돔 천정을 구축한 유악식
첨차형 당김석

한편, 북한 학자인 한인호는 석굴암의 돔 천정 축조공법이 고구려의 봉토석실분과 친연성이 있다고 보았다.[249] 예컨대 대안리 1호분은 전실과 후실(현실)이 있는 2실분으로 후실은 동서 길이 328cm, 남북 길이 332cm이고, 벽면 높이 바닥에서 천개석까지의 높이 384cm이다.[250] 천정은 변형평행팔각고임[251] 형태인데 네 벽 모서리 위에 삼각형으로 석재를 내쌓아 팔각형을 만들고 그 위에 8~9단으로 횡평적(橫平積)하였다. 그리고 네 벽 모서리에는 인자대공을 받쳐 천정을 지지토록 하였다. 또한 4~6단의 팔각괴임 각 모서리에는 'ㄴ'자 형태의 받침돌을 끼웠고, 천정석 아래에는 'ㅅ'자형의 받침돌을 끼웠다. 여기서 'ㄴ'자 형태의 받침돌이 석굴암의 축조방식과 유사하다는 것이다.[252]

이는 결과적으로 고구려 석실분의 둥근 천정 축조공법이 신라 고분 및 토함산 석굴로 이어졌을 가능성을 설명해 주고 있다.[253] 아울러 대안리 1호분에서 확인된 'ㄴ'자 형태의 받침돌이 석굴암의 당김석 역할을 하였음도 기술하고 있다.[254] 하지만 궁륭식 천정이 백제 한성기 세종(연기) 송원리KM-016호묘(도 769)와 웅진기의 송산리 제5호분 등에서도 확인되고 있다는 점에서 고구려보다는 백제에서 영향을 미쳤을 가능성이 좀 더 높다고 생각된다. 이는 신라의 건축문화에서 살펴지는 이중기단의 구조나 가구식기단의 치석과 결구, 은장 등의 사례를 통해서도 충분히 고려해 볼 수 있다.

---

249) 이강근, 2016, 「토함산 석굴에 대한 건축사적 해석」 『강좌미술사』 46호, 51쪽.

250) 文化財管理局 文化財研究所, 1991, 『北韓文化遺蹟發掘槪報』, 197쪽.

251) 전호태, 2009, 『韓國考古學專門事典 古墳篇』, 國立文化財研究所, 285쪽.

252) 대한건축학회, 1987, 『한국건축사』, 128~129쪽.
   이강근, 2016, 「토함산 석굴에 대한 건축사적 해석」 『강좌미술사』 46호, 51~52쪽.

253) 이강근, 2016, 「토함산 석굴에 대한 건축사적 해석」 『강좌미술사』 46호, 53쪽.

254) 다만 대안리 1호분의 경우 석굴암과 같이 해체된 도면이 없어 당김석의 세부 형태 및 기능에 대해선 확인하기가 어렵다.

■ 세종(연기) 송원리KM-016호 횡혈식석실분

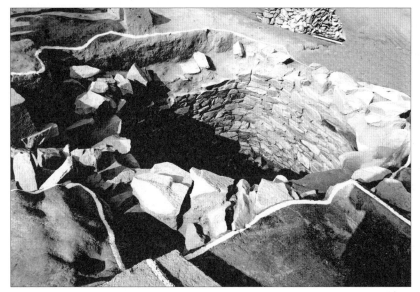

도 769. 세종(연기) 송원리KM-016호 횡혈식석실분. 천정이 궁륭식이다.

유악식 첨차형 당김석은 불국사 극락전 남회랑의 가구식축대에서도 살필 수 있다. 이는 대웅전 남회랑 및 서회랑에 설치된 유악식 돌못형 당김석과 달리 두부가 호형을 이루며, 경부의 양 측면에 홈이 파여 있어 가구식축대를 구성하는 수평재(지대석, 갑석, 중방석 등)와 결구되어 있다. 이는 마치 목조건축물의 첨차(도 770)와 비슷하게 생겨 보고서에는 첨차석[255]으로 기술되어 있다. 가구식축대의 후면에는 두텁게 적심석[256]이 쌓여 있어 석굴암 주실의 외곽과 같은 구조임을 알 수 있다.

---

255) 첨차석의 뿌리는 6척 정도이고, 다듬지 않은 채로 혹떼기하여 뒤채움(적심석)과 같이 묻어 놓은 것으로 기술되어 있다.
　　文化公報部 文化財管理局, 1976, 『佛國寺 復元工事報告書』, 155쪽.
256) 범영루 석축 해체 과정에서 볼 수 있다.
　　文化公報部 文化財管理局, 1976, 『佛國寺 復元工事報告書』, 232쪽 삽도 331.

도 770. 영주 부석사 조사당의 첨차

　보고서의 내용에 따르면 극락전 남회랑의 유악식 첨차형 당김석(도 771~772)은 전면이 치석되지 않고 머리 부분과 턱, 경부만 곱게 다듬어졌음을 알 수 있다. 그리고 당김석의 대부분을 차지하는 신부와 단부 등은 혹떼기 수준의 거친 다듬으로 치석되었음을 확인할 수 있다. 이러한 다듬질 정도는 대웅전 남회랑의 가구식축대에서 볼 수 있는 유악식의 돌못형 당김석과 같은 양상임을 파악할 수 있다. 이들은 당김석 전체가 치석되어 있는 석굴암 천정부의 유악식 첨차형 당김석과 비교해 치석의 정도에서 확연한 차이를 보이고 있다.257)

---

257) 첨차형 당김석의 경우 적심석에 박히는, 즉 눈에 보이지 않는 당김석의 신부까지 곱게 치석되었다.

■ 경주 불국사 극락전 남회랑 가구식축대의 유악식 첨차형 당김석

도 771. 경주 불국사 남회랑 가구식축대에서 보이는 유악식 첨차형 당김석(정면)

도 772. 경주 불국사 남회랑 안양문 동쪽 가구식축대의 유악식 첨차형 당김석 세부. 전체적으로 첨차(檐遮)처럼 치석하여 돌못형과는 확연한 차이가 있다.

유악식 첨차형 당김석은 기능적 측면에서 볼 때 통일신라시기의 다양한 건축물에 사용되었을 것으로 생각된다. 하지만 대부분의 유적이 교란되고 멸실된 상태로 발견되기 때문에 이의 원형을 살피기란 쉽지 않다. 하지만 유악식 돌못형 당김석이 유적이 아닌 경주읍성 주변의 석축물군에서 발견되었듯이 첨차형 당김석이 용도나 성격을 모른 채 우리 주변에 방치되었을 가능성도 충분히 있다. 그런 점에서 주목해 볼 수 있는 곳이 바로 단양군 용부원리 보국사골에 위치한 통일신라기의 보국사(輔國寺) 석실건축이다. 이곳에서는 여래입상을 비롯한 석주, 연화석, 주두석, 난간법수, 초석 등 다양한 석물이 발견되었는데 그중에서도 가장 주목되는 것이 바로 연화문이 조각된 147cm 길이의 석부재(도 773)이다.[258]

■ 단양 보국사 출토 추정 유악식 첨차형 당김석

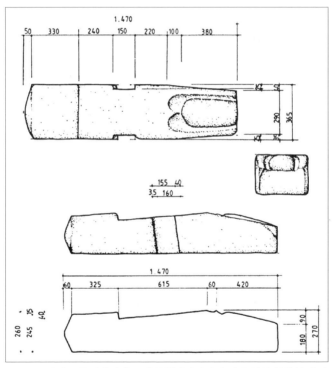

도 773. 단양 보국사에서 출토된 통일신라시기 추정 유악식 첨차형 당김
석(연화첨차석)

258) 申榮勳, 1987, 「韓國의 石室 石窟寺院考」『韓國佛敎美術史論』, 民族史, 237~242쪽.
위 논고에서 이 석재는 연화첨차석으로 해석되었다.

이 석재는 두부와 경부, 신부 등으로 크게 나누어져 있으며 두부의 경우 둥글게 치석되어 있다. 두부 끝단에서 32.5cm 안쪽으로 1단의 턱이 있고, 이곳으로부터 다시 24cm 떨어진 지점에 15cm 너비의 경사진 홈이 있다. 그리고 신부에는 48cm 길이의 단판중엽 연화문이 양각되어 있다.

경사방향으로 굴착된 경부의 홈은 면석을 걸치기 위한 것으로 판단되고, 앞면의 턱은 또 다른 석재를 걸치기 위한 용도로 추정된다. 기능적 측면에서 경주 석굴암의 돔 천정을 구축하는 당김석과 유사하나 적심석에 박히는 부분에 연화문이 장식되어 있다는 점에서 언뜻 이해하기 어렵다. 향후 이 석재에 대한 면밀한 검토가 뒤따라야 할 것으로 생각된다.

통일신라시기의 당김석은 삼국시기보다 발전된 형태로 석재의 결구적 측면에서 탁월한 효과를 보이고 있다. 대지조성을 위한 축대뿐만 아니라 돔 천정에도 사용될 정도로 당김석은 다양한 성격의 유구에 사용되었다. 치석된 턱과 경부가 상하좌우에 위치한 석재를 잡아줘 밖으로 밀려나거나 떨어지는 것을 막아준다는 점에서 결구의 묘미를 보여주고 있다.

이러한 당김석과 같은 결구[259]는 한편으로 신라시기의 문경 고모산성 목곽시설에서도 나타나고 있어 소개해 보고자 한다. 목곽시설(도 774)[260]은 상-중-하 3층의 지하식 목조건축물로 치목된 들보와 기둥, 판목 등을 이용하여 축조하였다. 나무 기둥 아래로는 장부(촉)가 있어 바닥재에 끼울 수 있도록 하였고, 들보는 상하 구멍을 뚫어 나무로 결구하였다. 특히 중층의 서벽에는 벽체의 판목을 고정시키는 목주가 쓰러지는 것을 막기 위하여 적심석(토)에 박힌 당김목(도 775)[261]이 앞으로 길게 뻗어 있다. 이는 마치 석굴암 돔 천정의 당김석이 적심석에 박힌 상태에서 턱을 이용해 면석을 결구하는 것과 유사한 효과를 보이고 있다.

---

259) 여기서의 결구는 돔 천정이 아닌 벽체에서 이루어져 기본적인 차이가 있을 수 있다. 하지만 벽체의 기둥이 안쪽으로 넘어지지 않도록 당김목을 뒤채움토(적심부)에 박고 갈고리 같은 두부로 걸고 있는 모습은 당김석과 같은 성격으로 이해할 수 있다.
260) 中原文化財研究院·聞慶市, 2009, 『聞慶 姑母山城』 2, 15쪽 사진 7.
261) 中原文化財研究院·聞慶市, 2009, 『聞慶 姑母山城』 2, 38쪽 사진 54.

■ 문경 고모산성의 목곽시설

◆ 목곽시설 전경

도 774. 신라시기 문경 고모산성의 지하식 목곽시설. 전체 3층의 구조를 보이고 있다.

◆ 목곽시설에서 보이는 당김목

당김목 →

도 775. 신라시기 문경 고모산성의 지하식 목곽시설 중층 서벽에서 보이는 당김목 한편, 돌에서 보이는 당김석의 원리는 전축분의 전돌에서도 찾아져 흥미로움을 준다. 공주시 교동(교촌리) 소재의 전축분(도 776~778)은 장방형의 전돌을 가로방향과 세로방향으로 교차시켜 쌓은 후 가로방향의 전돌 뒷면에 판축에 가까울 정도로 흙을 쌓았는데 이러한 축토(築土)는 일종의 적심역할을 하고 있다. 이같은 방법을 통해 세로 방향의 전돌 위아래로 흙이 충전됨으로 인해 전돌이 안쪽으로 기울어지는 것을 잡아주고 있다. 재료만 다를 뿐 한성기의 아산시 탕정읍 횡혈식석실분과 동일한 원리로 축조되었음을 살필 수 있다.

■ 기타 백제 웅진기의 당김전(塼)
　◆ 공주시 교동(교촌리) 전축분
　　◆ 전경

도 776. 백제 웅진기 공주시 교동(교촌리) 전축분의 현실 전경

◆ 벽면의 축조 상태 1(정면)

도 777. 정면에서 바라본 백제 웅진기 교동(교촌리) 전축분의 현실 벽면. 세장방형의 무
        문전을 한 단(넓은 면)은 가로방향으로, 다른 한 단(짧은 면)은 세로방향으로 직교하게
        조성하였다.

◆ 벽면의 축조 상태 2(측면)

도 778. 백제 웅진기 교동(교촌리) 전축분의 벽면. 가로방향과 직교하게 조성한 세로방향 전
        돌의 경우 이의 위아래로 판축토와 같은 흙이 충전되어 있다. 이는 일종의 적심과 같은
        역할을 하여 전돌이 안쪽으로 기울어지는 것을 막아주고 있다.

이상에서와 같이 통일신라시기의 당김석을 중심으로 그 형식을 구분하고 특징 등을 살펴보았다. 그리고 이의 시원적 계통이 될 수 있는 삼국시기의 고분과 석성의 무악식·유악식 쐐기형 당김석도 함께 알아보았다. 그 결과 경주 발천이나 감은사지, 전 황복사지, 불국사, 석굴암, 남산신성, 월정교, 춘양교, 합천 영암사지 등과 같이 축대나 교대, 돔 천정 등에서 관찰되는 유악식의 돌못형·첨차형 당김석 등은 삼국시기의 유악식·무악식의 쐐기형 당김석이 변화 발전한 것으로 파악할 수 있다.[262] 아울러 통일신라시기의 다양한 당김석은 고려시기에도 큰 차이 없이 다양한 유적에 적용되었을 것으로 판단된다. 현재는 유악식,[263] 무악식의 장대석형 당김석과 무악식의 쐐기형 당김석 정도만 확인되고 있으나 통일신라시기의 유적 사례로 보아 향후 첨차형 및 돌못형 당김석도 얼마든지 발견될 수 있을 것이다.

■ 고려시기 개성 현릉의 유악식 장대석형 당김석

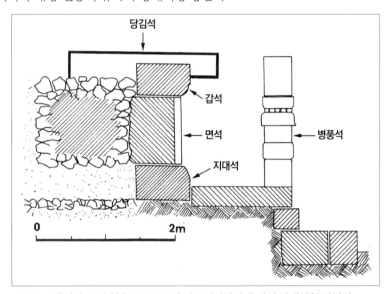

도 779. 개성시 고려 현릉(공민왕릉)의 가구식기단과 유악식 장대석형 당김석

---

262) 아직까지 두부, 경부, 신부, 단부 등으로 세분된 삼국시기의 당김석은 검출되지 않았다. 이러한 발전된 당김석은 통일신라시기에 이르러서야 비로소 가능하였을 것으로 판단된다.

263) 고려시기의 유악식 장대석형 당김석은 공민왕의 현릉(도 779)과 소릉군 제2릉 등에서도 찾아볼 수 있다. 여기서의 당김석은 갑석이 밀려나는 것을 잡아주는 역할도 하지만 한편으로는 통일신라기 12지신상 호석이 있는 무덤의 지지석을 대체하는 기능으로도 파악할 수 있다.
文化財管理局 文化財研究所, 1991, 『北韓文化遺蹟發掘槪報』, 136쪽 그림 2.

앞으로도 통일신라시기의 건물지나 무덤 발굴 과정에서 당김석의 출토 가능성은 매우 높다고 생각된다. 아울러 고려 및 조선시기의 유적에서도 마찬가지일 것이다. 이에 따라 당김석의 좀 더 세분된 형식 분류 및 편년 작업이 진행되어야 할 것으로 판단된다.

■ 삼국시기 이후 당김석의 형식과 유적 사례

구분		형태	유적	등장 시기	비고
무악식	쐐기형	 아산 탕정 횡혈식석실분 울산 언양읍성	〈삼국시기〉 아산시 탕정읍 횡혈식 석실분, 부여 성흥산성, 동나성 등 〈조선시기〉 울산 언양읍성	4세기경 추정	• 전체적으로 혹떼기 정도의 거친 다듬 • 삼국시기 이후 조선시기까지 유행
	장대석형	 경주 원원사지 축대 개성 고려궁성 축대	〈통일신라시기〉 경주 원원사지 〈고려시기〉 개성 고려궁성	8세기 중엽 이후	• 경주 원원사지 당김석의 경우 거칠게 치석되어 있음 • 고려시기의 고려궁성 장대석은 정교하게 치석되어 있음
유악식	돌못형	 경주읍성 주변 석축물에서 확인(통일신라시기)	〈삼국시기〉 금산 백령성 〈통일신라시기〉 경주 발천, 감은사지, 불국사, 남산신성, 월정교, 춘양교, 전 황복사지, 합천 영암사지 등	6세기 말 〈초보적 형태〉	• 턱과 경부, 머리 부분만 치석되고, 나머지 부분은 혹떼기 정도의 거친 다듬 • 발전된 돌못형은 통일신라시기인 7세기 후반 등장
	첨차형	 경주 불국사 극락전 남회랑 아래의 가구식축대	〈통일신라시기〉 경주 석굴암, 불국사 등	8세기 중엽	• 전체적으로 치석되어 있음 • 목조건축물의 공포를 구성하는 첨차와 유사
	장대석형		〈고려시기〉 고려 현릉(공민왕릉)	통일신라시기 추정	• 전체적으로 치석되어 있고, 석재를 걸 수 있는 턱이 있음

7. 꺾쇠

꺾쇠는 그 동안의 발굴조사된 자료들을 검토해 볼 때 주로 삼국시기의 무덤에서 검출되었다. 석실(槨)묘나 적석목곽분 등에 안치된 목관이나 목곽의 나무 부재를 결구할 때 'ㄷ'자 형태의 꺾쇠가 사용되었다.[264] 이럴 경우 꺾쇠는 나무 부재에 박혀 쉽게 빠지지 않도록 하였다.

통일신라시기에 이르면 꺾쇠는 나무 부재 외에 목탑의 노반석이나 석탑에서도 확인되고 있다. 즉 전자의 경우는 경주 사천왕사지 동탑지 출토 이형 석재에서 그 홈이 검출되었으며, 꺾쇠의 평면 형태는 'ㄷ'자형을 이루고 있다(도 780).[265] 나무 부재에서 확인되는 꺾쇠와 달리 석재에 박지 않고, 홈에 끼워 넣어 사용하였다. 이처럼 석재에 꺾쇠가 사용된 사례는 그 동안의 발굴자료를 검토해 볼 때 사천왕사지 목탑지가 최초라 생각되며, 등장 시기는 이의 창건과 맞물려 통일신라 초기인 679년 무렵으로 추정된다.

■ 경주 사천왕사지 동탑지 출토 이형 석재의 꺾쇠홈

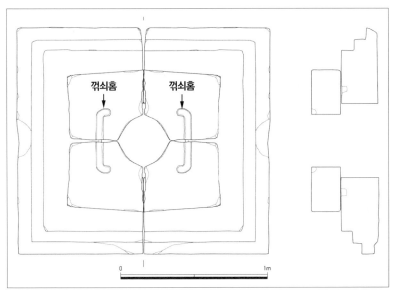

도 780. 통일신라시기 경주 사천왕사지 동탑지 출토 이형 석재. 'ㄷ'자 형태를 이루고 있다.

---

264) 팔작지붕의 합각부에 꺾쇠가 사용될 수 있어 삼국시기 및 통일신라기의 목조건축물에도 꺾쇠가 이용되었을 가능성이 높다.

265) 국립경주문화재연구소, 2013, 『四天王寺 回廊內廓 발굴조사보고서』 II, 119쪽 도면 20.

사천왕사지 목탑지에서 볼 수 있는 이형 석재는 경주읍성 주변에 모아져 있는 석물군에서도 찾아볼 수 있다(도 781). 이들 석물은 주변에서 수집된 것을 한 곳에 모아놓은 것으로 확실한 출토 위치는 알 수 없다. 그러나 이형 석재의 형태를 통해 그 용도와 사용처 등은 어느 정도 파악이 가능하다. 이 석재는 노반석으로 추정되고 남아 있는 형태로 보아 본래 두 쪽이었을 것으로 판단된다. 가운데에 찰주를 박을 수 있는 원형의 구멍이 뚫려 있고, 좌우로 꺾쇠를 넣을 수 있는 홈이 파여 있다. 사천왕사지 목탑지 노반석에서 본 것과 거의 유사한 형태를 하고 있다.

■ 경주읍성 주변 이형 석재(추정 노반석)의 꺾쇠홈

도 781. 경주읍성 주변 통일신라시기 이형 석재(추정 노반석)의 꺾쇠홈.
'ㄷ'자 형태를 띠고 있다.

경주지역 석탑 중 꺾쇠가 가장 많이 사용된 것으로는 황용사지 석탑을 들 수 있다. 기단석을 비롯한 옥개석, 탑신석 등에 'ㄷ'자형의 꺾쇠홈(도 782)이 방향을 달리하며 2개씩 음각되어 있다. 일부 옥개석에는 홈에 철물이 함께 남아 있어 주목된다. 한편, 이곳에서는 'ㅣ'자형의 꺾쇠홈(도 783)이 있는 옥개석도 발견되어 흥미롭다.

■ 경주 황용사지 출토 석탑재의 꺾쇠(홈)

◆ 'ㄷ'자형의 꺾쇠홈

도 782. 통일신라시기 경주 황용사지 출토 석탑재 1. 'ㄷ'자형의 철제 꺾쇠가 남아 있다.

◆ 'ㅣ'자형의 꺾쇠홈

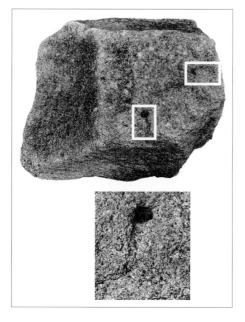

도 783. 통일신라시기 경주 황용사지 출토 석탑 재 2. 'ㅣ'자형의 꺾쇠 홈이 있다.

꺾쇠는 목탑 이외에 석탑에서도 볼 수 있다. 즉 익산 미륵사지서탑에서 발견된 꺾쇠는 전술한 사천왕사지 목탑지 출토품과 비교해 꺾쇠의 머리 방향이 서로 어긋난 역꺾쇠(도 784)[266]임을 알 수 있다. 이러한 형태의 꺾쇠는 석재 표면에 별도의 홈을 굴착하지 않고 위아래의 석재를 상하 결구한다는 측면에서 노동력이나 공사 기간, 석재에 가해지는 파손의 정도를 줄일 수 있다는 장점이 있다.

■ 익산 미륵사지서탑의 역꺾쇠

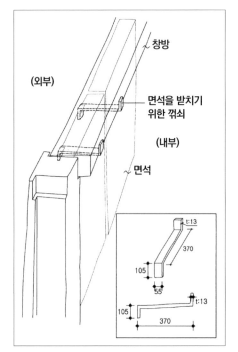

도 784. 통일신라시기 익산 미륵사지서탑 출토 역꺾쇠

역꺾쇠는 이외 의성 빙산사지 오층석탑의 노반석(도 785)[267]에서도 찾아지는데 사용 방법은 사천왕사지 목탑지의 노반석과 동일함을 볼 수 있다. 이는 미륵사지서탑과 비교해 형태만 같을 뿐 사용법을 달리하여 꺾쇠 용도의 다양성을 보여주고 있다. 의성 빙산사지 오층석탑의 조성 시기가 9세기로 추정됨을 볼 때 역꺾쇠의 사용 또한 동일 시기로 파악해 볼 수 있다.

266) 國立文化財研究所·全羅北道, 2005, 『彌勒寺址石塔 解體調査報告書』 III, 177쪽 그림 4-34.
267) 국립문화재연구소, 2012, 『경상북도의 석탑』 VI, 195쪽.

■ 의성 빙산사지 오층석탑 노반석의 역꺾쇠홈

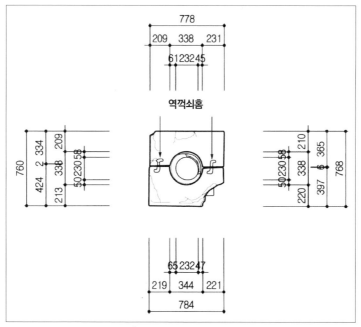

도 785. 의성 빙산사지 오층석탑 노반석의 역꺾쇠홈

　꺾쇠를 이용한 결구는 크게 세 가지 방식으로 구분할 수 있다. 첫 번째는 사천왕사지 및 황용사지, 의성 빙산사지 석탑과 같은 '삽입형'이고, 두 번째는 경주 황용사지 옥개석 일부에서 관찰되는 '굴착형'이다. 그리고 마지막으로 세 번째는 익산 미륵사지서탑에서 볼 수 있는 '당김형'이다. 이중 당김형만 쌍방의 석재에 홈을 내지 않는 반면, 삽입형과 굴착형은 홈을 내 차이를 보인다.

　삽입형은 꺾쇠의 모양대로 홈을 파고, 그 내부에 황이나 납을 부은 다음 철물을 끼워 넣는 방식을 취하고 있다. 하지만 굴착형은 꺾쇠를 박을 수 있는 홈을 파고 은장의 머리를 깊게 박아 넣는 방식을 취하여 삽입형과 뚜렷한 차이를 나타내고 있다. 삽입형과 굴착형은 꺾쇠의 모양에 따라 홈의 평면 형태도 차이를 보이는데 전자가 평면 'ㄷ'자형인 반면, 후자는 'ㅣ'자형을 띠고 있다.[268] 굴착형은 경주 황용사지 석탑재 중 옥개석의 극히 일부에서만 확인된다. 대

---

268) 굴착형은 삽입형에 비해 황이나 납의 사용이 적다는 장점이 있는 반면, 대상물에 일부분이긴 하나 구멍을 깊게 뚫는다는 단점이 있다.

부분의 탑재석에 'ㄷ'자형의 꺾쇠가 사용된 것과 비교해 소수라는 점에서 이의 등장 시기는 9세기 중·후반 무렵으로 추정된다.

이상의 내용으로 볼 때 꺾쇠는 목탑이나 석탑과 같은 탑파에 주로 사용되었음을 확인할 수 있다. 이는 같은 시기 다양한 유적에 사용된 은장에 비해 아주 극소수의 유적에서만 발견되었음을 의미한다. 다만, 꺾쇠가 은장과 마찬가지로 석재를 서로 결구하는데 주로 사용되었다는 점에서 향후 탑파가 아닌 기단이나 석축과 같은 유구에서 찾아질 가능성도 매우 높다. 따라서 이에 대한 탐색 작업이 꾸준히 진행되어야 할 것으로 생각된다.

■ 통일신라시기 꺾쇠 사용 유적과 두형(頭形)

시기		유적	꺾쇠 종류	두형(頭形)	유적시기	비고
통일신라기	탑파	사천왕사지 동탑지	꺾쇠형	']'형	679년 무렵	추정 노반석
		미륵사지서탑	역꺾쇠형	형	8~9세기	탑신
		황용사지 석탑	꺾쇠형 굴착형	']'형	9세기	탑재석 대부분
		빙산사지 오층석탑	역꺾쇠형	형	9세기	노반석

꺾쇠는 은장과 더불어 고려시기의 석조물에서도 계속적으로 나타나고 있다. 즉 고려 광종대에 조영된 논산 관촉사의 석조미륵보살입상을 보면 여러 개의 꺾쇠를 이용하여 석재를 결구·보수하였음을 볼 수 있다(도 786~787).[269] 이러한 사례는 목조건축물이나 목곽, 목관 등에서 주로 볼 수 있는 것으로서 목재의 주요 결구기법 중 하나로 이해할 수 있다. 이외 천안 성거읍 만일사의 오층석탑 아래 판석재에서도 굴착형의 꺾쇠홈을 볼 수 있다. 머리 부분이 원형으로 투공되어 있고, 홈 내에서 꺾쇠를 고정시키기 위한 흔적이 남아 있다(도 788~790). 판석재의 제작 시기는 알 수 없으나 만일사 오층석탑 및 석불좌상 등이 고려 전기에 조성된 것으로 보아 동일 시기로 파악해 볼 수 있다.

---

269) 사진은 금강조각연구소의 윤태중 소장님께서 제공해 주셨다. 지면을 빌어 감사한 마음을 전하고자 한다.

도 786. 논산 관촉사 석조미륵보살입상에 사용된 꺾쇠 1

도 787. 논산 관촉사 석조미륵보살입상에 사용된 꺾쇠 2

■ 천안 성거 만일사 오층석탑 아래 판석재의 꺾쇠홈

도 788. 천안 만일사 오층석탑

도 789. 천안 만일사 오층석탑 아래 판석재의 꺾쇠홈
(○ 내부)

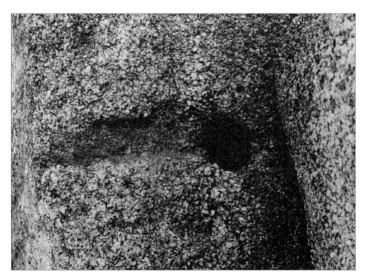

도 790. 천안 만일사 오층석탑 아래 판석재의 꺾쇠홈 세부

Ⅳ. 맺음말

통일신라시기에는 사천왕사, 감은사, 불국사 등의 사찰을 비롯해 교량, 원지, 인조석굴, 축대, 능묘 등이 조성되었다. 이들 유적은 수 많은 석재가 공학적으로 결구되었다는 점에서 단순한 석축 행위로 치부하기 어렵다. 이에 통일신라시기 석축에서 볼 수 있는 몇 가지 특징을 요약하여 기술하면 다음과 같다.

첫 번째, 건물의 격에 따라 기단 구조나 형식, 몰딩 등에서 차이가 있음을 볼 수 있다. 즉 감은사지 금당지의 경우 이중기단으로서 상층이 가구식기단인 반면, 강당지는 단층의 가구식기단으로 조성되어 격이나 규모면에서 하위화(下位化)되었음을 살필 수 있다.

두 번째, 불국사 가구식축대를 통해 기능성과 장식성을 동시에 볼 수 있다. 불국사의 경우 곡간부를 성토하고 대지를 조성하였기 때문에 축대의 존재는 필수적일 수밖에 없다. 그런데 축대를 치석된 장대석을 이용하여 가구식으로 조성하고 그 내부에 할석이나 판석을 끼워 넣어 축대를 완성하였다. 이는 축대라는 고유의 기능과 함께 가구식이라는 장식성까지 가미시켜 통일신라시기 석축공법의 백미를 보여주고 있다.

세 번째, 삼국시기에 볼 수 없는 기단의 장식성을 확인할 수 있다. 즉 경주 사천왕사지 목탑지의 경우 면석에 녹유사천왕전과 당초문전 등이 시설되어 횡판석이나 장대석 일변도의 면석과 큰 차이를 보여주고 있다. 아울러 양산 통도사 대웅전 및 합천 영암사지 금당지의 경우도 가구식기단 면석에 꽃이나 안상, 사자 등을 조각하여 장식성을 높여주고 있다.

네 번째, 건물에서 보이는 기단 형식과 몰딩, 은장 등이 능묘에도 사용되고 있다. 감은사지 금당지의 경우 상층이 가구식기단이고, 갑석 윗면에는 각형-호형-각형 등의 몰딩이 있다. 그런데 이러한 기단 형식과 치석기법 등은 경주 구황동왕릉이나 전 경덕왕릉, 전 헌덕왕릉, 전 흥덕왕릉 등에서 그대로 확인되고 있다. 그리고 석가탑이나 석굴암, 석탑 등에서 보이는 도투마리은장 등은 전 진덕여왕릉의 기단 부재에서도 살펴지고 있어 건축물의 치석이나 결구기법이 능묘에 호환됨을 알 수 있다. 이러한 기술적 회통은 통일신라시기의 석공들이 유적 성격과 별개로 같은 공간에서 서로 소통한 결과가 아닌가 생각된다.

다섯 번째, 금속과 석재의 조화를 엿볼 수 있다. 석탑이나 기단, 교량 등을 축조함에 있어 금속 은장이나 꺾쇠 등을 사용하여 건축물의 안전을 도모하고 있다. 특히 이들 은장이나 꺾쇠의 경우 육안에 쉽게 드러나지 않도록 하여 미관도 고려하였음을 알 수 있다.

여섯 번째, 창의성을 살필 수 있다. 통일신라시기 능묘의 탱주나 석굴암 후실 천정의 당김석 등은 기단석이나 돔 천정의 무너짐을 방지하기 위한 것으로 삼국시기에는 살피기 힘든 부재에 해당된다. 특히 석굴암의 경우 천정의 경사도에 따라 당김석의 턱과 적심석 등을 적절하게 활용하였다는 점에서 통일신라시기 석축의 정수를 보여주고 있다.

일곱 번째, 양산 통도사 대웅전이나 극락보전에서 볼 수 있는 우주나 탱주, 면석, 벽선 등은 목조건축물의 벽체를 연상시킨다. 특히 벽선의 경우 탱주보다 한 단 낮게 치석하였다는 점에서 원근감과 사실감을 동시에 표현하고 있다.

여덟 번째, 통일신라시기의 법수나 연화교 등을 통해 인도의 불교문화를 엿볼 수 있고, 양산 통도사 대웅전 가구식기단의 꽃문양을 통해 중국 수당시기의 건축문화를 살필 수 있다. 그리고 남산신성이나 감은사 축대 등에서 볼 수 있는 돌못형 당김석을 석굴암 돔 천정에 적용시켰다는 점에서 내재적 기술력도 확인할 수 있다. 이는 통일신라시기의 석축문화가 신라 자체의 문화뿐만 아니라 백제, 나아가 중국이나 인도까지를 포함한 글로벌한 건축문화였음을 파악케 한다.

아홉 번째, 통일신라시기의 건축문화는 고려시기 건축물에도 그대로 재현되고 있다. 이는 건축물의 가구식기단과 계단, 구획식축대, 은장, 꺾쇠 등을 통해 확인할 수 있다.

경주지역에 산재해 있는 통일신라시기의 석축물은 아기자기하면서도 볼 때마다 강한 메시지를 받곤 한다. 지금은 깨어지거나 없어진 부분도 적지 않지만 석재 하나하나를 살피다 보면 꼼꼼하면서도 과학적이라는 생각이 절로 든다.

밖으로 보이는 부분은 더없이 아름답고, 장엄하고, 장식적이지만 이를 무너지지 않게 하기 위한 신라 석공의 기술력은 깨지거나 무너진 부분이 없었다면 육안으로 확인하기가 쉽지 않다. 시간의 흐름 속에서 감추어진 역사적 비밀이 자연스럽게 드러난다는 점에서 그저 감사한 마음이 든다. 어릴 적 황금 보기를 돌 같이 하라는 선현의 가르침이 이제는 돌 보기를 황금처럼 하라는 가르침으로 다가온다. 천안에서 경주까지 가깝지 않은 거리지만 갈 때마다 느끼는 신비감은 매번 또 다른 경주행을 재촉한다.

참고문헌

『三國史記』

京畿道博物館 외, 2002, 『高達寺址』 I

慶尙南道·國立晉州博物館, 1986, 『陜川竹竹里廢寺址』

慶尙大學校博物館, 1995, 『陜川玉田古墳群 -M10·M11·M18號墳-』 V

경상문화재연구원, 2013, 『陜川 靈巖寺址』 II

경주시·신라문화유산연구원, 2015, 『경주 천관사지(3차) -유적정비를 위한 학술발굴조사 보고서-』

高麗大學校考古環境研究所·구리시, 2007, 『峨嵯山 第3堡壘 -1次 發掘調査報告書-』

高麗大學校考古環境研究所·서울特別市, 2007, 『紅蓮峰 第2堡壘 -1次 發掘調査報告書-』

高靈郡 大加耶博物館·大東文化財研究院, 2012, 『高靈 池山洞 第73~75號墳』

公州大學校博物館, 1998, 『燕岐 雲住山城』

光陽市·順天大學校博物館, 2005, 『光陽 馬老山城』 I

국립가야문화재연구소·창녕군, 2011, 『창녕 송현동고분군 6·7호분 발굴조사보고 본문·도면』 I

國立慶州文化財研究所·慶州市, 1997, 『感恩寺 發掘調査報告書』

國立慶州文化財研究所·慶州市, 2004, 『慶州南山精密學術調査報告書』

國立文化財研究所·全羅北道, 2005, 『彌勒寺址石塔 解體調査報告書』 III

국립경주문화재연구소, 2012, 『경주지역 폐사지 기초조사·연구』

국립경주문화재연구소, 2012, 『慶州 東宮과 月池 발굴조사보고서』 I

국립경주문화재연구소, 2012, 『四天王寺 金堂址 발굴조사보고서』 I

국립경주문화재연구소, 2012, 『경주지역 폐사지 기초조사·연구』

국립경주문화재연구소·경주시, 2013, 『傳 仁容寺址 발굴조사 보고서』 I

국립경주문화재연구소, 2012, 『四天王寺 金堂址 발굴조사보고서』 I

국립경주문화재연구소, 2013, 『四天王寺 回廊內廓 발굴조사보고서』 II

국립경주문화재연구소, 2014, 『四天王寺 回廊外廓 발굴조사보고서』 III

국립경주문화재연구소, 2014, 『慶州 東宮과 月池 발굴조사보고서』 II

국립경주문화재연구소, 2015, 『경주 망덕사지 발굴조사보고서(69·70년 발굴조사)』

국립경주문화재연구소·경주시, 2015, 『芬皇寺 發掘調査報告書』 II

국립경주문화재연구소, 2019, 『慶州 東宮과 月池 발굴조사보고서』 III

국립경주문화재연구소, 2019, 『천마총 발굴조사의 기록』

국립공주박물관 외, 1999, 『大田 月坪洞遺蹟』

國立文化財研究所·全羅北道, 2005, 『彌勒寺址石塔 解體調査報告書』 III

국립문화재연구소, 2006, 『사진으로 보는 북한 국보유적』

국립문화재연구소, 2006, 『전라남도의 석탑』 II

국립문화재연구소, 2007, 『경상북도의 석탑』 I

국립문화재연구소, 2009, 『개성 고려궁성』

國立文化財研究所·全羅北道, 2011, 『彌勒寺址石塔 解體調査報告書』 IV

국립문화재연구소, 2012, 『경상북도의 석탑』 VI

국립문화재연구소, 2012·2013, 『한국 고대건축의 기단』 I·II

국립문화재연구소, 2014, 『전통 목조건축 결구법』

국립문화재연구소, 2015, 『개성 고려궁성 남북공동 발굴조사보고서』 II

국립문화재연구소·경주시, 2017, 『경주 불국사 삼층석탑 수리 보고서』 II

國立博物館, 1969, 『金剛寺』

國立扶餘文化財研究所, 1996, 『彌勒寺 遺蹟發掘調査報告書 II(圖版編)』

國立扶餘文化財研究所, 1997, 『扶蘇山城 發掘調査 中間報告』 II

國立扶餘博物館, 2010, 『百濟瓦塼』

국립중앙박물관, 2010, 『황금의 나라 신라의 왕릉 황남대총』

국립중원문화재연구소, 2015, 『강릉 굴산사지(사적 제448호) 발굴조사 보고서』 I

畿甸文化財研究院·驪州郡, 2007, 『高達寺址』 II

吉林省文物考古研究所·集安市博物館, 2004, 『丸都山城-2001~2003年集安丸都山城調査試掘報告-』,
　　文物出版社

吉林省文物考古研究所·集安市博物館, 2004, 『國內城-2000~2003年集安國內城与民主遺址試掘報告-』,
　　文物出版社

吉林省文物考古研究所·集安市博物館, 2004, 『集安高句麗王陵-1990~2003年集安高句麗王陵調査報
　　告-』, 文物出版社

金姜男, 2011, 「5~6世紀 琴湖江流域 封土墳의 築造方式과 性格」, 영남대학교 대학원 문화인류학과 고
　　고학전공 석사학위논문

金東賢, 1987, 「木造塔婆考」 『韓國佛敎美術史論』, 民族史

김세기, 2001, 「三國時代 封土墳의 護石에 대하여 -성주 성산동고분군의 新資料를 중심으로-」, 『古文化』 제57호

김왕직, 2012, 『알기쉬운 한국건축 용어사전』, 동녘

金龍星, 2012, 「신라 십이지신장상 호석 능묘의 변천」, 『한국고대사탐구』 11

金元龍·安輝濬, 1993, 『新版 韓國美術史』

김흥남, 2019.9, 「統一新羅前期 石造建築의 隱藏 硏究 I -감은사석탑, 불국사 석가탑, 석굴암, 월정교·춘양교를 중심으로-」, 『美術史學硏究』 제303호

김흥남, 2019.12, 「統一新羅 前期 石造建築의 隱藏 硏究 II -국제적 맥락에서 본 한반도 출현 은장의 의미-」, 『美術史學硏究』 제304호

나동욱, 2022, 「남해안지역 읍성의 축조 수법 -체성내벽의 축조수법을 중심으로-」, 『서천읍성 국제학술대회』

남창근·김태영, 2012, 「백제계 및 신라계 가구식 기단과 계단의 시기별 변화 특성」, 『건축역사연구』 80

대한건축학회편, 1998, 『한국건축사』, 기문당

東亞大學校博物館, 1992, 『昌寧校洞古墳群』

文化公報部 文化財管理局, 1976, 『佛國寺 復元工事報告書』

文化公報部 文化財管理局, 1978, 『雁鴨池 發掘調査報告書』

文化財管理局 慶州史蹟管理事務所, 1977, 『高仙寺址發掘調査報告書』

文化財管理局 文化財研究所, 1982, 『皇龍寺』

文化財管理局 文化財研究所, 1984, 『皇龍寺 遺蹟發掘調査報告書』 I

文化財管理局 文化財研究所, 1989, 『彌勒寺』 I

文化財管理局 文化財研究所, 1991, 『北韓文化遺蹟發掘槪報』

文化財管理局 文化財研究所, 1982, 『皇龍寺』

文化財管理局 文化財研究所, 1984, 『皇龍寺 遺蹟發掘調査報告書』 I

문화재청·佛敎文化財研究所, 2019, 『韓國의 寺址 시·발굴조사보고서 삼척 흥전리사지』 I

朴慶植, 1994, 『統一新羅石造美術研究』

박경식, 2015, 「미륵사지석탑의 기술력이 신라 석탑에 미친 영향」, 『신라문화』 45집

박천수 외, 2011, 『東아시아 古墳 歷年代 資料集』, 학연문화사

保寧市·忠南大學校博物館, 1998, 『聖住寺』

祥明大學校博物館·洪城郡, 1998, 『洪城 石城山城 建物址發掘調査報告書』

서울大學校博物館·서울特別市, 2009, 『龍馬山 第2堡壘 -發掘調査報告書-』

성림문화재연구원, 2019.06, 「경주 낭산 일원 내 추정 고분지 정비 유적 3차 문화재 발굴조사 약식보고서」

聖林文化財研究院·경주시, 2020, 『慶州 傳皇福寺址』 I

蕭黙, 1989, 『敦煌建築硏究』, 文物出版社

孫信榮, 2006, 「松林寺 5층전탑에 대한 고찰」 『강좌미술사』 27호

申光燮, 1996, 「扶蘇山城 -廢寺址 發掘調査報告-」 『扶蘇山城 發掘調査報告書』, 國立文化財硏究所

申榮勳, 1987, 「韓國의 石室·石窟寺院考」 『韓國佛敎美術史論』, 民族史

安承周, 1970.3, 「公州 西穴寺址에 關한 調査硏究(Ⅰ)-西穴寺址 第 一次 發掘調査報告」 『百濟文化』 第
　　　　四輯

양관 지음/장인성·임대희 옮김, 2005, 『중국 역대 陵寢 제도』, 서경

尹張燮, 1994, 『韓國建築史』, 東明社

尹張燮·尹在信, 1998, 『석불사』

울산발전연구원 문화재센타, 2014, 『언양읍성 남문 영화루 -남문(영화루) 복원사업부지 내 발굴조사
　　　　보고서-』

울산발전연구원 문화재센타, 2016, 『언양읍성 남문 주변 성곽 -언양읍성 남문지 복원사업 추가부지
　　　　내 발굴조사 보고서-』

原州郡, 1992, 『法泉寺址 石物實測 및 地表調査 報告書』

이강근, 2016, 「토함산 석굴에 대한 건축사적 해석」 『강좌미술사』 46호

李根直, 2006, 「新羅 王陵의 起源과 變遷」, 영남대학교 대학원 문화인류학과 박사학위논문

이근직, 2009, 『韓國考古學專門事典 古墳篇』, 國立文化財硏究所

이민형, 2021, 「경주 동부사적지대 발천 유적 조사성과」 『발천 신라왕경의 옛물길』

임영애, 2013, 「신라 왕릉 조각의 미술사적 조망과 특수성」 『신라문화』 41

장경호, 1992, 『韓國의 傳統建築』, 文藝出版社

장호진·강량지, 2020, 「신라 황복사지(皇福寺址) 동편 폐고분지(廢古墳址)의 성격」 『MUNHWAJAE』
　　　　53

鄭求福 외, 1997, 『譯註 三國史記 3 주석편(상)』, 韓國精神文化硏究院

조원창·방기영, 2006, 「통일신라기 석벽건물의 건축고고학적 검토」 『한국성곽학보』 10

조원창, 2009, 「皇龍寺 重建伽藍 金堂址 基壇築造術의 系統」 『文化史學』 32호

조원창, 2014, 「寺刹建築으로 본 架構基壇의 變遷 硏究」 『백제 사원유적 탐색』, 서경문화사

조원창, 2016, 「高麗 崇善寺系 架構基壇의 時期的 變遷과 位相 變化」 『고려사지와 건축고고』, 서경문
　　　　화사

조원창, 2016, 「麻谷寺 5層石塔의 系統과 中國 喇嘛塔」 『고려사지와 건축고고』, 서경문화사

조원창, 2018, 『건축유적의 발굴과 해석』, 서경문화사

조원창, 2018, 「百濟 泗沘期 木塔 築造技術의 對外傳播」 『先史와 古代』 55권 1호

조원창, 2019, 「統一新羅期 石造物에 보이는 百濟 石塔의 治石과 結構技術」 『백제건축 치석과 결구를
　　　　보다』, 서경문화사

조원창, 2020, 『皇龍寺 터 잡고 꽃을 피우다』, 서경문화사

中央文化財研究院·慶州市, 2008,『慶州 蘿井 -寫眞-』
中原文化財研究院·聞慶市, 2009,『聞慶 姑母山城』2
忠州市, 2004,『中原塔坪里七層石塔 實測調査報告書』
충청남도, 1996.7,「9. 백제사원연구」『백제역사재현단지 조성을 위한 조사연구분야도면집』
한국전통문화대학교 고고학연구소·부여군, 2019,『부여 능산리고분군 I 서고분군』
한국토지주택공사 토지주택박물관·경기문화재단, 2010,『南漢行宮址 第7·8次調査報告書』

• 조원창

공주사범대학 역사교육과 졸업
공주대학교 대학원 사학과 졸업(문학석사)
상명대학교 대학원 사학과 졸업(문학박사)
현 한양대학교 대학원 건축학부 겸임교수
　　한얼문화유산연구원 원장

주요 논저
『백제 건축기술의 대일전파』,『한국 고대 와당과 제와술의 교류』,『백제의 토목 건축』,
『기와건물지의 조사와 해석』,『백제사지 연구』,
『역사고고학자와 함께 찾아가는 스토리가 있는 사찰, 문화재 1 · 2』,
『백제 사원유적 탐색』,『수수께끼의 대통사를 찾아서』,『고려사지와 건축고고』,
『건축유적의 발굴과 해석』,『황룡사 터잡고 꽃을 피우다』,『성왕, 공주에 대통사를 세우다』
「황룡사지 출토 대형 치미의 편년과 사용처 검토」,「백제 사비기 목탑 축조기술의 대외전파」,
「백제 정림사지 석탑 하부 축기부 판축토의 성격」,「백제 판단첨형 연화문의 형식과 편년」,
「고고 · 문헌자료로 본 황룡사 필공의 의미와 창건가람의 존재」,
「연화문으로 본 능산리 동하총의 편년」,
「기와와 유적 사례로 본 백제 웅진기 대통사 불전 지붕과 처마의 형식 검토」 등

통일신라 건축유적의 치석과 결구

초판발행일　2022년 10월 05일
지 은 이　조원창
발 행 인　김선경
책 임 편 집　김소라
발 행 처　서경문화사
주　　소　서울시 종로구 이화장길 70-14(204호)
전　　화　743-8203, 8205 / 팩스 : 743-8210
메　　일　sk8203@chol.com
신 고 번 호　제1994-000041호
ISBN　978-89-6062-244-9　93000
ⓒ 조원창 · 서경문화사, 2022

정가 48,000